이까짓 걸 가지고 뭘

김창규 목사 설교집

국립중앙도서관 출판시도서목록(CIP)

이까짓 걸 가지고 뭘 / 지은이: 김창규. -- 서울 : 예영커뮤니케이션, 2013
  p. ;   cm

ISBN 978-89-8350-860-7 03230 : ₩12000
기독교 신앙 생활[基督敎信仰生活]
234.8-KDC5
248.4-DDC21   CIP2013018658

이까짓 걸 가지고 뭘

초판 1쇄 찍은 날 · 2013년 10월 1일 | 초판 1쇄 펴낸 날 · 2013년 10월 8일

지은이 · 김창규 | 펴낸이 · 김승태
등록번호 · 제2-1349호(1992. 3. 31) | 펴낸 곳 · 예영커뮤니케이션
주소 · (136-825) 서울시 성북구 성북1동 179-56 | 홈페이지 www.jeyoung.com
출판사업부 · T. (02)766-8931 F. (02)766-8934 e-mail: jeyoungedit@chol.com
출판유통사업부 · T. (02)766-7912 F. (02)766-8934 e-mail: jeyoung@chol.com

ISBN 978-89-8350-860-7 (03230)
Copyright © 2013 김창규

값 12,000원

김창규 목사 설교집

이까짓 걸 가지고 뭘

예영커뮤니케이션

차례

머리말   7

1장 사랑의 교환장터   9

서로 사랑하자(요일 4:7-16)   11

가장 지혜로운 저축(행 9:36-42)   20

어깨에 힘을 빼세요(막 10:43-45)   30

섬기는 철학을 갖고 살자(요 13:12-17)   39

사랑의 교환장터(요 1:14-16)   48

2장 이까짓 걸 가지고 뭘   57

제대로 기도를 해 보기나 했느냐?(마 21:18-22)   59

눈물기도의 위력(왕하 20:1-6)   68

이래서는 안 되겠다(사 1:1-9)   78

기도의 신비(마 21:18-22)   89

이까짓 걸 가지고 뭘(시 107:4-9)   99

3장 믿음의 신비, 순종의 신비   111

소속이 어디입니까?(시 39:5-7)   113
자기 믿음의 포기, 위대한 선택(마 17:19-20)   121
써먹는 믿음을 가지세요(삼상 17:31-37)   131
이젠 다르게, 다르게, 다르게(수 14:6-15)   140
순종은 자신을 위한 것(눅 17:11-19)   150
믿음의 신비, 순종의 신비(눅 5:1-11)   160

4장 한 생명을 위하여   171

용기 있는 소녀(왕하 5:1-14)   173
예수님을 줄 수 있는 사람이 되자(마 28:19-20)   182
부자 되는 장사(행 26:24-29)   192
전도의 신비(딤후 4:2)   202
한 생명을 위하여(행 8:26-40)   210

5장 그러하여도 주는 내 하나님   223

기대하고, 기도하고, 기다리라(롬 4:18-25)   225
그래서? 그게 어쨌는데?(잠 30:29-31)   235
밖에 기독교인 누구 없느냐?(느 1:1-11)   244
못 놔유 못 놔유(왕하 2:1-14)   252
그러하여도 주는 내 하나님(시 31:9-14)   262

 머리말

　32년 목회생활을 마무리하며 하나님의 은혜로 첫 설교집 『이까짓
걸 가지고 뭘』을 출판하게 됨을 감사드립니다. 이 책의 주인 되신 여호
와 하나님께 모든 영광을 올려 드립니다.

　이 책을 읽으시는 분 모두 하나님의 영이 머물고 성령의 감동된
심령, 성령의 주무대가 되는 심령이 되어 하나님께 영광을 올리며, 하
나님으로부터 복 받는 삶을 누리시기를 바랍니다. 이 책을 통하여 한국
교회에 영적 건강과 생명력이 넘치기를 소원합니다.

　이 책을 출판하며 저의 연약함과 부족함을 여러 가지로 도와주신
분들께 감사를 드립니다. 그 중에서도 저에게 목회생활의 방향을 가르
쳐 주시고 지도해 주셨던 한경직 목사님, 신학대학원 3년 동안 학비를
대 주신 박조준 목사님, 박사과정에 등록금을 마련해 주신 영동가구 대
표 이경희 장로님, 제가 믿음교회를 개척하고 어려운 목회를 할 때 도
와주셨던 예수소망교회 안성은 권사님, 영락교회 김영하 장로님, 영락
상업고등학교 스승이셨던 최순겸 장로님, 용천노회와 지문용 장로님,
고등학교 동기인 박정인 사장님, 김용희 전도사님, 또한 부족한 종과

함께 사역했던 부교역자들, 이외에 더 많은 분들에게 감사를 드립니다. 그리고 제가 섬겼던 믿음교회 김상돈 목사님과 모든 성도들에게 감사를 드립니다.

또한 이 책을 출판할 수 있도록 배려해 주신 예영커뮤니케이션 김승태 장로님과 출판사 가족들에게 감사를 드립니다. 이 책을 출판하기까지 교정을 비롯해 여러 가지로 도와주신 믿음교회 채대호 집사님, 오한나 선생님, 외대교회를 담임하고 계시는 정동영 목사님, 외대교회 오성영 간사님, 브라질에 선교사로 가신 박종훈 목사님께 감사와 빚진 마음을 금할 길이 없습니다.

무엇보다도 지금 하나님 나라에 계신 어머니 박옥례 권사님과 장인 되시는 이석근 목사님, 이순애 장모님의 기도가 없었다면 오늘의 저는 없었을 것입니다.

아울러서 항상 곁에서 목회생활 32년 동안 어렵고 고달파도 힘이 되어 주었고, 원로목사로 아름답게 은퇴할 수 있게 도와준 아내 이영옥과 안수집사이며 이 책을 엮기 위해 수고한 아들 김모세에게 한없이 고맙고 감사한 마음을 전합니다.

이 책을 통해 오늘도 삶의 현장에서 하나님의 나라를 위해 십자가를 지고 순례의 길을 걷고 있는 동역자들, 그리고 이 책을 읽으시는 모든 분들과 하나님께서 주신 지혜와 축복을 함께 나누고 싶습니다. 다시 한 번 주 하나님께 모든 영광과 감사를 올려 드리며 인사의 글을 가름하고자 합니다.

김창규 드림

1장 사랑의 교환장터

서로 사랑하자(요일 4:7-16)
가장 지혜로운 저축(행 9:36-42)
어깨에 힘을 빼세요(막 10:43-45)
섬기는 철학을 갖고 살자(요 13:12-17)
사랑의 교환장터(요 1:14-16)

서로 사랑하자

요한일서 4:7-16

2세기의 반 그리스도교 철학자 켈수스(Celsus)가 쓴 『참된 교리』라는 책에 이런 글이 있습니다. "그들은 논리와 상식을 벗어난 사람들이다. 그들은 인사도 나누기 전에 사랑하며 알지도 못하면서 사랑한다." 논리적으로는 이 비평이 맞는 말입니다. 동시에 이 글은 초대교회 크리스천들이 얼마만큼 깊이 있는 사랑을 생활화하고 있었는지 증명해 주는 글이기도 합니다. 상대방의 경제적 상황, 사상적 배경, 사회적 지위, 인종과 민족을 알아보고 사랑한 것이 아니라 "인사도 나누기 전에 사랑하고 알기도 전에 사랑한다"는 초대교회 신자들의 사랑이야말로 예수의 사랑을 옮긴 것입니다.

우리 모두는 누군가를 사랑하고 있고, 또 누군가에게 사랑받고 있습니다. 하지만 기억해야 할 것은 모든 사랑이 다 건전하고 행복한 사랑은 아니라는 것입니다. 사랑에도 병든 사랑이 있습니다. 상한 음식을 먹으면 안 먹은 만도 못하듯이 병든 사랑을 주고받으면 사랑하지 않는 것만도 못합니다.

세상에는 병든 사랑이 있습니다. 남편이 집을 나가서 다른 여자와 살고 있습니다. 그런데 남편이 가끔 집으로 전화해서 부인에게 "당신을 사랑한다"고 말합니다. 그가 말한 대로 사랑하는 것은 틀림없습니다. 그러나 그 사랑은 뭔가 병이 들어 있는 사랑입니다. 건강한 사랑을 하는 사람은 자기 아내와 아이들을 두고 밖에 나가서 다른 여자와 살림을 차리지 못합니다. 이기적인 사랑도 병든 사랑입니다. 병든 사랑을 말하려면 너무나 많습니다. 심지어는 하나님을 사랑하는 데도 병든 사랑이 있고, 교회를 사랑하는 데도 병든 사랑이 있습니다.

이 시대의 특징을 말해 보라고 하면 여러 가지로 말할 수 있을 것입니다. 그 가운데 많은 사람들이 동의하는 것 중의 하나는 '어둡다'는 것입니다. 예수님도 어두움에 대해서 말씀을 하시곤 하셨습니다. 오늘 이 시대 우리의 주변이 어둡고 슬픔이 큰 것은 바로 진리를 잃었고 사랑을 잃었기 때문입니다. 지식은 있는데 사랑이 없습니다. 돈은 얻었는데 사랑을 잃었습니다. 힘은 가졌는데 사랑을 모릅니다. 삶에 집착하다 보니 정작 중요한 것을 잃어버리고 말았습니다. 변질되고 말았습니다. 사랑한다고 하지만 진정한 사랑이 아닙니다. 건강한 사랑이 아닙니다.

이 세상에는 사랑이 충만합니다. 책, 노래, 영화나 연극 등 모든 예술 속에서 사랑이 이야기됩니다. 그러나 문제는 그 사랑 자체가 병들었고, 그 개념 자체도 이질화되어 있다는 것입니다.

"사랑은 눈물의 씨앗"이라 하고, 사랑하기 때문에 미워하고, 사랑하기 때문에 이별하고, 사랑하기 때문에 죽는다느니, 죽인다느니, 무수히 사랑을 논하지만 성경이 말씀하는 사랑이 아닙니다. 또 사랑 아닌 것을 사랑으로 착각하며, 사랑하는 것이 아니면서도 사랑하고 있는 것으로 스스로 속이고 있습니다. 사람에 대한 소유욕, 집착을 사랑으로 착각하고 매달립니다. 그뿐입니까? 사랑을 관념이나 감상적인 것으로 착각하기도 합니다. 많은 사람들이 사랑이 있는 것 같지만 사실은 사랑이 없는 삶을 살고 있습니다. 순수하지 못하고 깨끗하지 못합니다. 그래서 배반을 당했느니, 거짓말이라느니, 후회하느니 하면서 아파하고 고통스러워하는 것입니다.

본문은 하나님께서 사도 요한을 통해 성도들에게 주신 사랑에 대한 권면입니다. 그 권면의 요점은 "서로 사랑하라"는 것입니다. 요한은 "사랑의 사도"라는 별명을 가진 분이었습니다. 요한은 말년에 주일이면 강단에서 설교를 할 때마다 "서로 사랑하라"는 말을 되풀이했다고 합니다. 제자들이 "다른 말씀이 없느냐"고 물으면 "이것이 제일이니라"고 대답했다고 합니다. 그의 사랑에 관한 집념과 신앙을 짐작하고도 남습니다.

"사랑하는 자들아 우리가 서로 사랑하자 사랑은 하나님께 속한 것이니 사랑하는 자마다 하나님으로부터 나서 하나님을 알고 사랑하지 아니하는 자는 하나님을 알지 못하나니 이는 하나님은 사랑이심이라" (요일4:7-8)고 했습니다. 이 말씀은 사랑의 근원이 하나님이시라는 것을 밝혀 줄 뿐만 아니라 사랑의 근거를 가르쳐 주고 있습니다.

하나님의 사랑을 '아가페'라고 합니다. 아가페란 자기희생이며, 자기분여(self-imparting)를 의미합니다. 다시 말하면 자기를 희생하고, 자기를 나누어 주는 사랑을 말합니다. 아가페는 자기를 온전히 내어 주고 나누어 주는 희생을 의미하기 때문에 다른 종교가 말하는 사랑과는 차원이 다릅니다.

우리가 잘 아는 테레사 수녀가 인도의 캘커타에서 '사랑의 선교회' 일을 막 시작했을 때였습니다. 어느 날 밤 꿈을 꾸게 되었습니다. 누군가가 그녀의 앞을 가로막더니 "물러가라 천당엔 빈민굴이 없다" 하며 소리를 질렀습니다. 그때 테레사 수녀는 "제가 천당을 가난한 사람들로 꼭 채울 겁니다"라고 외쳤다고 합니다. 꿈에서조차 가난한 사람들에 대한 사랑과 열정을 가졌던 그녀는 온 생애를 소외당한 이들과 함께 사랑을 나누며 살다가 생을 마쳤습니다.

1958년 어느 날 대학을 갓 졸업한 인도 태생의 한 여자가 테레사 수녀를 찾아 왔습니다. 그녀는 인도의 최상류 계층인 브라만 계급인데다가 힌두교도였습니다. 그녀는 테레사 수녀가 캘커타에서 하는 일들을 지켜보며 깊은 감동을 받았습니다. 그러다가 7년이라는 긴 시간의 망설임 끝에 개종을 하고, 자신이 누릴 수 있는 모든 특권을 포기한 채 수녀가 되기로 결심했습니다. 이 결단은 쉬운 일이 아니었습니다. 인도의 최고 상류계급의 특권을 누렸던 여자가 과연 빈민굴에서 소외당한 이들과 한 몸으로 살 수 있을까? 과연 환자의 피고름을 짜내어 주고 부둥켜안으며 생활할 수 있을까? 결코 쉬운 일이 아니었습니다. 수줍어하고 있는 그녀에게 테레사 수녀는 웃음 띤 얼굴로 이런 질문을 했습니다. "잘 웃고, 잘 먹고, 잘 자나요?" 예상치 못한 엉뚱한 질문이었습니다. 황당한 질문에 당황했던 그녀는 "네" 하고 대답했습니다. 그러자 테레사 수녀는 환영의 뜻으로 그녀를 가만히 부둥켜안아 주었습니다. 바로 이 여인이 훗날 테레사 수녀가 세상을 떠난 후 '사랑의 선교회'를 이끌고 있는 니르말라(Nirmala) 수녀입니다.

잘 웃고, 잘 먹고, 잘 자는 것이 무슨 뜻입니까?

잘 웃는다는 것은 마음의 평안이 있다는 뜻입니다. 마음에 평안을 누릴 줄 모르는 사람은 웃을 수 없습니다. 세상이 주는 즐거움이 아닌 하나님이 주시는 평화를 누릴 줄 아는 사람을 말합니다.

잘 먹는다는 것도 마음이 평안하다는 증거입니다. 잘 먹는다는 것은 비싼 음식을 먹는다는 뜻이 아닙니다. 물에다 밥을 말아 된장에 고추를 찍어서 먹어도 맛있게 먹는 사람이 있습니다. 속상한 마음으로 아무리 좋은 음식을 먹어보세요. 그 음식이 어떻게 되겠습니까?

잠을 잘 잔다는 것 역시 평안과 관계가 있습니다. 마음이 불안하면 잠을 잘 잘 수가 없습니다. 그래서 주님께서는 "너희에게 평강이 있을 지어다"라고 말씀하셨습니다.

본문에 사도 요한은 이렇게 기록하였습니다. "사랑하는 자들아 우리가 서로 사랑하자." 사도 요한은 당시 교인들을 부를 때에 "사랑하는 자들아"라고 불렀습니다. 그의 사랑을 나타내는 말입니다. 또 늙은 사도로서 젊은이들에게 그의 애정을 표현하는 말입니다. 신자들을 생각할 때마다 오직 사랑이 그의 마음에 충만하였던 것입니다.

같이 주를 믿는 교우들을 대할 때에 마음속에 오직 사랑이 가득한 이는 참 성도일 것입니다. 이 사랑으로 충만한 나이 많은 사도 요한이 당시 여러 교우들을 향하여 "사랑하는 자들아 우리가 서로 사랑하자 서로 사랑하는 것이 마땅하도다"라고 권면합니다. 곧 믿는 이들이 서로 사랑하자는 의미입니다.

하나님은 사랑이다.

"하나님의 사랑이 우리에게 이렇게 나타난 바 되었으니 하나님이 자기의 독생자를 세상에 보내심은 그로 말미암아 우리를 살리려 하심이라"(요일4:10). 하나님이 우리를 너무 사랑하셨기에 우리를 사망에서 살리시기 위하여 하나밖에 없는 독생자를 십자가에 내어 주셨습니다. 주님께서는 나 같은 죄인을 살리시기 위해서 자신의 목숨을 십자가에 과감하게 내던지셨습니다. 내가 맞아야 할 채찍을 대신 맞으셨습니다. 내가 받아야 할 조롱을 주님이 다 받으셨습니다. 내가 맞아야 할 뺨과 침 뱉음을 주님이 다 받으신 것입니다.

생각해 보세요. 주님이 십자가에 달려 죽으시면서 뭇 인간들처럼 '내가 왜 이 짓을 해야 하나' 하고 후회하셨던가요? 주님이 고통을 받으시면서 "이 놈들 너 때문에 내가 이렇게 되었다" 하고 야단치셨던가요?

아닙니다. 주님은 기쁨으로, 자원하심으로 채찍을 맞으셨고, 손과 발에 못 박히셨으며, 창에 허리를 찔리셨습니다. 너무 고통스러워 "나의 하나님 어찌하여 나를 버리셨나이까?"라고 절규하면서도 구속받을 죄인을 생각하시며 기뻐하셨고 영광을 받으셨습니다.

본문에 "하나님이 자기의 독생자를 세상에 보내심은 그로 말미암아 우리를 살리려 하심이라"고 하였습니다. 독생자를 보내어 매 맞고 십자가에 달리게 하신 것은 죄인들을 살리려는 사랑 때문이었다는 말씀입니다. "내가 영원한 사랑으로 너를 사랑하기에 인자함으로 너를 이끌었다 하였노라"(렘31:3). 여기 '영원한 사랑'은 끝이 없는 사랑을 말합니다. 다함이 없는 사랑을 말합니다. 막힘이 없고, 조건도 없는 무조건적인 사랑을 말합니다. 그러기에 "하나님이 세상을 이처럼 사랑하사 독생자를 주셨으니 이는 그를 믿는 자마다 멸망하지 않고 영생을 얻게 하려 하심이라"(요3:16)고 하였습니다. "이처럼 사랑했다"는 것은 인간의 언어로 표현할 수 없는 십자가의 사랑을 뜻합니다. 말로도 표현할 수 없고, 감정으로도 표현할 수 없는 엄청난 사랑입니다. 그야말로 영원무궁한 사랑입니다.

그뿐입니까? 하나님은 사랑이시므로 이 우주와 인간을 창조하셨습니다. 사랑은 사랑의 대상을 요구합니다. 하나님은 사랑이시므로 인간을 지으시되 자유의지의 소유자로 창조하셨습니다. 자유의지의 사랑이 아니면 그것은 참 사랑이 아닙니다. 하나님은 사랑이시므로 인간이 이 우주 안에서 살 수 있을 만큼 모든 준비를 하셨습니다. 해와 달과 별과 자연계의 삼라만상과 공기와 물과 오곡백과를 주신 것입니다. 따스한 가을 날씨에도 하나님의 사랑이 나타납니다. 아름다운 국화의 향기 속에도 하나님의 사랑은 나타납니다. 이 우주의 중심에는 하나님의 사랑이 있습니다.

사랑은 하나님께 속한 것입니다. 하나님은 사랑의 원천이요, 창시자요, 부모요, 명령자이십니다. 사랑은 하나님의 계명과 복음의 총체입니다. 성령의 열매는 사랑입니다. 사랑은 하늘에서 내려옵니다. 사랑하는 자는 하나님을 압니다. 사랑하지 않는 자는 하나님을 알지 못합니다. 영이 맑아야 합니다. 영이 지저분하면 하나님의 사랑을 깨달을 수가 없습니다. 영이 지저분하면, 영이 흙탕물이면, 하나님의 사랑을 깨달을 수 없습니다.

서로 사랑해야 한다.

사도 요한은 하나님이 우리를 이렇게 사랑하셨으니 우리도 서로 사랑하는 것이 마땅하다고 하였습니다. 과연 그러합니다. 우리가 이렇게 사랑을 입어 구원을 받았으니 우리가 서로 사랑하는 것이 마땅합니다. 우리가 이렇게 하나님께로 나서 하나님의 자녀가 되었으니 우리가 서로 사랑하는 것이 마땅합니다. 신자가 되는 것은 깊은 의미에서 성령으로 거듭나서 하나님의 자녀가 되는 것입니다. 그러므로 하나님의 자녀가 된 이들은 하나님을 알아야 합니다. 하나님은 사랑이시므로 우리가 하나님을 알고 하나님께로 나오면 우리도 그 사랑을 본받아 서로 사랑하는 것이 마땅합니다. 우리가 서로 사랑하는 것은 하나님의 자녀요 하나님을 안다는 증거입니다.

우리 주님도 친히 이렇게 말씀하셨습니다. "새 계명을 너희에게 주노니 서로 사랑하라 내가 너희를 사랑한 것 같이 너희도 서로 사랑하라 너희가 서로 사랑하면 이로써 모든 사람이 너희가 내 제자인 줄 알리라"(요13:34-35). 이렇게 예수님께서는 잡히시기 전날 밤에 우리 믿는 이들에게 새 계명을 주셨습니다. 그것은 곧 서로 사랑하라는 계명입니다. 본문 11절에서 "사랑하는 자들아 하나님이 이같이 우리를 사랑하셨은즉 우리도 서로 사랑하는 것이 마땅하도다"라고 하였습니다. 하나님의 이 말씀이 우리를 강요하고 있습니다. 하나님의 거룩한 사랑의 대상은 우리의 사랑의 대상이 되어야 합니다.

세상에서 고난당하는 이들, 병든 자들, 버림받은 사람들을 사랑해야 합니다. 광야 같은 이 세상에서 이리 쫓기고 저리 쫓기고 이렇게 얻어맞고 저렇게 얻어맞고, 상처받은 이들을 사랑의 대상으로 삼아야 합니다.

우리는 사랑하되 사랑의 전문가가 되어야 합니다.

아브라함 링컨은 어렸을 때부터 사랑이 아주 많았다고 합니다. 흑인들이 고통당하는 것을 보고 견디지 못하여 많은 반대와 위협 속에서도 그들을 해방시켜 준 주인공이 바로 이 분입니다. 그는 어렸을 때 올가미에 걸린 동물들을 보호하기 위해 설치해 놓은 올가미를 풀어헤쳐 놓았다가 아버지에게 채찍으로 맞았다고 합니다. 아버지가 총구를 사슴 쪽으로 향하자 사슴을 멀리 쫓다가 회초리로 얻어맞았습니다. 그렇지만 어린 링컨은 매 맞는 것을 오히려 기쁘게 생각했다고 합니다. 그는 어린 사슴이 예쁘게 풀을 뜯으며 가족과 함께 평안을 누릴 것을 생각하며 매를 맞으면서도 흐뭇해했다고 합니다. 불쌍한 사슴을 살렸으니 그까짓 회초리쯤은 달게 받아들였던 것입니다.

다니엘도 민족을 향한 사랑이 뜨거워 90살이 넘어서도 금식하면서 백성들의 죄를 자신이 지은 죄처럼 느끼며 용서해 달라고 기도하였습니다. "주여 들으소서, 주여 용서하소서, 주여 행하소서"라며 겸손하고 간절하게 믿음으로 하나님께 기도했습니다. 다니엘은 하나님의 사랑을 가슴에 품고 국가와 민족을 위해 간절하게 기도했습니다.

나를 향한 하나님의 사랑을 십자가에서 발견하는 성도가 됩시다. '일이 잘 되니 하나님이 나를 사랑하시는구나'가 아니라 고난의 십자가 속에서 주님을 사랑하는 성도가 되어야 하겠습니다.

그렇다면 우리도 각자의 십자가를 지고 주님을 따라야 합니다. 내가 감당해야 할 십자가를 집시다. 그리고 십자가에 담겨진 사랑을 형제들에게 전하며 살아가는 성도들이 됩시다. 사랑의 고갈 시대를 향하여 사랑의 물줄기를 대줍시다. 우리 하나하나가 가정에, 교회에, 사회에 사랑의 물줄기가 됩시다. 우리 교회가 이 민족에 사랑의 물줄기가 됩시다. 아멘.

가장 지혜로운 저축

사도행전 9:36-42

사람들은 생일이나 기념일을 중요시 여깁니다. 그래서 자신의 생일이나 결혼기념일과 같이 특별히 기억해야 할 날들을 놓치거나 알아주지 못할 때는 매우 서운하게 생각합니다. 이러한 날들은 그 사실보다도 그 안에 담긴 의미가 더 중요하기 때문입니다.

사람들은 의미가 없으면 관심을 갖지 않습니다. 사실이 아니라 해도 의미를 갖는 것이라면 사람들은 관심을 가집니다. 사람에게 있어서 의미는 매우 중요합니다. 일보다도, 사실보다도 의미가 더 중요합니다.

의미에 따라서 삶의 내용도 다르다.

아브라함이 갈대아 우르를 떠나 가나안으로 향한 것은 하나님으로부터 얻는 의와 복이라는 의미를 발견했기 때문입니다. 우상을 섬기는 사람들과 하나님을 섬기는 아브라함의 삶은 같을 수 없습니다. 선택이 다릅니다. 바른 선택은 지혜로운 저축을 하는 것입니다.

조금 차이가 있지만 모세와 느헤미야는 모두 이스라엘 백성들이 온갖 고생을 할 때 애굽의 왕궁에서, 페르시아의 왕궁에서 편하게 지낼 수 있었습니다. 이들은 나라를 무척이나 사랑하는 애국자였습니다. 민족을 사랑하는 마음이 간절했고 특히 하나님을 섬기는 일에 간절했습니다. 이들에게는 백성들의 신앙재건이 있어야만 나라가 살 수 있다는 간절한 마음이 있었습니다. 그러기에 현실의 편안한 자리에 안주하지 않고 조국을 위해 고난의 길을 선택한 것입니다.

오늘까지 그리고 앞으로도 이스라엘은 물론 온 세계 사람들이 모세와 느헤미야를 잊지 못할 것입니다. 우리 또한 그들의 신앙과 기도와 믿음과 애국심을 본받아야 할 것입니다. 이들은 바른 선택을 통해 가장 지혜로운 저축을 한 사람들입니다.

그런가 하면 이스라엘이나 우리나라에도 압제자들의 앞잡이가 되어 일신의 안락을 도모한 매국노들이 있습니다. 하지만 모세와 느헤미야는 이들과는 완전히 다른 삶을 살았습니다.

가치를 볼 줄 알아야 가장 지혜로운 저축을 할 수 있다.

서울 성북동에 간송미술관이 있습니다. 간송 전형필 선생은 부자의 아들로 10만 섬지기 갑부였습니다. 그는 일제 침략 때 우리 나라 유물들이 일본으로 가는 것을 막고 그 유물을 지키기 위해 자신의 재산을 그 곳에 쏟아 부었습니다.

그는 유물의 가치를 볼 줄 알았고, 혹 지나치게 싸게 내놓은 것은 오히려 적당한 가격을 쳐 주어서 구입하였습니다. 즉 그것의 중요성을 알고 그것을 위해서 자신의 재산을 아낌없이 사용했던 것입니다. 그러나 그가 남긴 유물은 돈으로 환산할 수 없는 어마어마한 가치들입니다.

예수님도 가치에 대해서 말씀하셨습니다. 마태복음 13장 44-46절에 "천국은 마치 밭에 감추인 보화와 같으니 사람이 이를 발견한 후 숨겨 두고 기뻐하며 돌아가서 자기의 소유를 다 팔아 그 밭을 사느니라 또 천국은 마치 좋은 진주를 구하는 장사와 같으니 극히 값진 진주 하나를 발견하매 가서 자기의 소유를 다 팔아 그 진주를 사느니라"고 하셨습니다.

우리가 가질 수 있는 가장 가치 있는 것은 바로 하나님 나라입니다. 왜 예수 그리스도와 하나님 나라입니까? 우리는 예수 그리스도를 통해서 생명을 얻게 되기 때문입니다. 생명은 그 어떤 것보다도 귀합니다. 예수님은 천하보다 귀한 것이 생명이라고 하셨습니다. "사람이 만일 온 천하를 얻고도 제 목숨을 잃으면 무엇이 유익하리요 사람이 무엇을 주고 제 목숨과 바꾸겠느냐"(마16:26). 이 생명은 예수님을 통해서 얻게 됩니다. 예수님은 우리의 길과 생명이 되십니다.

또 우리는 계시록에서 하나님 나라의 영원한 가치를 보게 됩니다. 요한계시록 21장, 22장에서는 예수 그리스도와 천국에 대한 말씀이 기록되어 있는데, 이는 세상의 어떤 것과도 비교할 수 없고 바꿀 수 없는 것입니다. 이것이 예수님께서 말씀하신 바로 그 보물이자 가치입니다.

사람이 더 나은 것을 발견하면 지금까지 자기가 소중하게 여기고 아끼던 것이 아무 것도 아님을 깨닫고 후회하게 됩니다.

어떤 사람은 사람을 최고의 가치로 알지만 사람은 연약한 존재입니다. 사람은 사랑의 대상이지 의지할 대상은 아닙니다. 의지할 분은 오직 하나님이십니다. 하나님께 소망을 두어야 합니다. 천국에 소망을 두어야 합니다. 이 가치를 볼 줄 알아야 가장 지혜로운 저축을 하는 자가 될 수 있습니다.

서로 하는 봉사가 가장 지혜로운 저축이다.

우리가 살아가는 이 시대는 어떤 시대입니까? 이 시대의 특징을 성경은 1900여 년 전에 바울을 통해 디모데후서 3장에서 말씀하고 있습니다.

자기중심적이고 물질중심적인 모습입니다. 나의 유익을 위해서 남이 손해를 보아도 괜찮다고 생각하고, 나의 기쁨을 위해서 남을 희생시키고 슬픔으로 몰고 가도 괜찮다고 생각합니다. 내가 살기 위해 남을 죽이는 시대입니다.

그러나 예수님의 사역은 봉사하고 섬기는 사역이었습니다. 그리스도인은 섬김과 봉사의 삶이 있음을 기억해야 합니다. "각각 은사를 받은 대로 하나님의 여러 가지 은혜를 맡은 선한 청지기 같이 서로 봉사하라"(벧전4:10).

"봉사하라"는 말은 남을 섬기고 돕는 것을 의미합니다.

봉사할 때는 하나님의 공급하시는 힘으로 하라고 하십니다. 하나님께서 내게 주신 것으로, 그리고 하나님의 마음으로 하라는 것입니다.

예수님의 마음이 어떤 마음입니까? 겸손한 마음, 비우는 마음이요, 낮아지는 마음이요, 섬기는 마음이요, 사랑하는 마음이요, 희생하고 헌신하는 마음입니다. 배려하는 마음입니다. 이러한 마음으로 말하고 봉사하라는 말씀입니다. 교만한 사람은 이런 마음을 가질 수 없고, 봉사도 할 수 없습니다.

이러한 마음으로 봉사하라고 하는 것은 그리스도의 몸인 교회를 세워 나가기 위해서입니다. "이는 성도를 온전하게 하여 봉사의 일을 하게 하며 그리스도의 몸을 세우려 하심이라"(엡4:12).

일을 하되 "선한 청지기 같이 서로 봉사하라"고 하였습니다. 선한 청지기가 가진 성품으로, 선한 청지지 같은 충성으로 봉사하라는 말씀입니다. 선한 청지기의 모습과 성품이 당신의 심령에 충만하게 되기를 소원합니다.

그리고 "서로 봉사하라"고 말씀합니다. 봉사를 하되 서로 봉사하라는 것입니다.

제가 영락교회에서 신앙생활을 할 때 매해 8월이면 영락기도원에서 산상기도회를 가졌습니다. 산상기도회 부총무로 일할 때 저는 20대 후반의 총각 집사였습니다. 그런데도 장로님, 안수집사님, 권사님들이 어려운 일, 힘든 일을 서로 하시겠다는 것입니다. 그 때는 천 명에 가까운 사람들의 밥을 장작을 때서 지었습니다. 그 뜨거운 여름에 얼마나 힘들었겠습니까? 화장실 청소도 얼마나 힘든 일이었는지 모릅니다. 그 때는 재래식 화장실이라서 구더기가 굉장했습니다. 밤에 경비를 할 때는 모기가 얼마나 많은지 모릅니다. 그래도 모두 기쁨으로 했습니다. 지금도 기억에 생생하게 남습니다.

또한 그 때는 기도원 입구에 포장이 안 되어 비가 와서 도로가 파이면 삽, 곡괭이로 도로 정비를 해야 했는데 모두들 서로 하시겠다는 것입니다. 모두들 기업체 대표, 변호사, 교수, 교장, 총장, 국회의원 등 사회적으로 직위가 괜찮은 분들이요, 그 분들의 부인들입니다. 그런데 모두가 예수님의 마음으로 서로 봉사할 때 교회가 더욱 든든히 서 가는 것을 볼 수 있었습니다.

"서로 봉사하라"고 말씀합니다. 봉사를 하되 서로 봉사하라는 것입니다. 서로 봉사하십시오. 서로 섬기고 도우십시오. 그리고 우리의 도움이 필요한 사람들을 섬깁시다. 봉사는 서로 하는 것입니다. 어느 한편으로만 하는 것이 아닙니다. 서로서로 섬겨야 합니다.

가졌든 가지지 못했든, 배웠든 배우지 못했든, 능력이 크든 작든, 젊은 사람이든 늙은 사람이든 서로 섬기고 봉사하며 살아가야 합니다.

초대교회 성도들은 서로 봉사하였습니다. 봉사의 조화가 잘 이루어졌습니다. 사도들 즉 목사는 기도와 말씀으로 저들을 세워 나갑니다. 성도들은 사도들을 섬기고 서로를 섬깁니다. 성도들 안에서도 말씀의 능력을 입은 직분자들이 말씀을 가르치고 사람들을 세워 나갑니다.

서로서로 함께 섬기며 봉사해야 합니다. 이것이 가장 지혜로운 저축을 하는 것입니다. 이제 우리는 가만히 있어서는 안 됩니다. 일하지 않고 가만히 있는 사람은 세 부류입니다. 유아이거나 병들었거나 아니면 죽은 자입니다.

당신은 어떠한 사람입니까? 어린아이입니까? 병들었습니까? 아니면 죽은 자입니까? 우리는 살아 있는 영혼입니다. 우리는 모두 가장 지혜로운 저축을 하는 자가 됩시다. 의미를 먹고 사는 성도가 되시기를 소원합니다.

선행을 하는 것이 가장 지혜로운 저축을 하는 것이다.

해마다 저축을 많이 한 사람에게 표창장을 수여하는 것을 봅니다. 땀 흘려 얻은 것을 알뜰히 모아 저축을 한다는 것은 또 하나의 행복이 아닐 수 없습니다.

그런데 인생을 살다 보니 저축하며 산다는 것이 보통 어려운 일이 아닙니다. 하지만 저축하는 삶을 살아야 합니다. 돈만 저축하는 것이 아니라 삶 자체를 저축하며 살아야 합니다. 인격을 저축하고, 사랑을 저축하고, 헌신과 희생을 저축하고, 선행을 저축하며 산다면 얼마나 좋겠습니까?

얼마 전에 신문에 보니까 미국 어느 대학 연구소에서 연구한 결과, 거짓말을 계속하면 건강에 좋지 않은 영향을 미친다고 합니다. 거짓말을 하면 그것을 덮으려고 계속 거짓말을 하게 됩니다. 하나님은 정직한 자에게 좋은 것을 아끼지 아니하신다고 하셨습니다. "정직하게 행하는 자에게 좋은 것을 아끼지 아니하실 것임이니이다"(시84:11). 이제는 정직을 저축하며 삽시다. 하나님은 다 아시고 계시는데 왜 거짓말을 계속합니까?

돈을 저축하는 것은 내 소유로 모으는 것이지만, 사랑과 선행을 저축한다는 것은 남에게 베풀어 주는 것으로서 사람들의 마음에 사랑을 쌓아 주는 저축입니다. 은행에서의 저축은 나를 위해 모으는 것이지만, 선행을 저축하려면 돈을 오히려 써야 하고 손해를 보아야 합니다.

제가 야간학교인 영락상업고등학교를 다닐 때였습니다. 등록금 마련을 위해 퇴계원에 가서 배를 사서 지게에 지고 용두동에 있었던 서울대 사범대부속고등학교 앞에서 배 장사를 했습니다. 어느 날, 어떤 분이 오시더니 그 배를 전부 사 주셨습니다. 뿐만 아니라 학교 다닐 때 교복을 사 주신 권사님, 잠자리를 마련해 주신 목사님, 그리고 신대원에 다닐 때 책을 사 주시고, 등록금을 내 주신 분, 때로는 용돈을 주신 목사님과 사모님, 식권을 주신 분 등 지금도 이 분들의 고마움을 잊지 못하고 늘 기도하고 있습니다.

하나님의 사람 엘리사를 위해 헌신하고 베풀었던 수넴 여인은 큰 복을 받았습니다. 하나님께서 주신 것입니다. 베풀며 산 사람은 반드시 상대방의 기억에서 지워지지 않습니다. 뿐만 아니라 하나님께서도 그런 사람을 잊지 않으시고 기억하시며 복과 은혜를 베풀어 주십니다.

본문에서도 "다비다" 즉 도르가라는 여인이 선행과 구제로 많은 과부들에게 사랑과 존경의 대상이 되었던 것을 볼 수 있습니다. 그는 실로 가장 지혜로운 저축을 한 여인입니다. 이 여인은 자신의 소유를 위해 저축한 사람이 아니라 선행을 베풀며 구제를 하면서 모든 주변 사람들의 마음에 사랑을 쌓으며 살았습니다.

본문 36절에 "욥바에 다비다라 하는 여제자가 있으니 그 이름을 번역하면 도르가라 선행과 구제하는 일이 심히 많더니"라고 하였습니다. 이 한 구절만 보아도 그녀의 삶이 어떠했는지 짐작이 갑니다.

또 39절에 보면 "베드로가 일어나 그들과 함께 가서 이르매 그들이 데리고 다락방에 올라가니 모든 과부가 베드로 곁에 서서 울며 도르가가 그들과 함께 있을 때에 지은 속옷과 겉옷을 다 내보이거늘"이라고 하였습니다.

그녀의 이같은 선행을 베드로에게 다 고했습니다. 그녀의 삶은 그야말로 가난한 이웃을 위해 헌신한 삶이었습니다. 그는 그야말로 가장 지혜로운 저축을 한 사람입니다.

그런데 이처럼 여러 사람들에게 사랑과 희생을 심으며 살았던 다비다가 그만 병들어 죽고 말았습니다. 37절입니다. "그 때에 병들어 죽으매 시체를 씻어 다락에 누이니라." 다비다는 선행과 구제와 사랑을 모든 사람들의 마음에 심어 놓았기 때문에 그의 죽음을 접한 사람들은 모두가 슬퍼서 울었습니다. 그녀의 헌신과 선행과 사랑의 저축이 그가 죽었을 때 나타나기 시작한 것입니다. 사람이 죽었을 때 진실로 울어 줄 사람이 많다는 것은 얼마나 아름답고 행복한 것인지 모릅니다.

빌레몬서에 보면 모든 사람들에게 유익을 끼친 빌레몬을 볼 수 있습니다. 사도 바울이 항상 감사하며 기도할 때에 빌레몬을 생각한다고 하였습니다. 그 이유가 빌레몬서 1장 5절에 있습니다. "주 예수와 및 모든 성도에 대한 네 사랑과 믿음이 있음을 들음이니"라고 하였습니다. 전에 한경직 목사님도 수첩에 많은 이름들을 적어 놓으시고 그분들과 그분들의 자녀들을 위해 늘 기도하신다고 하셨습니다.

하나님께 대한 믿음과 성도들에 대한 사랑의 소문이, 말로만이 아닌 실천적 믿음과 사랑의 소문이 멀리 떨어진 바울에게까지 들린 것입니다. 바울이 들어서 알았다고 했습니다. 그렇다면 우리 자신들에 대한 평가가 다른 사람들에게 어떻게 들려지고 있을까 생각해 보아야 합니다.

"이로써 네 믿음의 교제가 우리 가운데 있는 선을 알게 하고 그리스도께 이르도록 역사하느니라"(몬1:6). 이것은 빌레몬의 믿음과 사랑과 헌신이 모범이 되어서 성도들로 하여금 선을 행하는 것이 무엇인지 산교육을 시켜 주었다는 것입니다. 생각해 보세요. 빌레몬은 자기 집에 교회가 있으니 얼마나 많은 헌신이 있었겠습니까?

하나님께서 감동하신다.

　이렇게 지혜로운 저축을 하는 이에게 하나님은 감동하셔서 놀라운 은혜와 복을 주십니다. 아브라함도 주의 사자를 대접하더니 큰 복을 받았고, 수넴 여인도 하나님의 사람을 대접하더니 큰 복을 받았습니다. 빌레몬도 바울이 늘 기억하고 기도하니 큰 복을 받았습니다.

　다비다 여인도 하나님께서 베드로를 통하여 다시 살려 주셨습니다. 놀라운 은총을 받았습니다. 하나님이 감동하시면 놀라운 복을 주십니다. 기왕 사는 것 하나님을 감동시켜 드리며 삽시다.

　하나님 앞에 가장 지혜로운 저축을 차곡차곡 쌓으며 살아갑시다. 사랑과 선행을 저축하다 보면 하나님께서는 나를 기억하시고 도와주실 것입니다. 우리 모두 가장 지혜로운 저축자가 됩시다. 아멘.

어깨에 힘을 빼세요

마가복음 10:43-45

전에 높은 산에 올라 간 일이 있었습니다. 청년들과 함께 한라산, 지리산, 소백산, 설악산 등을 올라가 본 적이 있는데 정상에 올라 갈수록 거의 비슷한 모습을 볼 수 있었습니다. 높은 산 정상에는 큰 나무보다는 작은 나무들이 있었습니다. 마치 정상은 큰 나무를 허용하지 않는 것만 같았습니다. 이 모습을 보며 저는 교만한 사람은 절대로 큰 사람이 될 수 없다는 교훈을 얻었습니다. 예수님께서는 "너희 중에 큰 자는 너희를 섬기는 자가 되어야 하리라 누구든지 자기를 높이는 자는 낮아지고 누구든지 자기를 낮추는 자는 높아지리라"(마23:11-12)고 하셨습니다. 또한 베드로전서에는 이렇게 기록하고 있습니다. "마지막으로 말하노니 너희가 다 마음을 같이하여 동정하며 형제를 사랑하며 불쌍히 여기며 겸손하며 악을 악으로, 욕을 욕으로 갚지 말고 도리어 복을 빌라 이를 위하여 너희가 부르심을 받았으니 이는 복을 이어받게 하려 하심이라"(벧전3:8-9).

하나님은 우리를 택하여 자녀로 삼아 주셨고, 우리는 하나님께 택함을 받은 성도가 되었습니다. 우리는 주님에 의해 부르심을 입은 사람들입니다. "너희는 택하신 족속이요 왕 같은 제사장들이요 거룩한 나라요 그의 소유가 된 백성이니 이는 너희를 어두운 데서 불러 내어 그의 기이한 빛에 들어가게 하신 이의 아름다운 덕을 선포하게 하려 하심이라"(벧전2:9).

"너희는 택하신 족속이라"고 하였습니다. "부르심을 받았다"고 했습니다. 그러면 하나님이 왜 부르셨습니까? 3장 9절에 "이를 위하여 너희가 부르심을 받았으니"라고 했는데, 그렇다면 "이를 위해서"는 무엇을 위해서라는 것입니까? 확실한 것은 하나님께서 우리를 부르신 데에는 분명한 이유가 있다는 것입니다.

첫째, 그리스도인의 하나 됨을 위해서다.

예수님께서는 하나 됨을 아주 중요하게 여기셨습니다. 예수님은 십자가를 지시기 전에 하나님께 간구하실 때에도 "저들이 하나 되게 하옵소서"라고 기도하셨습니다.

하나로 묶을 때 교회의 힘이 나옵니다. 흩어졌던 제자들이 마가의 다락방에 모여 기도할 때 불같은 성령의 임함을 체험하였습니다. 교회 봉사도 모여 힘을 합할 때 더 큰 일을 할 수 있습니다. 오케스트라도, 찬양대도 한 사람으로는 되지 않습니다. 여러 사람이 하나 될 때 아름다운 하모니가 이루어집니다. 초대 교회는 모이기에 힘을 썼습니다. 모여서 기도하고 예배하니 성령이 임하시고, 성령이 임하시니 나가 복음을 전하고, 봉사하고, 서로 사랑하게 되었습니다. 사랑하니 교회에 모이는 수가 날마다 더하는 부흥의 역사가 일어났습니다. 하나가 된다는 것은 모여야 가능한 일입니다.

둘째, 우리는 형제의 사랑을 위해서 부름을 받았다.

베드로전서 3장 8절에 "형제를 사랑하며"라고 하였습니다. 하나님은 곧 사랑이십니다. 그러기에 우리 역시 하나 되어 사랑을 나누는 교회와 성도가 되어야 합니다.

예수님께서는 "네 이웃을 네 몸과 같이 사랑하라"고 말씀하셨습니다. 나아가서는 "원수까지 사랑하라"고 하셨고, "형제의 허물을 끝없이 용서하라"고 말씀하셨습니다. 그냥 사랑하라는 것이 아닙니다. 네 이웃을 네 자신과 같이 사랑하라고 하십니다. 원수까지 사랑하고, 형제의 허물을 끝없이 용서하라고 하십니다. 용서는 죽을 때까지 해야 합니다. 주님께서 사랑하라 하셨으니 사랑해야 하는 것은 당연한 일입니다.

셋째, "너희를 어두운 데서 불러 내어 그의 기이한 빛에 들어가게 하신 이의 아름다운 덕을 선포하게 하려 하심이라"(벧전 2:9)고 하였다.

우리를 부르신 목적이 여기에 있습니다. "선포하게 하려 하심이라." 택함 받은 우리는 복음을 전파해야 합니다. 예수를 전파해야 합니다.

흔히 좋은 영화나 공연을 본 사람은 자신이 본 것에 대해 주변 사람들에게 알리게 되어 있습니다. 좋은 것은 혼자 알고 싶지 않기 때문입니다. 또한 그 좋은 것을 공유하고 싶기 때문입니다. 그것을 공유하며 서로 즐거움을 얻을 수 있기 때문입니다. 우리는 모두 이 세상의 그 어떤 것보다 더 좋은, 아니 그 어떤 것과도 비교할 수 없이 좋은 소식을 알고 있습니다. 바로 예수 그리스도의 복음, 천국 복음입니다. 예수님을 믿으면 구원받는다는 진리입니다. 우리는 이 소식을 기쁨으로 선포해야 합니다. 담대하게 전해야 합니다. 바로 이 일을 위해 우리가 부름 받았습니다.

넷째, 겸손히 섬기도록 부름 받았다.

하나님이 우리를 부르신 이유는 겸손한 자들이 되어 서로 섬기게 하기 위해서입니다. 겸손이란 섬김의 자세를 말합니다. 베드로전서 3장 8절에 "겸손하며"라고 하였습니다. 하나님의 나라는 겸손으로 이루어진 나라입니다. 세상에서는 서로 높아지려 애를 쓰지만, 하나님의 나라는 어떻게 해서든지 낮아지려고 힘쓰는 곳입니다.

주님은 이 땅에 오신 목적에 대해서 명확하고도 분명하게 말씀하십니다. "인자가 온 것은 섬김을 받으려 함이 아니라 도리어 섬기려 하고 자기 목숨을 많은 사람의 대속물로 주려 함이니라"(막 10: 45).

"내가 온 목적은 섬기기 위해서다." 이것이 예수님의 목적입니다. 예수님께서 우리 가운데 오신 목적입니다. 이것을 통해서 하나님의 영광을 드러내는 것입니다. 이것은 우리의 목적이기도 합니다. 그리스도인은 예수 그리스도를 배우고 닮아가는 사람들입니다. 예수님의 마음,

예수님의 성품을 배우고 닮아가는 사람들이 그리스도인들입니다.

교회의 목적이 어디에 있습니까?

예배드릴 뿐 아니라 예수님께서 하신 사역을 배우고 그 일을 하는 데 있습니다. 예수님께서 공생애 동안 하신 사역이 무엇입니까? "예수께서 온 갈릴리에 두루 다니사 그들의 회당에서 가르치시며 천국 복음을 전파하시며 백성 중의 모든 병과 모든 약한 것을 고치시니"(마 4:23). 예수님은 가르치는 일과 전도하는 일, 즉 말씀을 선포하는 일, 치유, 봉사를 하셨습니다. 예수님이 하신 이 일을 우리 교회도 당연히 해야 합니다.

우리 성도는 주님이 하신 것과 같이 행하며 살아가야 합니다. 즉 섬김과 헌신의 삶을 살아야 하는 것입니다. 그것이 우리의 삶의 목적입니다. 그렇습니다. 우리 그리스도인들은 섬기기 위해서 있는 사람들입니다. 그것이 우리의 목적입니다.

그렇다면 섬기는 것은 구체적으로 어떤 일을 말합니까?

도움이 필요한 사람들에게 베푸는 것이다.

주님은 어려운 사람들을 섬기셨습니다. 이 섬김의 삶을 우리가 살아야 합니다. 우리 주변에는 우리보다 못하고 어려운 사람들, 우리의 도움의 손길이 없으면 살아가지 못하는 많은 사람들이 있습니다. 우리는 어려움에 처한 모든 사람을 도울 수는 없습니다. 그러나 나의 작은 헌금과 정성과 봉사로 어려움에 처한 누군가를 도울 수 있어야 합니다. 이것이 섬김이요 사랑입니다.

이렇게 베풀고 섬기는 자에게 하나님께서 복을 주십니다. "가난한 자를 보살피는 자에게 복이 있음이여 재앙의 날에 여호와께서 그를 건지시리로다 여호와께서 그를 지키사 살게 하시리니 그가 이 세상에서 복을 받을 것이라 주여 그를 그 원수들의 뜻에 맡기지 마소서 여호와께서 그를 병상에서 붙드시고 그가 누워 있을 때마다 그의 병을 고쳐 주시나이다"(시41:1-3).

사람을 받드는 것이다.

즉 나로 인해 사람들이 기쁨을 얻고 삶의 의미를 회복하고 유익함을 얻을 수 있는 자리에 서는 것입니다. 예수님을 보세요. 예수님의 능력, 말씀을 보세요. 가난하고 병든 사람들을 돌보시는 것을 볼 수 있습니다. 우리도 그렇게 살아야 합니다.

자신을 내어 주는 것이다.

본문 45절에서 주님은 이렇게 말씀하십니다. "자기 목숨을 많은 사람의 대속물로 주려 함이니라." 주님은 자기를 내어 주셨습니다. 나를 위하여, 당신을 위하여 십자가에 자신을 내어 주셨습니다.

섬긴다는 말은 봉사(service)한다는 뜻입니다. 섬기는 곳에 화평이 있고 섬기는 곳에 사랑이 있습니다.

어떤 마을에 두 집이 있었습니다. 한 집은 일곱 식구인데도 조용하며 화목하게 지내고 있었고, 다른 한 집은 세 식구밖에 안 되는데 항상 시끄럽고 말썽이 많았습니다.

어느 날 세 식구만 사는 집의 아버지가 일곱 식구가 사는 집에 찾아 왔습니다. "댁은 많은 식구인데도 불구하고 언제나 명랑하고 화목하게 지내고 계시는데 무슨 비결이 있으면 가르쳐 주시오"라고 했습니다. 그러자 일곱 식구 집 어른이 대답했습니다. "댁은 잘난 사람들만 모여 살기 때문에 그렇고, 우리 집은 모두가 못난 사람들만 모여 살고 있으니 조용할 수밖에요."

이 말을 들은 세 식구의 어른은 무슨 영문인지 몰라 고개를 갸우뚱하였습니다. 그것을 본 일곱 식구의 어른은 웃으면서 말을 덧붙였습니다. "우리 집에서는 누가 컵을 깨뜨렸을 때 깨뜨린 사람이 제 잘못이라고 사과를 합니다. 그러면 다른 사람이 '아니야 내 잘못이야. 내가 컵을 그 곳에 놓지 말았어야 했는데'라고 말합니다. 그러면 또 다른 사람이 저마다 제 잘못이라고 하며 용서를 구합니다."

이 말을 듣고 있던 세 식구의 아버지는 고개를 끄덕이며 말했습니다. "참으로 진리는 가까운 데 있었군요. 우리 집은 그 반대였습니다. 무슨 일이 생길 때면 저마다 제 잘못은 없고 상대방만 탓했습니다. 왜 조심성이 없느냐, 왜 그런 곳에 두었느냐, 왜 나만 야단치느냐 하면서 서로 소리를 질렀으니까요." 이렇게 말하며 그는 겸손하게 섬기며 사는 가정이 행복하다는 교훈을 얻고 돌아갔다고 합니다.

사실 그렇습니다. 저의 집 이야기를 좀 하겠습니다. 제가 아내와 결혼하고 얼마 되지 않아 부모님이 계시는 시골에 갔었습니다. 아침인데 아버지는 방에서 며느리 밥상을 기다리고 계시고 어머니는 부엌에 밥상을 차려 놓으셨습니다. 며느리를 보신 후 첫 밥상이었습니다. 그런데 제 아내가 그 밥상을 들다가 그만 부엌 바닥에 엎어 버렸지 뭡니까? 그러니 상황이 말이 아니지요. 그 때 어머니께서 며느리에게 "아가야, 네가 잘못한 것이 아니라 내가 상다리를 바로 펴지 못해서 그렇다"고 하며 위로하시는 모습을 보았습니다. 그 때 저는 '우리 어머니 참 멋있으시구나'라고 생각했습니다. 지금도 그 말씀이 잊혀지지 않습니다.

예수님은 말씀하십니다. "너희 중에 큰 자는 너희를 섬기는 자가 되어야 하리라"(마 23:11).

유대인들은 교만한 사람을 훈계할 때 구약 성경의 창세기를 가르친다고 합니다. 창세기에서 천지창조 부분을 읽어 보면 사람이 제일 나중에 만들어졌습니다. 이걸 보면 사람이 잘난 척 할 이유가 조금도 없다는 것입니다. 그러나 사람이 다른 피조물보다 나은 것은 하나님의 형상을 받았기 때문입니다.

하나님의 형상은 하나님의 성품인 사랑과 거룩을 말합니다. 사람은 하나님의 성품대로 섬기고 사랑하고 겸손하고 남을 위해 헌신하고 베풀 때 동물보다 나은 것입니다. 내가 겸손하고 교만하지 않으려면 하나님 앞에 내 모습을 비추어 보아야 합니다. 그러면 저 사람도 죄인이고 나도 죄인이라는 사실을 알게 됩니다. 심령이 늘 하나님만 바라보는 사람은 교만하지 않습니다. 거만하지 않습니다.

명심하세요. 섬기는 자가 되려면 힘을 빼야 합니다. 어떤 운동을 배우든지 어깨와 발과 손목에 힘을 빼라는 말을 자주 듣습니다. 운동뿐 아니라 인격도 그렇고 신앙도 마찬가지입니다. 기억하세요. 우리 스스로가 힘을 빼지 않으면 하나님께서 강제로 힘을 빼신다는 사실을 말입니다. 스스로 높아진 교만한 마음으로 힘이 들어가 있으면 하나님께 쓰임 받을 수 없고 성장할 수도 없습니다.

당신은 어떠십니까? 어깨에 너무 힘이 들어가 있지 않습니까?

교훈을 받지 못하고, 깨달음이 없고, 배울 게 없고, 들을 만한 설교가 없다는 생각을 하면 섬기는 자가 될 수 없습니다. 예배드리는 자세를 보면 알 수 있습니다.

섬기는 자가 가장 강한 자임을 명심해야 합니다. 이 세상은 무슨 일이든지 희생하지 않고는 얻는 것이 없습니다. 누구든 말이 아니라 실제로 섬기고 희생할 수 있어야 합니다. 이것이 중요합니다.

섬기는 목적은 자신을 기쁘게 하는 데 있지 않습니다. 섬김은 하나님을 기쁘시게 하고 이웃들을 기쁘게 하기 때문에 자연스럽게 복음 전도의 열매로 이어지게 됩니다. 섬기는 삶을 통하여 그리스도의 영광이 드러나고 자신과 세상을 아름답게 하며 오히려 다스리는 자가 됩니다.

"너희 중에는 그렇지 않을지니 너희 중에 누구든지 크고자 하는 자는 너희를 섬기는 자가 되고 너희 중에 누구든지 으뜸이 되고자 하는 자는 모든 사람의 종이 되어야 하리라"(막10:43-44). 아멘.

섬기는 철학을 갖고 살자

요한복음 13:12-17

하나님의 자녀로 살아가는 우리 모두에게는 하나님께서 주신 사명이 있습니다. 이 사명을 발견하는 것은 아주 중요합니다. 그 사명 가운데 섬기는 자의 삶, 섬김의 사명에 대해 나누는 가운데 예수님을 닮아 가는 성도가 되어야 합니다.

섬김은 서로 인정하고 서로 존경하고 교만을 버리고 겸손해야 합니다. 그러나 더 중요한 것은 사랑입니다. 사랑이 있어야 섬길 수 있습니다.

섬기는 철학을 가지려면 섬기는 사랑을 배워야 한다.

어떻게 해야 섬김의 사랑을 배울 수 있습니까? 바로 예수님의 사랑을 볼 수 있어야 합니다. "유월절 전에 예수께서 자기가 세상을 떠나 아버지께로 돌아가실 때가 이른 줄 아시고 세상에 있는 자기 사람들을 사랑하시되 끝까지 사랑하시니라"(요13:1).

이제 주님께서는 몇 시간 후면 십자가를 지셔야 합니다. 그 과정에서 인간으로서는 참을 수 없는 모욕과 매 맞음을 당해야 할 것을 아십니다. 제자가 자신을 은 30냥에 팔고, 베드로는 세 번이나 부인할 것이며 다른 제자들도 흩어질 것을 아십니다. 참으로 서글픈 일입니다. 생각하면 할수록 분노가 솟구치고 치가 떨릴 정도입니다. '내가 저들에게 이렇게 욕을 당하다니', '나도 성깔이 있는데' 하며 얼굴이 붉으락푸르락해질 것입니다. 절로 '아이고'라는 탄식 소리가 터져 나올 것입니다.

그러나 주님은 그 모든 것을 아시면서도 저들을 사랑한다고 하셨습니다. 사랑하시되 끝까지 사랑하셨다고 하십니다. "새 계명을 너희에게 주노니 서로 사랑하라 내가 너희를 사랑한 것 같이 너희도 서로 사랑하라 너희가 서로 사랑하면 이로써 모든 사람이 너희가 내 제자인 줄 알리라"(요13:34-35). 이 말씀을 하시고 주님은 십자가를 지십니다. 주님의 사랑은 깨끗하고 진실한 사랑입니다.

사랑도 깨끗해야 합니다. 사랑은 지저분하면 안 됩니다. 사랑은 단순해야 합니다. 사랑은 진실해야 합니다. 진실한 사랑일 때 생명력이 있습니다. 사람을 살리고, 사람을 변화시키며, 창조력을 가질 수 있고 섬길 수 있습니다. 이것이 없으면 다 거짓 사랑이요, 거짓 섬김이요, 가증스런 섬김에 불과합니다. 자기의 이익을 위한 가증스런 사랑입니다.

우리는 예수님의 이 사랑을 본받아야 합니다. 우리 모두가 이 사랑 안에 거하고, 이 사랑이 우리 삶 속에서 흘러나와야 하고, 이 사랑이 능력이 되어야 합니다.

예수님께서 우리에게 보여 주시고 우리에게 베푸신 사랑은 희생의 사랑입니다. 우리를 위하여 자기를 내어 주신 사랑입니다. 이것을 아가페의 사랑, 하나님의 사랑이라고 합니다. 바로 이 사랑입니다. 이 사랑을 해야 합니다.

"내가 너희에게 행한 것 같이 너희도 행하게 하려 하여 본을 보였노라"(요13:15), "너희도 행하게 하려 하여 본을 보였다"고 하십니다.

주님은 자기 십자가를 지라고는 말씀하시지만 주님의 십자가와 그러한 사랑을 우리에게 강요하신 것은 아닙니다. 우리 인간은 죄인이기에 주님의 십자가와 같은 것은 질 수도 없습니다. 베드로는 로마 원형극장에서 십자가에 달려 순교할 때 주님과 같이 달릴 수 없다는 이유로 거꾸로 십자가에 달려 죽겠다고 하였습니다.

그러면 우리가 할 수 있는 사랑은 무엇입니까?

주님이 보여 주신 사랑, 바로 섬김의 사랑입니다. 이것도 희생입니다. 본문에서 보여 주시는 예수님의 이 섬김이 바로 우리가 배워야 하고 생활 속에서 실천해야 할 사랑의 모습입니다.

사실 당시에 제자들 사이에는 서로 누가 큰가 하는 알력이 있었습니다. 그 때 주님은 제자들에게 이렇게 말씀하셨습니다. "너희 중에는 그렇지 않을지니 너희 중에 누구든지 크고자 하는 자는 너희를 섬기는 자가 되고 너희 중에 누구든지 으뜸이 되고자 하는 자는 모든 사람의 종이 되어야 하리라 인자가 온 것은 섬김을 받으려 함이 아니라 도리어 섬기려 하고 자기 목숨을 많은 사람의 대속물로 주려 함이니라"(막10:43-45). 이렇게 말씀하시고 주님께서 대야에 물을 떠다가 허리에 수건을 두르고 무릎을 꿇고 제자들의 발을 씻기셨습니다. 그야말로 예수님께서 친히 섬김을 통해서 서로 사랑하는 것이 무엇인지를 보여 주신 것입니다.

우리가 사랑할 수 있는 것은 바로 섬김을 통해서입니다. 섬김의 철학을 가져야 합니다. 자기를 낮추는 종의 철학을 가져야 합니다. 내가 먼저 찾아가고, 내가 먼저 용서를 구하고, 내가 먼저 저들의 필요를 채워 주고, 내가 먼저 격려해 주고, 축복해 주는 것이 섬김입니다. 마음이 상하고 고통스러운 사람에게 찾아가 위로를 주고, 오해와 다툼으로 인해 멀어진 사람에게 먼저 찾아가 화해하고 화평하게 할 수 있는 것, 이것이 섬김입니다.

또 힘들고 지쳐 있는 사람에게 다가가 따뜻한 위로와 격려의 말을 할 수 있는 것, 이것이 섬김입니다. 힘들고 어렵게 살아가는 사람들에게 따스한 밥 한 그릇, 작은 선물을 가지고 가는 것도 섬김입니다. 복음을 듣지 못한 사람들을 초청해서 그리스도의 따스한 그 사랑으로 대접하고 위로하고 격려하면서 복음을 전하는 것이 섬김입니다.

교회는 예배를 드릴뿐만 아니라 예수님께서 보여 주신 섬김의 사랑을 생활화해야 합니다.

오래 전에 만들어진 〈콰이강의 다리 The Bridge On The River Kwai〉라는 유명한 영화가 있습니다. 아카데미 7개 부분을 수상한 명작입니다. 『콰이 계곡을 통해 *Through the valley of the kwai*』라는 책을 원작으로 제작된 이 영화는 2차 대전 때 버마(미얀마)에서 일본군에게 포로가 된 미군과 영국군이 미얀마와 태국을 잇는 콰이강의 다리를 놓는 과정을 배경으로 하고 있습니다.

콰이 계곡에서 연합군 포로들은 굶주린 몸에 가혹한 노동으로 파리 목숨과 같은 대접을 받으며 목숨을 연명해야 했습니다. 포로가 된 연합군들은 각자가 자기 하나만을 생각하게 되었고, 그 결과 이 포로 사회에서는 서로 돕겠다고 하는 정신을 찾아볼 수 없게 되었습니다. 오직 자기만 살아야겠다는 이기심과 독기만 서려 있는 곳이 되었습니다.

그런 생활을 하던 중 어네스트라는 포로는 거의 죽게 될 지경에 이르게 됩니다. 그는 죽음 앞에서 생의 애착을 갖게 됩니다. 그러나 그는 자신의 생명을 자기도 모르게 포기하고야 맙니다. 그는 강제노동에 시달렸고 배고픈 창자를 달래는 일은 더욱 힘들었습니다. 부상당한 상처에서 오는 고통을 이기지 못한 그는 결국 자기도 모르는 사이에 정신을 잃고 쓰러집니다.

한참 사경을 헤매다가 정신을 차리고 깨어난 어네스트는 자신을 간호해 주는 사람이 있음을 발견하게 됩니다. 그도 자기와 같은 처지의 포로였습니다. 그는 기독교인이었습니다. 그의 헌신적인 봉사와 사랑의 도움으로 어네스트는 용기를 얻어 살아났습니다. 그가 그 때 경험한 생의 재생은 마침내 그를 참된 신앙인으로 만들었습니다. 그와 그를 도와준 동료는 이제 힘을 합쳐 수용소 사람들을 돌보아 주게 됩니다.

그들의 그 섬김으로 인해 수용소 안은 모두가 서로를 돌아보고 도움을 주고받는 상부상조의 공동체가 되었습니다. 생기가 있고 활력이 넘치는 공동체가 되었습니다. 그의 책에서 어네스트 고든(Ernest Gorden)은 이렇게 고백합니다. "우리 기독교인들은 섬김을 받으려고 태어난 것이 아니고 섬기기 위해서 태어난 것이다. 섬김을 게을리 하는 사람은 인생의 본분을 게을리 하는 사람이다."

그렇습니다. 우리 그리스도인들은 섬기기 위해서 있는 사람들입니다. 도움이 필요한 사람들에게 베풂을 통해 섬기는 것입니다. 섬기는 것은 사람을 받드는 것입니다. 나로 인해 사람들이 기쁨을 얻고 삶의 의미를 회복하고, 유익함을 얻을 수 있는 자리에 설 수 있도록 하는 것이 섬김입니다. 섬김은 자신을 내어 주는 것입니다.

섬기는 철학을 가지려면 교만을 버려야 한다.

성경은 늘 교만에 대해서 경고를 보냅니다. 교만은 하나님의 은혜를 빼 버린 채 자신이 중심이 되는 것으로, 이는 곧 죄입니다. 교만을 병으로 따지면 마치 감기와 같습니다. 우스워 보이지만 감기는 쉽게 걸릴 뿐 아니라 사람을 죽게 만들 수도 있습니다. 실제로 세상에는 감기로 사망하는 사람이 제일 많고 아직도 감기에는 확실한 치료제가 없다고 합니다.

축구 경기에서 골을 넣은 선수가 자신에게 패스하고 어시스트해 준 다른 동료들을 제쳐 두고 자신만이 잘해서 골을 넣었다고 하면 그것이 바로 교만입니다.

성경은 교만에 대해 강력하게 경고합니다. 교만하면 패망하고 넘어진다고 말씀합니다. "교만은 패망의 선봉이요 거만한 마음은 넘어짐의 앞잡이니라"(잠16:18). 이렇게 교만한 마음으로는 남을 섬길 수가 없습니다. 주님은 우리에게 섬김의 모습을 보여 주시며 섬기는 삶을 살라고 하셨는데, 교만하면 결코 그렇게 살 수가 없습니다. 그러면 어떻게 교만을 버릴 수 있겠습니까?

먼저 하나님의 은혜를 기억해야만 합니다. 에베소서 2장 1-2절을 보면 주님은 죄로 죽었던 나를, 악한 마귀를 따라가던 나를 구원해 주셨습니다. 이 은혜를 언제나 생각해야 합니다.

창세기 1장 3-25절에 보면 하나님이 말씀하실 때마다 "그대로 되니라"고 하였습니다. 말씀만 하시면 전능하신 역사가 일어납니다. 그 누구, 그 어떤 것도 그 말씀에 순종하지 않을 수 없습니다. 심지어 아무것도 존재하지 않았던 상태인 '무(無)'까지도 하나님의 말씀에 순종하여 만물을 만들어 냈던 것입니다. 그러므로 우리는 전능하신 하나님의 말씀 앞에 교만을 떨면 안 됩니다. 교만은 사탄의 역사이므로 주님의 가르침을 거역하게 합니다. 우리는 오직 말씀 앞에 겸손하게 순종할 뿐입니다.

하나님이 싫어하시는 교만을 버리고 주님이 기뻐하시는 겸손하고 섬기는 종의 철학을 갖고 사시기를 축복합니다.

섬기는 철학을 가지려면 욕심을 버려야 한다.

욕심을 버리기 위해서는 마음이 가난해야 합니다. 심령이 가난하다는 것은 욕심 없는 마음을 말하고, 겸손한 마음을 말하며, 자신의 의로움과 능력을 신뢰하지 않는 마음을 말합니다.

작고 맑은 호수에 물고기 두 마리가 오순도순 재미있게 살고 있었습니다. 그런데 어느 날 한 물고기에게 욕심이 생겼습니다. '이 호수에 나 혼자 살면 먹이도 풍부하고 훨씬 자유롭지 않겠는가?' 그래서 욕심이 많은 물고기는 그만 친구를 물어 죽이고 말았습니다. 그 다음부터 그 호수는 썩는 냄새로 오염되어 악취가 진동했습니다. 그리고 욕심 많은 물고기도 썩은 물을 먹고 병들어 죽고 말았습니다.

욕심이 가져온 자업자득이었습니다. 그래서 성경은 "욕심이 잉태한즉 죄를 낳고 죄가 장성한즉 사망을 낳느니라"(약1:15)고 하였습니다. 욕심은 언제나 우리의 행복을 뺏어가고 만족이 아니라 불만을 줍니다. 긍정적이고 감사하는 생활이 아닌 부정적이고 불순종하며 불만투성이인 생활을 하다 보니 행복도 없고 남을 섬길 수가 없는 것입니다.

소탐대실한다는 말도 있지 않습니까?

섬기는 철학을 가지고 사는 삶은 낮아지는 것입니다. 다른 사람 앞에서 나를 낮추고, 기꺼이 다른 사람을 섬기는 자가 되어야 합니다. 우리 모두는 어떤 자리에 있든지 내 앞에 있는 사람을 섬기는 자로 있어야 합니다.

그러면 섬기는 철학을 가지고 다른 사람을 섬기는 삶을 사는데 있어 얼마만큼 해야 합니까? 죽을 때까지, 또 죽을 만큼 해야 합니다.

예수님을 보십시오. "인자가 온 것은 섬김을 받으려 함이 아니라 도리어 섬기려 하고 자기 목숨을 많은 사람의 대속물로 주려 함이니라" 고 말씀하십니다. 죽을 자리에까지 스스로 나가셔서 섬김의 모습을 완성해 주셨습니다. 그래서 우리에게 생명이 있게 된 것입니다.

이같이 섬기는 철학을 가지고 섬기는 삶을 사는 것은 우리 힘으로는 안 됩니다. 성령이 오셔야 합니다. 성령이여 나에게, 우리 집에, 우리 교회에, 이 사회에 임하셔서 달라고 기도해야 합니다.

섬기는 삶에는 복이 있다.

첫째, 섬길 때 오히려 높임을 받게 되고 다스리는 삶의 자리에 있게 되는 복을 받습니다.

예수님께서는 이렇게 말씀하십니다. "누구든지 자기를 높이는 자는 낮아지고 누구든지 자기를 낮추는 자는 높아지리라"(마23:12).

둘째, 사람을 얻게 되는 복을 받습니다.

진정으로 섬기는 사람이 사람을 얻게 됩니다. 그리고 평화를 세우게 됩니다. 섬기는 사람이 있을 때 그 공동체는 평안이 싹트고 성장하게 됩니다.

셋째, 화평의 복을 받습니다.

예수님께서 제자들의 발을 씻겨 주실 때 저들 속에 있던 알력, 미움, 다툼, 분쟁이 누그러지고 맙니다. 오히려 "제가 주의 발을 씻기겠나이다" 하고 무릎을 꿇습니다. 다툼이 있는 곳에서 섬기십시오. 그러면 나로 인해 그곳에 화평이 이루어질 것입니다.

넷째, 섬기는 사랑을 주고받을 때 예수님의 마음과 사랑의 의미를 알게 되는 복을 받습니다.

M. 도즈는 말합니다. "하나님을 신뢰하는 겸손한 한 시간의 섬김이 계산적인 근면이나 자만하는 열심을 가지고 일하는 평생의 섬김보다 훨씬 더 가치가 있다."

우리는 섬김을 받기 위한 존재가 아니라 섬기기 위해서 사랑을 받았고 은혜를 받았습니다. 섬김의 사랑으로 나아가십시다. 섬김은 결코 나약한 사람이 하는 것이 아닙니다. 섬김은 비굴한 것이 아닙니다. 섬김은 그리스도를 배우고 닮으며 그분 안에서 살아가는 사람이 하는 것입니다. 이러한 삶을 살아 하나님의 복을 받는 능력의 사람이 되시기 바랍니다. 아멘.

사랑의 교환장터

요한복음 1:14-16

사람에게 감출 수 없는 것이 있습니다. 가난과 재채기와 사랑은 숨길 수 없다고 합니다. 그러나 감출 수 없는 것이 하나 더 있습니다. 그것은 은혜라고 할 수 있습니다.

이 세상에 은혜를 입지 않고 살아가는 사람들은 아무도 없습니다. 특별히 우리는 하나님의 은혜를 입었습니다. 그 어떤 것보다도 크고 놀라운 은혜를 입었습니다. 성경 안에는 온통 하나님의 은혜가 흐르고 있습니다. 오늘 이 순간도 하나님의 은혜가 우리 가운데 넘쳐 납니다.

레슬리 브란트는 하나님의 은혜에 대해 이렇게 노래했습니다.

"이 마음 터질 듯 벅찬 기쁨으로 하나님을 찬양한다. 온몸이 흔흔 낙락하누나. 내 어찌 그 분의 은혜와 축복을 잊으랴. 내 모든 죄 용서하시고, 마음의 질병 어루만져 낫게 하시며, 파멸의 위험에서 건져 주신다. 노상 나를 아끼고 사랑하시며 절박한 소망 채워 주시고 인생의 의미, 삶의 목적을 깨우쳐 주신다. 우리가 쓰라린 좌절의 고배 마실 때 그 분은 슬퍼하시지만 이내 우리를 손잡아 용서하시고 당신 품에 안아 주신다. 아무 일도 없었던 양 어여삐 여기신다. 하나님의 어지신 뜻 따르고 그 경륜에 의탁하는 사람은 당신의 영원한 자비와 공의의 큰 은혜 입으리라."

이 놀라운 은혜가 우리 가운데 넘쳐흐르고 있습니다. "말씀이 육신이 되어 우리 가운데 거하시매 우리가 그의 영광을 보니 아버지의 독생자의 영광이요 은혜와 진리가 충만하더라"(요1:14). 말씀이 육신이 되셔서 이 땅에 오신 예수님, 그 분은 하나님이십니다. 그 분을 통해서 우리는 하나님의 영광을 보게 된다고 하십니다. 곧 그 분이 하나님이시라는 것입니다. 그리고 그 분은 은혜이십니다. 진리이십니다. 그 은혜와 진리가 '충만'하다고 하십니다.

당신은 누구냐고 물을 때 당신은 당당하게 "나는 그리스도인이다"고 말할 수 있어야 합니다. 목사인 저도 당당하게 목사라고 할 수 있어야 합니다. 왜 그렇습니까? 고철 같은 인생이 예수 그리스도의 은혜로 평안, 행복, 희망, 사랑을 받으며 은혜 가운데 살고 있으며 생명을 얻고 영생의 복을 누리고 있기 때문입니다.

서울 장안평 중고차 매매센터 부근에 가면 중고 자동차의 수가 점점 늘어가는 것을 볼 수 있습니다. 어떤 차는 아예 고철로 처리된다고 합니다. 그런데 아무리 비싸고 좋은 자동차라도 주인을 잘못 만나거나 상황이 악화되면 가치 없는 쇳덩어리로 떨어지고 맙니다. 마찬가지로 아무리 비싸고 좋은 카메라도 배터리를 빼놓지 않고 그대로 두면 그것이 녹아 녹물이 나면서 불과 몇 만 원의 가치밖에 안 나가게 된다고 합니다.

우리 인생도 마찬가지입니다. 우리의 삶에 죄가 침투하면 쓸모없는 고철 덩어리 인생이 됩니다. 이런 고철 같은 인생에게 하나님은 사랑의 장터를 열고 즐거운 교환을 하시기를 원하십니다.

영화에서 보는 마약 거래 장면에는 거의 예외 없이 죽음의 그림자가 드리워져 있습니다. 마약과 돈의 교환에는 팽팽한 긴장감이 감돕니다. 돈 가방이 비어 있거나 위조지폐로 가득 차 있지는 않은지, 혹은 밀가루가 섞인 마약은 아닌지 의심의 눈초리가 번뜩입니다. 그러다가 빈 가방이나 쓰레기를 가지고 나온 눈치가 보이면 양측의 총구는 불을 뿜으며 서로 피를 흘리게 됩니다. 손해 보는 교환을 하지 않으려는 것이 세상입니다.

그러나 하나님의 교환은 다릅니다. 인간들이 하나님께 가져오는 것은 모두 '쓰레기'인데 하나님은 그것을 모두 천국의 복으로 교환하여 주십니다. 그러면서도 조금도 언짢아하지 않으십니다. 오히려 즐거워하십니다. 우리의 고통, 절망, 미움, 원망, 불평, 분노, 불순종의 쓰레기를 순종과 평안, 행복, 희망, 사랑으로 바꿔 주십니다. 그래서 십자가는 나도 즐겁고 하나님도 즐거우신 사랑과 은혜의 즐거운 교환의 장터입니다. 이러한 사랑의 교환 장터를 여신 하나님은 장터에 나와 부르짖는 기도를 들어주십니다.

밥을 굶을 정도로 가난한 개척교회 전도사가 평소 존경하던 목사를 찾아가 도움을 청했습니다. "다음 달 마지막 주에 남선교회 헌신예배가 있다네. 그 때 설교해 주게. 그날 헌금으로 돕겠네." 가난한 전도사는 열심히 설교를 준비해 그 날 그 교회로 갔습니다. 그런데 목사님께서 이렇게 말씀하시는 것이었습니다. "약속을 깜박 잊었네. 이미 다른 강사를 초청했다네. 다음 달 마지막 주에 여선교회 헌신예배가 있다네. 그때 오게." 전도사는 마음에 큰 상처를 입었습니다. 작은 교회 전도사라고 무시당한 것 같아 못내 속이 상했습니다. 한 달 후 다시 그 교회에 갔습니다. 그런데 그 날도 선배 목사님은 약속을 까맣게 잊고 있었습니다.

전도사는 기도실에 들어가 울었습니다. 그 때 하나님의 세미한 음성이 그에게 들려왔습니다. "너와의 약속을 내가 잊게 했다. 사람에게 구하지 말고 내게 구하라. 사람은 믿음의 대상이 아니다. 오직 나만이 믿음의 대상이다." 전도사는 회개의 눈물을 흘렸습니다. 그리고 그날 이후 밤낮으로 하나님께 기도하기 시작했고 지금은 아름다운 교회를 이루었습니다. 하나님의 사랑의 장터에 나와 부르짖으면 응답으로 교환해 주십니다. 죄인이지만 장터에 나와 기도하면 들으시고 은혜를 주십니다.

하나님께서는 사랑의 교환 장터, 은혜의 교환 장터를 여시고 주님의 백성들이 좌절과 절망, 근심, 걱정거리를 가지고 사랑과 은혜의 장터인 교회에 나오면 기쁨과 희망으로, 새 용기와 새 힘으로 바꾸어 주십니다. 천국의 복으로 교환해 주십니다.

그러면 이 사랑의 교환 장터, 은혜의 교환 장터는 누가 가서 바꾸어 올 수 있습니까? 아니 예배하러 교회에 오신 분들 중에 누가 쓰레기 같은 것을, 무거운 짐을 주님께 드리고 바꾸어 갈 수 있습니까?

사랑의 장터에서 바꿀 수 있는 사람은 진리와 은혜를 깨닫는 사람이다.

하나님의 넘쳐나는 은혜를 누릴 수 있는 사람, 하나님의 사랑의 교환 장터에서 바꾸어 갈 수 있는 사람은 그 은혜의 깊이와 크기를 깨닫는 사람입니다. 그것을 깨닫는 사람만이 그 은혜 안에서, 그 사랑의 장터에서 교환하며 살아가게 됩니다.

그는 참으로 겸손한 사람입니다. 참으로 순종하는 사람입니다. 자기로 인해 된 것이 아님을 압니다. 자기의 능력으로 된 것이 아님을 압니다. 하나님께서 함께 하시고, 하나님의 섭리와 인도하심이 있음을 알고 하나님의 사랑의 교환 장터에서 바꾸어 갈 수 있습니다.

교만한 사람은 바꿀 수 없습니다. 교만한 사람은 사랑의 교환 장터에 와도 은혜를 받을 수 없고 고독합니다. 불순종하는 사람은 사랑의 장터에 와도 은혜를 받을 수 없고 고독합니다.

자기에게 주어진 환경이나 선물, 은혜를 마치 당연한 것으로 여기거나 자기의 능력에 대한 보상이나 공로로 여깁니다. 그래서 그들은 항상 불만이 많고 불평하게 되고 불순종하게 됩니다. 그러한 성도는 하나님의 사랑의 장터에서 주님과 대화하지 못합니다. 기도를 해도 진정한 기도, 겸손한 기도가 되지 못합니다.

사도 바울을 보세요. 바울은 말하기를 "내가 나 된 것은 하나님의 은혜"(고전15:10)라고 했습니다. 사도 바울의 모습은 기독교 2000년의 역사 속에 가장 위대한 하나님의 종으로 모든 성도들의 마음속에 깊이 인식되어 있습니다.

수많은 성도들이 그의 열심과 헌신을 칭찬합니다. 가장 존경하는 신앙인으로 꼽는 것을 주저하지 않습니다. 신앙과 삶을 본받고 싶어 하는 가장 모범적인 신앙인으로 항상 첫 손가락에 꼽고 있습니다. 그러나 사도 바울의 진정한 위대함은 여기에 있지 않습니다. 그의 진정한 위대함은 스스로 자신의 정체성을 바로 알고 있다는 것입니다. 다시 말하면 바울의 중심에는 부활하신 주님이 계신 것입니다. 그러기에 "내가 나

된 것은 하나님의 은혜"라는 사실을 깨달을 수 있었고, 모든 영광을 주님께 돌리며 자신은 아무 것도 아니라고 고백하고 있는 것입니다.

자신은 아무 것도 아니고 오직 자신을 사용하신 하나님이 위대하시다고 모든 영광과 존귀를 하나님께 돌릴 줄 아는 자가 진정 위대한 사람이 아니겠습니까?

어떤 거지가 아들을 데리고 살면서 늘 미안한 마음이 있었습니다. 제대로 먹이지 못하고 입히지 못하는 것이 아버지로서 미안한 것입니다. 어느 추석날, 어느 공원묘지에 간 아버지와 아들이 큰 묘지 앞에서 제사 드린 떡과 과일, 고기 등을 얻어 와 죽 펼쳐 놓았습니다. 그러자 아들이 "아버지 우리 부자 되었다"고 했습니다. 그 때 아버지가 하는 말이 무엇인지 아십니까? "다 네 애비 잘 둔 덕분인 줄 알아라"고 했습니다.

조그마한 칭찬거리, 별것 아닌 자랑거리, 말도 안 되는 것까지도 억지로 꿰맞추어서라도 자신을 자랑하고, 자신을 드러내고 싶어 하는 것이 솔직한 인간의 모습이 아닙니까? "존귀 영광 모든 권세 주님 홀로 받으소서. 멸시 천대 십자가는 내가 지고 가오리다." 이렇게 찬송하면서도 실제로는 모든 영광과 존귀를 자신이 받고 멸시 천대 십자가는 회피하려는 것이 우리들의 모습이 아닙니까?

그런데 바울을 보세요. 바울의 변화는 어디에서 왔습니까? 예수님과의 만남에서 입니다. 살아 계신 예수님, 부활하신 예수님, 그 주님을 만나는 순간 사울의 모든 것이 바뀌어 바울이 되었습니다.

사울의 모든 쓰레기가 주님을 만나는 순간 성령의 역사로 바뀌게 되었습니다. 즉 하나님의 사랑의 교환 장터에서 인간의 모든 쓰레기를 주님이 교환해 주셨습니다. 핍박자가 전도자로, 살기가 등등했던 사람이 사랑의 사도로, 훼방자가 협력자로, 부정적인 자가 긍정적인 자로 바뀌었습니다.

지금 이 시간, 하나님의 사랑의 교환 장터에서 우리 모두가 이런 만남의 순간이 있기를 바랍니다. 그래서 자신이 없던 사람이 생기와 활력을 얻는 교환이 있기를 바랍니다. 이 사랑의 장터에서 부활하신 주님을 만남으로 삶의 모든 것이 바뀌는 놀라운 은혜의 교환의 축복이 있기를 바랍니다.

그렇다면 하나님의 사랑의 교환 장터에 어떻게 나갈 수 있으며 어떻게 있을 수 있습니까?

은혜의 장터에서 교환을 하기 위해서는 진리 안에 있어야 한다.

즉 하나님의 말씀 안에 있어야 합니다. 장터의 주인 되시는 예수 그리스도 그 분 안에 있어야 합니다. 그 분 안에 있을 때 우리는 항상 하나님의 사랑의 장터에 있게 되고 은혜의 교환, 사랑의 교환을 경험하게 됩니다.

본문에서 이렇게 말씀하십니다. "은혜와 진리가 충만하더라." 예수님은 은혜와 진리가 충만하신 분이십니다. 주님은 은혜 자체이십니다. 그리고 진리 자체이십니다. "내가 곧 길이요 진리요 생명이니"(요 14:6). 주님 안에, 주님 말씀 안에 있을 때 우리는 은혜를 깨닫게 되고 하나님의 사랑의 교환 장터에서 주님을 만날 수 있습니다. 세상 사람은 세상의 장터만 알 수 있지 하나님의 장터는 알 수 없습니다. 세상 사람들은 하나님의 사랑의 장터를, 은혜를, 사랑을 깨달을 수도, 누릴 수도 없습니다.

하나님의 사랑의 장터의 은혜, 기쁨은 진리의 말씀 안에 있을 때 확실히 알 수 있습니다. 진리를 벗어나서는 알 수 없습니다. 알더라도 막연하고 희미할 뿐입니다.

우리가 신령과 진정으로 예배하면서 하나님의 말씀을 들을 때, 전심으로 말씀을 읽고 그 말씀을 깊이 묵상하며 나아갈 때, 예수님을 깊이 생각할 때 은혜를 깨닫습니다. 하나님의 사랑의 장터의 기쁨을 얻습니다. 그리고 "나 같은 죄인 살리신 주 은혜 놀라와"라고 찬양을 하게 됩니다. 새롭게 은혜와 사랑을 깨닫게 됩니다. 아멘.

2장 이까짓 걸 가지고 뭘

제대로 기도를 해 보기나 했느냐?(마 21:18-22)
눈물기도의 위력(왕하 20:1-6)
이래서는 안 되겠다(사 1:1-9)
기도의 신비(마 21:18-22)
이까짓 걸 가지고 뭘(시 107:4-9)

제대로 기도를 해보기나 했느냐?

마태복음 21:18-22

조지 뮬러(George Muller) 목사님은 평생 5만 번 기도응답을 받은 분으로 유명합니다. 그 분이 기도에 대해 이런 말씀을 하였습니다. "사람이 정말 기도하면 변한다. 반드시 변한다. 기도는 상황을 변화시키기도 하지만 그 기도하는 사람을 변화시킨다. 기도하고 있는데도 변하지 않는다면 그 사람은 잘못된 기도를 하고 있는 것이다."

앤드류 머레이(Andrew Murray)에게 어느 젊은이가 찾아와서 물었습니다. "기도를 배우고 싶은데 어떻게 해야 기도를 잘 할 수 있습니까?" 그러자 그는 이렇게 대답했습니다. "기도를 배울 수 있는 좋은 비결이 딱 하나 있는데, 그것은 기도하는 것입니다."

정신무장에 있어서 아주 중요한 것은 기도입니다. 기도를 통하여 유혹과 시험을 이기고 세상을 이기며 승리의 생활을 할 수 있습니다. 오직 기도를 통하여 큰 문제를 해결하며 역경도 돌파할 수 있습니다. 그러기에 하나님께서는 바울을 통해 "쉬지 말고 기도하라"고 하셨습니다. 무시로 기도하라는 말씀입니다. 실제로 예수님은 모든 일에 기도하셨습니다. 십자가에서의 마지막 말씀도 "내 영혼을 아버지께 맡기나이다"라는 기도였습니다. 주님의 일생은 언제나 아버지와 교통하는 생활이었습니다.

기도는 **앙망입니다.** 곧 우러러 보는 것입니다. 하늘을 우러러 보는 것처럼 신령한 의미에서 하나님의 얼굴을 앙망하는 것입니다. 하나님의 그 위대하심과 거룩하심과 자비하심과 긍휼하심을, 말하자면 하나님의 모습을 우리 심령의 눈으로 바라보는 것입니다. 주님은 "마음이 청결한 자는 복이 있나니 그들이 하나님을 볼 것임이요"라고 말씀하셨습니다.

기도는 **교통하는 것입니다.** 하나님과 대화하는 것입니다. 나의 사정을 하나님께 아뢰고 하나님의 음성을 내가 듣는 시간입니다. 이렇게 기도는 하나님과 신령한 교제를 가지는 시간입니다. 중요한 것은 하나님의 음성을 듣는 것입니다.

기도는 **주께 맡기는 것입니다.** 사실 우리는 무엇을 구하여야 될지 항상 알 수는 없습니다. 그러므로 우리가 원하는 모든 것을 하나님의 뜻에 맡기면서 구해야 합니다. 그렇게 하다 보면 결국에는 오직 하나님의 뜻이 우리에게 언제나 최선임을 깨닫게 되고, 그 뜻을 구하며 기도하게 됩니다. 성령 안에서 기도하라는 뜻은 아마 이 뜻일 것입니다. 오직 성령께서 우리에게 무엇이 가장 유익한지, 아버지의 뜻이 어디에 있는지 잘 알고 계시기 때문입니다.

기도를 통하여 **우리의 영이 자랍니다.** 건강하여집니다. 풀이 햇빛을 바라볼 때에 자라듯이 우리의 영은 하나님을 바라볼 때에 자랍니다. 기도를 통하여 우리의 마음이 깨끗하여지고 더 아름다워집니다. 마치

꽃이 햇빛을 바라볼 때에 더 붉어지는 것과 마찬가지입니다.

기도를 통하여 우리의 마음이 더 튼튼해집니다. 마음속에 평화와 기쁨이 넘치게 됩니다. 사랑이 충만하게 됩니다. 기도를 통하여 우리는 더 큰 능력을 받습니다. 시험을 이길 수 있는 능력, 역경을 돌파할 수 있는 능력, 슬픔을 견딜 수 있는 능력, 병을 고칠 수 있는 능력 등 모든 능력을 받을 수 있습니다. 우리 심령 속에 생명수가 충만하게 됩니다.

최근 북한에서 비밀리에 활동하는 기독교 신자가 약 3만 명 정도 늘어나면서 북한 당국이 적극적으로 적발에 나서고 있고, 심지어는 이들에 대한 공개처형도 이루어진다고 합니다. 체제유지를 하고자 '종교와 전쟁'을 벌이고 있다는 것입니다. 이러한 상황인데도 북한에는 여전히 죽음의 위협을 무릅쓰고 복음을 전하고, 믿음을 지키는 동포들이 존재하고 있음을 들어 알 수 있습니다. 북한에서 탈출한 어떤 사람이 중국에서 복음을 받아들이고 예수를 믿게 되었습니다. 천국과 지옥에 대해 확실히 믿고 깨닫고는 애초 목적대로 한국으로 오는 것을 포기하고 죽어도 북한에 계시는 어머니에게 가서 복음을 전하기로 결심을 하였습니다. 북한으로 돌아간 그는 어머니를 만나 비밀리에 복음을 전하기 시작했습니다. "어머니 예수 믿고 천국에 가셔야 합니다. 이 땅에서 이렇게 고생하시는데, 반드시 천국 가셔야 합니다." 이 말을 들은 어머니는 아들의 손을 꼭 잡으며 이렇게 이야기했다고 합니다. "아들아, 내가 30년 전부터 기도한 것이 드디어 이루어졌구나." 그렇습니다. 기도는 이루어집니다. 반드시 이루어집니다.

예수님, 우리 하나님은 이 세상 사람들이 들이대는 배경과는 비교할 수 없는 최고의 배경이십니다. 하나님은 나의 힘이 되십니다. 하나님은 나의 반석이시오, 나의 요새시오, 나를 건지시는 이시오, 나의 방패시오, 나의 구원의 뿔이시오, 나의 산성이 되십니다.

그런데 이 예수님을 무리 가운데서 즉 세상 속에서 찾는 것은 너무나 어리석은 일입니다. 예수님은 성전에 계십니다. 예배와 기도하는 가운데서, 말씀 속에서 만나고 응답 받을 수 있습니다. 만왕의 왕이신 예수님과 동행하기를 원한다면 사람들 속에 파묻힐 것이 아니라 말씀에 굳게 서 있어야 합니다.

영혼 구원을 위해, 잃은 양을 찾기 위해 기도해야 한다.

일반적으로 성도들에게 전도를 위해 기도하자고 하면 대체로 세 가지 형태의 반응을 볼 수 있습니다. 반신반의 하는 사람이 있고, 기도하면 뭐가 이루어지느냐고 의심하는 사람이 있고, 믿고 구하는 사람이 있습니다. 잊지 마시기 바랍니다. 기적은 믿고 구하는 사람을 통해서 나타납니다.

가끔 시장에 가 보면 어떤 사람은 물건 값을 깎는 데 집요합니다. 그 광경을 보고 있으면 만일 저 분이 교인일 경우 한 영혼을 위해서는 얼마나 집요하게 기도하고 전도할까 하는 생각이 듭니다. 한 사람의 기도는 한 영혼, 한 지역, 한 나라를 구원합니다. 존 낙스(John Knox)는 기도하는 한 사람이 기도 없는 한 민족보다 강하다고 했습니다.

"이 과부가 나를 번거롭게 하니 내가 그 원한을 풀어 주리라 그렇지 않으면 늘 와서 나를 괴롭게 하리라 하였느니라 주께서 또 이르시되 불의한 재판장이 말한 것을 들으라 하물며 하나님께서 그 밤낮 부르짖는 택하신 자들의 원한을 풀어 주지 아니하시겠느냐 그들에게 오래 참으시겠느냐"(눅18:5-7).

이 말씀은 우리가 너무나 잘 알고 있는 대로 억울한 일을 당한 한 과부가 불의한 재판관의 마음을 돌리는 이야기입니다. 우리 주님이 이 비유를 우리에게 주신 이유는 우리가 기도를 통해서 하나님의 마음을 돌릴 수 있다는 말씀을 하시기 위함입니다.

불의한 재판관도 끈질기게 구하는 사람의 말을 듣는데, 사랑이 많으신 하나님께서 우리의 기도를 안 들으시겠느냐, 들으신다, 그러기에 기도하라는 말씀입니다. 하나님이 우리의 기도를 들으시기에 기도응답에 대해서 염려하지 말고 구하기만 하라는 말씀을 우리에게 들려주시기를 원하시는 것입니다.

그런데 주님의 이 말씀 속에서 지금 우리에게 전해져 오는 물음 또한 들을 수 있습니다. "너희가 제대로 기도해 보기나 했느냐?"는 물음입니다. 사랑하는 사람의 영혼 구원을 위해, 내 가정의 잃은 양을 위해, 내 구역, 내 기관의 잃은 양을 위해, 교회부흥을 위해, 나라를 위해 "네가 제대로 기도해 보기나 했느냐?"는 말씀입니다.

또 가정의 문제, 자신의 문제, 질병의 문제, 사업이나 일터의 문제 해결을 위해 "제대로 기도해 보기나 했느냐?"는 말씀입니다. 앞에 어둠이 있을 때에 "네가 제대로 기도해 보기나 했느냐?"는 말씀입니다.

본문에서도 예수님이 말씀하십니다. "내가 진실로 너희에게 이르노니 만일 너희가 믿음이 있고 의심하지 아니하면 이 무화과나무에게 된 이런 일만 할 뿐 아니라 이 산더러 들려 바다에 던져지라 하여도 될 것이요 너희가 기도할 때에 무엇이든지 믿고 구하는 것은 다 받으리라 하시니라"(마21:21-22).

혹시 빨리 안 이루어진다고, 누구 때문에 속상해서, 혹은 자기 기분에 따라서, 자기감정 때문에 기도하다가 쉬는 분은 없습니까? 또 어떤 기도 제목이 이루어졌다고 기도의 손을 놓은 사람은 없습니까? 사무엘 선지는 말씀합니다. "기도하기를 쉬는 죄를 범하지 말라."

"제대로 기도해 보기나 했느냐?" 이 말씀에 무엇이라고 대답하시겠습니까? 이 말씀에 회개할 분은 없습니까? 솔직히 믿고 기도하기보다는 걱정하면서 기도했고, 미워하면서 기도했고, 원망하고 불평하면서 기도했고, 순종하지 못하면서 기도했고, 맡겨진 일에 충성하지 못하면서 기도했던 우리들이 아닙니까? "너는 제대로 기도해 보기나 했느냐?"

잃은 양을 찾는 일과 영혼 구원은 기도에 달려 있다는 확신을 가져야 합니다. 교회 부흥과 성장은 기도에 달려 있다는 확신을 가져야 합니다. 전도를 못하는 분들은 대부분 기도에서 실패하는 경우가 많습니다. '기도한다고 교회 나오느냐'는 식의 생각은 불신앙입니다.

당신은 하나님의 자녀이신 것을 믿습니까? 그러면 예수님의 말씀을 들어보세요. 구하면 주실 것이라고 말씀했습니다. "구하라 그리하면 너희에게 주실 것이요 찾으라 그리하면 찾아낼 것이요 문을 두드리라 그리하면 너희에게 열릴 것이니 구하는 이마다 받을 것이요 찾는 이는 찾아낼 것이요 두드리는 이에게는 열릴 것이니라 너희 중에 누가 아들이 떡을 달라 하는데 돌을 주며 생선을 달라 하는데 뱀을 줄 사람이 있겠느냐 너희가 악한 자라도 좋은 것으로 자식에게 줄 줄 알거든 하물며 하늘에 계신 너희 아버지께서 구하는 자에게 좋은 것으로 주시지 않겠느냐"(마7:7-11).

이 말씀을 믿습니까? 믿는다면 이 말씀을 붙잡고 과거의 불신앙을 회개하고 지워 버리시기 바랍니다. 이 말씀을 붙잡고 불순종한 것을 회개하고 지워 버리시기 바랍니다. 기도하지 못한 불신앙을 버리시기 바랍니다. 제대로 기도해 보지 않으신 분이 계시다면 이 말씀을 붙잡고 기도하시기 바랍니다. 우리가 기도응답 받지 못하는 것은 단 한 가지 이유 때문입니다. "제대로 기도해 보기나 했느냐?" 이것입니다.

불가능한 문제는 없습니다. 혹시 왜 믿고 의심 없이 기도했는데 응답되지 않느냐고 하는 분들이 있을지 모르겠습니다. 그러나 주님은 분명히 말씀하십니다. 불가능하게 보이는 일도 믿음으로 기도하면 가능하게 하신다는 말씀입니다. 기도는 불가능한 일을 가능하게 합니다. 문제는 이것입니다. "제대로 기도해 보기나 했느냐?" 정말로, 진실로 하나님 앞에 "제대로 기도해 보기나 했느냐?"는 것입니다.

기도는 능력을 주어서 불가능한 일을 가능하게 한다.

그러나 주의할 것은 기도만 하면 아무것도 하지 않아도 하나님이 다 해결해 주시는 것이 아니라는 사실입니다. 기도는 나의 앞에 거대한 산처럼 버티고 있는 해결할 수 없는 수많은 문제를 들어서 바다에 던져 버리는 것이 아닙니다. 기도하면 하나님께서 이 거대한 산을 정복할 수 있도록 능력을 주십니다. 기도는 능력입니다. 기도는 쉬운 길을 찾으려는 것이 아니라 어려운 길을 갈 수 있는 힘을 얻는 것입니다.

기도는 받아들일 수 있는 능력과 변화시키는 능력을 줍니다. 기도는 힘들고 괴로운 현실을 피하지 않고 있는 그대로 받아들여서 변화시키게 합니다. 기도는 받아들일 수 없는 것을 받아들이는 능력을 줍니다.

사도 바울은 육체에 큰 병이 있어서 이 병이 자신의 몸에서 떠나기를 간절히 기도했습니다. 그러나 그 병은 떠나지 않았습니다. 죽을 때까지 이 병과 함께 살았습니다. 그러나 하나님께서 바울에게 이 병을 받아들일 수 있는 능력을 주셨습니다. 그 병을 통하여 더 많을 것을 얻었습니다. 하나님은 약한 것을 통하여 온전하게 하시며 참된 만족을 주신다는 사실을 깨닫게 되었습니다.

예수님도 그 앞에 놓인 큰 불행이 지나가도록 기도했습니다. 겟세마네 동산에서 기도하실 때에 "아버지여 만일 할 만하시거든 이 잔을 내게서 지나가게 하옵소서"라고 기도하셨습니다. 그러나 하나님께서는 십자가의 쓴잔이 지나가도록 하시지 않으셨습니다. 오히려 쓴잔을 마시게 하셨고, 고난을 온몸으로 받게 하셨습니다. 대신에 이 고난을 받아들일 수 있는 능력을 그리스도께 주셨습니다.

베드로와 바울은 감옥에서 기적적으로 구출을 받았습니다. 하지만 결국 고난을 온몸으로 받아들이는 능력을 주께로부터 받았다는 사실을 잊지 마십시오. 예루살렘교회의 지도자였던 야고보 사도는 순교하였습니다. 야고보에게는 순교를 받아들일 수 있는 능력을 주심으로 그의 기도에 응답하신 것입니다. 사도 바울도, 베드로도 순교의 고난을 받아들이는 능력을 주셨습니다. 이것은 분명 놀라운 축복인 것을 믿으시기 바랍니다.

기도는 견딜 수 있는 힘을 줍니다. 기도는 어려운 문제를 제거하는 것이 아니고, 그 문제를 견디어 낼 수 있도록 힘을 줍니다. 기도는 비극을 회피하고 현실에서 도피할 탈출구를 주는 것이 아닙니다. 기도는 우리로 하여금 견딜 수 없는 것들을 견디게 하고, 직면할 수 없는 것들을 직면하게 하고, 넘어질 것을 넘어지지 않고 앞으로 나아가게 합니다.

기도는 도피처가 아닙니다. 기도는 절망의 환경을 정복하는 것입니다. 기도를 정복의 길로 생각하는 사람은 인생에서 큰 변화를 경험하게 될 것입니다. 우리가 죽을 때까지 놓지 말아야 할 것이 기도입니다. 기도는 끈질기게 하는 것입니다. 고(故) 정주영 회장은 임역원 회의에서 종종 불가능해 보이고 황당한 질문이나 제안을 많이 했다고 합니다. 그래서 회의할 때 불가능하다는 의견을 내는 사람이 있으면 "해 보기나 했나?"라고 물었다는 것입니다.

사람들은 하나님을 의지해야 하는 것을 잘 압니다. 그런데 정작 어려운 현실에 직면할 때는 이렇게 생각합니다. '어떻게 의지합니까? 일단 눈에 보이고 급한 것이 이렇게 많은데 언제 하나님을 의지합니까? 하나님을 의지하긴 하지만 세상에는 세상 법이 있습니다. 목사님이 하라는 대로 하다가는 다 말아먹습니다. 목사님, 원론적인 이야기 말고 실제적인 이야기를 해 주십시오.' 맞습니다. 하나님을 의지하고 싶지 않은 성도는 없을 것입니다. 현실의 일들이 너무 크고 다급하다 보니 세상 방법대로 해서 어떻게든 해결해 보려고 할 때가 있습니다.

하지만 저는 이렇게 말하는 성도들에게 묻고 싶습니다. "하나님을 의지해 보기나 했습니까?", "한 번이라도 제대로 하나님을 의지해 보기나 했습니까?", "하나님의 말씀을 붙들고 믿으면서 제대로 기도해 보았느냐?"고 묻고 싶습니다. 이제 하나님께 정말 모든 것을 맡기고 투정을 부리더라도 부립시다. 그는 나의 방패요 반석이십니다. 이 하나님께 "제대로 기도해 보기나 했느냐?" 아멘.

눈물기도의 위력

열왕기하 20:1-6

우리 교회에는 매우 귀한 전통이 있습니다. 매월 초하루와 초이틀 2일간 모든 직분자, 장로, 안수집사, 권사, 집사, 교사, 찬양대로 수고하시는 귀한 일꾼들이 교회에 나와 새벽기도회를 하는 전통입니다. 온 교인이 한 달을 맞이하면서 가장 먼저 하나님께 나아와 새벽기도 나팔절을 지키는 것입니다. 너무나도 귀한 전통이 아닐 수 없습니다. 성도들의 기도 가운데 하나님께서 영광 받으실 것이기 때문입니다. 성도들의 눈물의 기도는 능력을 가져오는 통로가 되기 때문입니다.

본문에서 히스기야가 눈물의 기도를 통해 죽을 병에서 건짐 받아 생명이 15년이나 연장되는 모습을 볼 수 있습니다. 즉 눈물기도의 위력을 볼 수 있습니다. "그 때에 히스기야가 병들어 죽게 되매 아모스의 아들 선지자 이사야가 그에게 나아와서 그에게 이르되 여호와의 말씀이 너는 집을 정리하라 네가 죽고 살지 못하리라 하셨나이다"(왕하 20:1). 이 말씀을 보면 히스기야의 병이 치명적인 것을 알 수 있습니다. 즉 인간의 어떤 방법으로도 결코 고칠 수 없어 죽음을 맞게 될 것임을 말해 줍니다. 아울러 이 병을 고치기 위해서는 전적으로 하나님의 기적적인 도움이 있어야 하며, 그것만이 문제 해결의 열쇠임을 분명히 말씀해 주고 있습니다.

"히스기야가 낯을 벽으로 향하고 여호와께 기도하여 이르되"(왕하 20:2). 다른 사람들을 물리친 후 하나님께 전적으로 매달리겠다는 것입니다. 죽음을 선고받은 히스기야는 마지막으로 하나님께 전적으로 매달려 전심으로 기도했습니다.

"여호와여 구하오니 내가 진실과 전심으로 주 앞에 행하며 주께서 보시기에 선하게 행한 것을 기억하옵소서 하고 히스기야가 심히 통곡하더라"(왕하20:3). 이 말씀이 가슴에 와 닿는 분이 많이 있을 것입니다. 가슴에서 '석탄이 백탄이 되는 고통'을 경험한 분이 있을 것입니다.

저는 우리 교회를 개척하고 이 가슴에 석탄이 백탄이 되는 고통을 지난 22년 동안 참 많이 겪었습니다. 히스기야 같은 기도가 한두 번이 아니었습니다. 하나님께서 그 눈물기도에 응답 주시고 인도하셔서 우리 교회가 여기까지 왔습니다. 생각하면 할수록 하나님의 은혜를 만입이 있어도 다 감사드릴 수가 없습니다.

히스기야도 "여호와여 … 기억하옵소서"라고 기도하고 있습니다. 하나님, 내가 전심으로, 진실로, 진심으로 주를 위해 일했고 선하게 살려고 하지 않았습니까? 하나님, 내가 하나님을 철저히 의지하여 최선을 다했음을 기억하옵소서. 하나님, 정말로 마음을 다하여 일한 것을 기억해 주옵소서. 하나님께 겸손히 드리는 기도입니다.

그리고 "심히 통곡하더라"고 하였습니다. 히스기야가 이처럼 심히 통곡한 데에는 여러 가지가 복합적으로 작용했을 것입니다. 한창 나이에 죽어야만 하는 자신에 대한 연민의 정을 참지 못했을 것이고, 신앙

부흥운동을 일으켰는데 열매를 보지 못하고 죽게 될 운명, 국사에 후계자도 정하지 못했는데 죽게 된 상황, 그리고 국사에 대한 걱정 등이 겹쳐 통곡하지 않을 수 없었던 것입니다.

히스기야의 애절한 눈물기도는 하나님께 열납되어 이사야 선지자를 통해 그의 생명이 15년이나 더 연장되는 은혜를 받았습니다. 이처럼 눈물기도는 죽음을 생명으로 바꾸는 힘이 있습니다.

사람의 몸에는 세 가지의 고귀한 액체가 있습니다. 땀과 눈물과 피입니다. 이 세 가지는 그냥 저절로 나오는 것이 아닙니다. 이 세 가지 액체는 어떤 일에 열정을 쏟을 때 나오는 것입니다. 땀은 노력과 수고의 상징입니다. 눈물은 감정의 상징입니다. 피는 생명을 상징합니다. 상처를 받고 고통을 당할 때 눈물을 흘리기도 하지만, 기쁠 때, 감동될 때, 감사할 때도 눈물을 흘리게 됩니다. 땀 흘리지 않고는 성공할 수 없고, 눈물 없이는 바로 살아갈 수 없으며, 피를 흘리지 않고서는 위대한 일이 생길 수 없습니다. 특히 진정한 눈물은 사람을 감동시킬 뿐만 아니라 하나님의 마음도 감동시킵니다.

그런데 눈물에는 여러 종류의 눈물이 있습니다. 기쁨의 눈물이 있고, 참회의 눈물이 있고, 승리의 눈물이 있고, 원한의 눈물이 있고, 이별의 눈물이 있습니다. 그러나 우리 그리스도인들에게는 기도의 눈물이 있어야 합니다. 기도할 때 눈물을 흘리며 기도할 수 있는 성도들이 되어야 합니다.

기도할 때, 찬송할 때, 말씀을 들을 때 눈물을 흘리는 것은 하나님께서 주시는 복입니다. 눈물을 흘리면 하나님이 감동하시고 하나님이 들어주십니다.

신앙의 조상들은 기도의 눈물이 있었다.

신앙의 조상들은 울면서 기도할 때가 많았습니다.

다윗의 기도의 눈물이 있었습니다. "내가 탄식함으로 피곤하여 밤마다 눈물로 내 침상을 띄우며 내 요를 적시나이다"(시6:6). 눈물로 간절하게 회복시켜 달라고 기도합니다.

예레미야도 눈물의 기도자였습니다. 그는 이렇게 고백합니다. "어찌하면 내 머리는 물이 되고 내 눈은 눈물 근원이 될꼬 죽임을 당한 딸 내 백성을 위하여 주야로 울리로다"(렘9:1). 하나님 앞에 나라와 민족을 생각하며 통곡하면서 드린 눈물의 기도였습니다.

한나도 눈물의 기도가 있습니다. "한나가 마음이 괴로워서 여호와께 기도하고 통곡하며"(삼상1:10). 자식을 낳기 위한 간절한 기도의 제목이 있을 때에 그는 하나님 앞에 눈물을 쏟아 냈습니다.

예수님께서도 눈물의 기도를 드리셨습니다. "그는 육체에 계실 때에 자기를 죽음에서 능히 구원하실 이에게 심한 통곡과 눈물로 간구와 소원을 올렸고 그의 경건하심으로 말미암아 들으심을 얻었느니라"(히5:7).

애굽의 총리였던 요셉도 눈물기도를 드렸고, 사도 바울도 눈물기도가 있었으며, 마리아도 눈물이 있었습니다. 그 외에도 아브라함, 하갈의 눈물 등 많은 선조들의 눈물의 기도가 있습니다.

히스기야도 눈물기도를 하나님께 드렸습니다. 그러자 하나님께서는 이사야를 통해 "너는 돌아가서 내 백성의 주권자 히스기야에게 이르기를 왕의 조상 다윗의 하나님 여호와의 말씀이 내가 네 기도를 들었고 네 눈물을 보았노라 내가 너를 낫게 하리니 네가 삼 일 만에 여호와의 성전에 올라가겠고"(왕하20:5)라고 응답해 주셨습니다.

눈물을 쏟아 내는 기도, 간절한 기도를 드려서 즉시로 응답받는 모습을 봅니다. 이렇게 눈물기도를 드리려면 여호와의 영이 머무는 자가 되어야 합니다. 여호와의 영이 머무는 자가 되어 눈물기도를 드려 믿음의 신비, 기도의 신비를 체험하시기를 소원합니다.

눈물기도는 성령을 받는다.

눈물의 기도자는 하나님께 자신의 사이클을 맞추고 살아가며 하늘의 소리를 들을 수 있습니다. 하늘 꿈을 꾸며 살게 되고 하나님의 뜻이 무엇인지 분별하며 살아갈 수 있습니다.

강력한 기도의 응답은 성령의 임재입니다. 기도생활에서 성령의 임재는 삶을 변화시킬 뿐만 아니라 영적인 감동과 힘을 부여해 줍니다. 그러므로 항상 성령을 의지하는 기도, 성령의 능력을 힘입어 기도하는 성도님이 되어야 합니다. 전기 스위치를 누르면 밝은 빛을 볼 수 있듯이, 기도의 스위치를 누르기만 하면 아무리 어려운 위기라 해도 하나님은 그 위기를 새로운 기회로 만들어 주십니다.

우리 모두 눈물로 회개하며 기도하여 성령을 충만히 받기를 소원합니다. 진정한 회개, 간절한 기도에 눈물이 없다면 그것은 가짜입니다. 처음 성령을 받을 때도 회개의 간절한 기도가 필요하지만, 성령 충만을 위해서도 회개와 눈물로 드리는 기도는 필수적입니다.

눈물기도는 죄 사함을 받는다.

다윗은 밤마다 눈물로 회개하면서 자기의 침상을 띄우고 요를 적셨다고 했습니다. 회개의 눈물을 흘리는 사람은 죄 사함을 받습니다. 우리가 기억할 것은 예수님도 심한 통곡과 눈물로 간구하셨기에 하나님께서 예수님의 기도를 들어주셔서 십자가를 질 수 있는 능력을 주셨다는 것입니다. 이렇게 해서 우리가 죄 사함을 받을 수 있게 된 것입니다.

아무리 회개해도 눈물 없는 회개는 하나님의 마음을 감동시킬 수 없음을 명심하시기 바랍니다. 눈물로 간구하는 사람이 되시기를 소원합니다.

눈물기도는 사람의 마음을 변화시킨다.

백 마디 천 마디 말보다 진심으로 흘리는 한 방울의 눈물이 사람의 마음을 감동시키고 변화를 줍니다.

사람만 변화시키는 것이 아니라 눈물의 기도는 하나님도 감동시킵니다. 본문 2-3절에 "히스기야가 낯을 벽으로 향하고 여호와께 기도하여 이르되 여호와여 구하오니 내가 진실과 전심으로 주 앞에 행하며 주께서 보시기에 선하게 행한 것을 기억하옵소서 하고 히스기야가 심히 통곡하더라"고 하였습니다. 벽으로 얼굴을 향하고 통곡을 하면서 기도하였습니다. 그는 모든 생명을 주장하시는 하나님께 도움을 구한 것입니다.

하나님께서는 눈물을 흘리며 전심으로 기도하는 자를 외면하지 않으십니다. 어떤 문제, 어떤 숙제가 있든지 눈물을 흘리며 전심전력을 다하여 기도에 몰두해야 합니다. 그리하면 하나님께서는 그 기도를 들어주십니다. 우리 모두 자신의 문제를 주 앞에 내려놓고 전심전력하여 기도의 신비, 믿음의 신비를 체험하시기를 축복합니다.

눈물기도는 교회를 부흥시킨다.

초대교회는 사도들과 성도들이 합심하여 눈물로 기도한 결과 성령님의 도우심으로 부흥하고 크게 성장하였습니다.

눈물기도는 교회만 부흥시키는 것이 아닙니다. 가정을 회복시키고 국가를 회복시킵니다. 이스라엘 나라가 위기에 처해 있을 때, 사무엘은 백성들을 미스바 광장으로 모이게 하고 금식하며 눈물을 흘리며 기도하여 나라를 구하고 평화를 가져오게 했습니다.

모든 것을 하나님께 아뢰고 기도하지만 정말 눈물을 흘리며 기도할 일이 있습니다. 교회를 위해, 한국교회를 위해, 하나님 나라를 위해, 가정을 위해, 이 나라를 위해, 특별히 우상을 버리고 하나님을 경외하며 말씀에 순종하는 이 민족이 되게 해 달라고, 저 북한의 지하교회와 성도들을 위해, 자유를 위해, 신앙을 위해 탈북한 이들을 위해 눈물로 기도해야 합니다. 눈물로 씨를 뿌리는 자는 기쁨으로 단을 거둡니다. "눈물을 흘리며 씨를 뿌리는 자는 기쁨으로 거두리로다 울며 씨를 뿌리러 나가는 자는 반드시 기쁨으로 그 곡식 단을 가지고 돌아오리로다"(시126:5-6).

히스기야가 드린 눈물기도는 다른 사람을 의식하지 않고 오직 하나님만을 향한 기도였습니다. 낯을 벽으로 향하고 기도했다는 것은 세상의 모든 것을 포기하고 오로지 하나님만을 향해 매어달리겠다는 것입니다. 우리도 이러한 기도의 자세가 필요합니다.

눈물기도와 함께 하나님께서 인정하시는 삶을 살아야 한다.

이것이 중요합니다. 히스기야는 하나님께서 인정하시는 삶을 살았습니다. "여호와여 구하오니 내가 진실과 전심으로 주 앞에 행하며 주께서 보시기에 선하게 행한 것을 기억하옵소서 하고 히스기야가 심히 통곡하더라"(왕하20:3).

히스기야는 진실로 하나님을 경외하는 삶을 살았습니다. 진실한 신앙과 삶은 하나님을 기쁘시게 해 드리는 것입니다. 우리의 삶은 어떻습니까? 온갖 죄를 범하고 하나님께 도움을 구한 삶은 아니었습니까?

히스기야는 여호와의 영이 머무는 자였습니다. 그러기에 말씀대로 살았음을 알 수 있습니다. 그런 결과, 하나님께 "나를 기억해 달라"고 눈물로 기도합니다. 만일 우리의 삶이 그렇지 못했다면 지금 이 순간 진심으로 주 앞에 눈물로 회개 기도하고 변화되기를 바랍니다.

교회 일을 머리로 하고 형식적인 예배를 드렸다면 회개하고 이제는 주님의 마음인 비우는 마음으로, 사랑하는 마음으로, 섬기는 마음으로, 복종하는 마음으로, 희생하는 마음으로, 헌신하는 마음으로, 사명을 감당하는 마음으로 바꾸어야 합니다. 교회를 위해 일하겠다는 결단을 지금 하시고 말씀대로 순종하며 살기를 바랍니다.

히스기야와 같이 하나님이 인정하시는 삶을 살며 눈물로 기도하여 믿음의 신비, 기도의 신비를 경험하는 우리가 되기를 간절히 소원합니다. 하나님이 인정하시는 삶을 살며 눈물의 기도를 할 수 있기를 바랍니다.

하나님은 분명히 우리의 기도를 경청하십니다. 이사야 선지는 "여호와를 만날 기회를 찾아보고 가까이 계실 때 부르라"고 했습니다. 하나님께서는 다니엘이 사자굴에 들어갈 때 함께 들어가셨고, 다니엘의 세 친구들이 뜨거운 풀무불 속에 들어갈 때도 함께 들어가셨습니다.

누가복음 18장 1-8절에 보면 한 과부의 집념을 볼 수 있습니다. 이 여인도 히스기야 같이 기도하는데 한 분에게만 집념했습니다. 이 여인은 세상 사람, 세상 방법을 바라지 않고 히스기야와 같이 오직 하나님만 바라보았습니다. 또한 그녀는 인내의 기도를 드렸습니다.

하나님의 은총은 값싼 것이 아닙니다. 하나님의 나라는 침노하는 자만이 쟁취할 수 있기 때문에 하나님은 이러한 자를 사랑하십니다. "세례 요한의 때부터 지금까지 천국은 침노를 당하나니 침노하는 자는 빼앗느니라"(마11:12).

또한 예수님은 분명히 말씀하십니다. "하나님께서 그 밤낮 부르짖는 택하신 자들의 원한을 풀어 주지 아니하시겠느냐 그들에게 오래 참으시겠느냐"(눅18:7). 그러므로 인내를 가지고 믿음으로 끝까지 기도하여야 합니다.

눈물기도는 위력이 있다.

앞서 가신 신앙 선열들의 눈물기도는 하나님의 보좌를 움직여 하나님의 응답을 끌어당기는 역사를 가져왔습니다. 그들의 눈물기도는 조국의 해방과 영적인 회복을 이룩해 놓았습니다. 그리고 신앙의 큰 부흥 운동을 일으켜 놓았습니다.

눈물은 하나님의 보좌를 움직이게 합니다. 눈물기도는 하나님의 응답을 받아 모든 문제 해결의 열쇠가 됩니다. 눈물은 죄의 문제를 해결합니다. 눈물기도는 질병의 문제를 해결합니다. 눈물기도는 자녀 문제를 해결합니다. 눈물기도는 교회 문제도 해결합니다. 눈물기도는 국가 문제를 해결합니다. 눈물기도는 죽음의 문제를 해결합니다. 눈물기도는 구원의 문제를 해결합니다. 눈물기도는 인류 문제를 해결합니다. 눈물기도는 사명 문제를 해결합니다. 눈물기도는 재앙도 물러가게 합니다.

히스기야는 심은 대로 거두게 하시는 성경적 보상 원리를 잘 보여 주고 있습니다. 그는 선행을 심어 복된 언약을 거두었습니다. 히스기야가 하나님 말씀대로 살지 못하면서 급하다고 자신을 기억해 달라고 기도할 수 있었겠습니까? 하나님 저를 기억해 주세요. 저를 아시지요?

누구든지 철저히 회개하여 눈물을 흘림으로 기도하면 하나님께서는 들으시고 또 돌아보시며 그 눈물을 닦아 주십니다. 하나님은 우리의 짧은 생각으로 구하는 것을 넘어서 더 풍성히 넉넉하게 채워 주시는 분이십니다.

눈물로 기도하다가 기도 제목마다 응답받고 승리하며 믿음의 신비, 기도의 신비를 체험하시기를 축원합니다. 아멘.

이래서는 안 되겠다

이사야 1:1-9

예수님께서는 이스라엘 나라의 지도자들이요, 절대 권력자인 대제사장과 백성의 장로들에게 서슴지 않고 세리와 창기만도 못한 사람들이라고 책망하셨습니다. 그들의 위선적인 신앙과 삶을 책망하신 것입니다.

그 당시 세리와 창기가 어떠한 계급에 있는 자들이었는가 하면, 세리는 로마 제국에 채용된 세무서 관리로서 백성을 착취해 먹고 사는 민족 반역자요, 창기는 몸과 웃음을 팔아 사람들에게 붙어서 피를 빨아 먹고 사는 기생충 같은 존재로, 방법은 다를지라도 그 죄악은 서로 같다고 여겨졌습니다. 그래서 이스라엘 사람들은 이들을 사회적으로 매장해 놓고 천한 계급으로 여겨 상대하지도 않았습니다. 그렇다면 최고 계급을 능욕하는데 이보다 더 심한 비교가 또 어디 있겠습니까?

성경 여러 곳을 통해서 알 수 있듯이 예수께서는 세상에 계실 때에 외식하는 바리새인들을 제일 미워하셨습니다. 이리의 속을 품고 겉으로는 양의 가죽을 쓰고 다니며, 회칠한 무덤처럼 겉은 화려하게 꾸미

나 속은 냄새나는 더러움으로 가득하고, 겉으로는 아버지 앞에서 "예, 예"하고 상냥하게 순종하는 체 하지만 속으로는 반역 행동을 하는 위선적인 신앙을 책망하신 것입니다. 저들의 신앙은 형식만 남은 가식적인 신앙이었고 종교적 습관일 뿐이었습니다.

이 세상 사람이면 누구나 다 의와 선을 좋은 것이라고 표방하며 살아갑니다. 민족 반역자라도 그들의 말만은 훌륭한 애국자입니다. 사기, 횡령, 배임, 모리, 온갖 비리의 짓을 다 하는 자들도 자기만은 청렴결백하다고 자랑합니다. 기껏 해 봐야 자기 가족밖에 모르는 개인주의자요, 게으르고 부정직하고 신의가 없는 파렴치한 인간도 제법 우국, 애족 하면서 사회도덕이 문란해 가는 것을 통탄해 하고, 국가 정치의 부패를 한탄하는 등 선뜻 가려낼 수 없도록 행동하고 말하는 것을 볼 수 있습니다.

바리새교인들은 철저한 종교의식에 젖어 있어 신앙과 교회에 대하여 형식적 조건들은 훌륭히 실행해 갔으나 표리부동하게 행동하였습니다. 그렇다면 우리는 어떻습니까? 신앙과 교회생활의 기본조차 갖추고 있지 못한 모습은 아닙니까? 십일조 헌금은 드릴 생각도 못하고, 기도와 전도는 하지도 아니하고, 성경을 가정과 자손에게 가르쳐 주지도 아니하며, 주일날을 엄숙하게 지키지도 아니합니다. 과연 당신의 신앙생활은 어떻습니까?

불규칙한 신앙생활을 하면서 입으로만 신앙을 표방하고 어울리지 않는 불신앙적 행위를 하고 다닌다는 것은 한국 교회가 이미 썩어 가고 있다는 것을 말합니다. 위선적인 신앙을 회개하여야 합니다. 위선적인 삶, 위선적인 신앙, 이래서는 안 되겠습니다.

우리의 신앙이 지금 해이해져 위선적인 것이 되어 사람들의 비방의 대상이 될 뿐 아니라 오히려 하나님의 영광을 가리고 있지는 않습니까? 이래서는 안 되겠습니다. 세리와 창기는 드러난 죄인들이지만 예수님의 십자가의 날개 속에 숨어서 선한 체, 의로운 체 하면서 회개하지 아니하고 예배당에 다니는 사람들, 이들이 바로 세리와 창기보다 더 악질이요, 지옥의 자식입니다.

지금은 회개의 때이다.

이래서는 안 되겠다는 생각을 갖고 모두가 회개해야 하겠습니다. 회개란 슬퍼하고 돌아온다는 말입니다. 잘못을 했을 때는 그 잘못된 것을 먼저 후회하고 마음을 고쳐 슬피 울면서 통회 자복한 다음 그 잘못한 것을 완전히 끊어 버리고 하나님 앞으로 돌아와서 다시는 세상으로 나가지 않도록 해야 합니다. 이것이 참 회개입니다.

"내가 사마리아를 잰 줄과 아합의 집을 다림 보던 추를 예루살렘에 베풀고 또 사람이 그릇을 씻어 엎음 같이 예루살렘을 씻어 버릴지라"(왕하21:13). 마치 아낙네들이 설거지하여 그릇을 엎어서 물기를 말리는 것과 같이 예루살렘을 씻어 버리시겠다는 뜻입니다. 다시 말하면 하나님께서 예루살렘을 설거지하여 싹 쓸어버리시겠다는 것입니다. 노아 홍수를 보세요. 정말로 무서운 말씀이 아닐 수 없습니다.

스바냐 선지자는 이렇게 회개할 것을 권했습니다. "수치를 모르는 백성아 모일지어다 모일지어다 명령이 시행되어 날이 겨 같이 지나가기 전, 여호와의 진노가 너희에게 내리기 전, 여호와의 분노의 날이 너희에게 이르기 전에 그리할지어다"(습2:1-2). 하나님의 재앙이 임하기 전에 빨리 회개하라는 말입니다. 그럼에도 불구하고 므낫세와 유다 백성은 회개할 줄 몰랐고, 결국 하나님의 진노는 설거지하듯 모두 엎어 버리는 재앙으로 임하고 말았습니다. 이것이 바로 회개하지 않는 자의 종말입니다.

열왕기하 22장 이하에 보면 요시야가 등장하면서 종교계에 새로운 개혁의 바람이 일기 시작했습니다. 그의 통치기간은 남 왕국 창건 이래 가장 행복했던 시대였습니다.

"요시야가 여호와 보시기에 정직히 행하여 그의 조상 다윗의 모든 길로 행하고 좌우로 치우치지 아니하였더라"(왕하22:2). 사람이 정직한 마음을 갖는다는 것은 참으로 아름답습니다. 그러나 정직한 마음을 행동으로 옮긴다는 것은 더욱 아름다운 일입니다. 정직한 마음을 갖는 데에서 그치지 않고 정직하게 행동하는 사람, 그것도 사람 앞에서 정직하게 행한 것이 아니라 하나님 앞에서 정직하게 행동하였던 요시야 왕은 정말로 위대한 왕이 아닐 수 없습니다. 우리도 요시야 왕의 성품을 본받아야 하겠습니다.

구약의 대강령은 "나의 명령과 율법을 준행하는 자는 복을 받을 것이요, 그렇지 못한 자는 저주를 받으리라"는 것입니다.

요시야는 성전을 사랑한 사람이었습니다. 그가 성전을 사랑한 것은 하나님을 사랑한 데에서 비롯된 믿음의 행동이었습니다. 그뿐만 아니라 요시야는 말씀 앞에 겸손한 사람이었습니다. 그는 성전을 보수하다가 귀하고 귀한 율법책을 발견했고 율법책의 말을 듣자 그의 옷을 찢었습니다. 옷을 찢었다는 것은 회개를 의미합니다.

왜 이렇게 옷을 찢으며 회개하였습니까? 그 이유는 유다 백성들이 하나님을 버리고 우상을 쫓았기 때문입니다. 유다 백성들은 해서는 안 될 일을 했습니다. 성전에 우상을 두어서는 안 되는데 우상을 두었습니다. "자기가 만든 아로새긴 아세라 목상을 성전에 세웠더라"(왕하 21:7). 우리에게 우상은 무엇입니까?

성전은 교회요, 교회는 가시적 교회와 불가시적 교회로 나눌 수 있습니다. 가시적 교회는 보이는 성전 즉 예배당을 말하며, 불가시적 교회는 보이지 않는 성전 곧 성도들의 마음을 의미합니다.

"너희 몸은 너희가 하나님께로부터 받은 바 너희 가운데 계신 성령의 전인 줄을 알지 못하느냐 너희는 너희 자신의 것이 아니라"(고전 6:19). 성도의 몸은 성령님이 임재하시는 성전이라는 말씀입니다. 그렇습니다. 우리는 모두가 보이지 않는 성전입니다. 우리의 마음은 성령이 임재하시고 계신 성전이라는 말씀입니다. 그럼에도 불구하고 우리의 심령에 욕심과 교만과 유혹하는 정욕과 그 다른 무엇이 있다면 므낫세가 여호와의 성전에 아세라 상을 세운 것과 무엇이 다르겠습니까? 오늘도 하나님 앞에 예배하면서 다른 무엇이 자리 잡고 있지는 않습니까? 이래서는 안 되겠습니다. "거룩하신 이를 만홀히 여겨 멀리하고 물러갔도다"(사1:4).

그뿐입니까? 저들은 하나님의 말씀을 준행하면 복을 주시겠다는 약속을 듣고 지키지 않았습니다. 그래서 "소는 그 임자를 알고 나귀는 그 주인의 구유를 알건마는 이스라엘은 알지 못하고 나의 백성은 깨닫지 못하는도다"(사1:3)라고 하였습니다.

"볼지어다 내가 문 밖에 서서 두드리노니 누구든지 내 음성을 듣고 문을 열면 내가 그에게로 들어가 그와 더불어 먹고 그는 나와 더불어 먹으리라"(계3:20). 라오디게아 교회는 뜨겁지도 않고 차지도 않은 교회로서 주님께 책망을 받았습니다. 그들은 주님을 환영하되 아직 문을 열지는 않았습니다. 그러므로 주님은 그 중심의 문을 열기 위하여 밖에서 두드리십니다. 그리스도와의 이러한 관계는 개인도 그러하고, 가정도 그러하고, 교회도 그러하고, 민족도 그러할 수 있는 것입니다.

대한민국에 기독교가 문을 두드린 지가 100년이 훨씬 넘었지만 대한민국 전체로 보면 그리스도는 아직 방에 들어오지 못하시고 문 밖에서 계속하여 문을 두드리고 계십니다. 이것이 지금 한국의 영적 현실이라고 볼 수 있습니다.

물론 한국 기독교가 국가를 위하여 공헌한 바도 많습니다. 기독교는 외래문화의 정수를 소개할 뿐더러 한국의 고유문화를 보존하고 발전시키기 위해 노력했습니다. 또한 기독교는 사회운동과 사회사업의 선구자가 되었습니다. 농촌운동도 교회에서 먼저 했고, 소비조합운동도 기독교 청년들이 먼저 한 것입니다. 기독교는 가장 불행하고 가난한 자에게 먼저 복리를 가져오기 위하여 노력했습니다.

사회적으로도 기독교는 도덕적 중생의 원동력이 되었습니다. 기독교는 애국운동의 중심 세력이었습니다. 기독교는 민주주의 사상의 교육자였습니다. 개인의 생명과 권리에 대한 존중사상, 인간의 자유사상과 인간의 평등사상은 오직 기독교만이 가르쳤습니다. 이것은 성경이 가르친 것입니다. 그리고 기독교는 민주주의 정치의 실행자였습니다.

그런데 오늘 한국의 형편은 어떻습니까? 부정, 부패는 아직도 만연해 있습니다. 정치는 후진국 수준인 것 같습니다. 국회의 일을 보면 한심스럽습니다. 각계각층을 보아도 참으로 안타까운 일이 계속 일어나고 있습니다. 교권주의자들, 정치 권력가들의 타락과 부패를 보세요. 이대로는 안 되겠다는 것입니다.

기독교가 많은 일도 하였지만, 지금 우리 성도들의 신앙은 어떠하며 교회는 어떠합니까? 위선적인 신앙은 아닙니까? 이래서는 안 되겠다는 것입니다. 이 땅에 부정, 부패, 불의와 위선이 사라지고 하나님의 공의와 정의가 강 같이 흐르는 공정사회가 이루어져야 합니다. 그러면 경제부흥과 풍성한 삶은 하나님께서 덤으로 주십니다.

성도의 신앙이 뜨뜻미지근하고, 교회가 물질로 인해 부패하고, 서로 싸우고, 윤리와 도덕적으로 세상으로부터 빈축을 받고 있는 형편입니다. 하나님의 영광을 드러내야 할 목사와 교회와 성도가 하나님의 영광을 가리고 있습니다. 복음전파에 방해가 되고 있습니다. 이래서는 안 되겠습니다. 개혁이 필요합니다. 왜냐하면 이 나라 이 민족이 사는 길은 하나님을 찾고 하나님을 진정으로 섬기는 데 있기 때문입니다. 그러기 위해서는 회개운동이 일어나고 개혁이 있어야 합니다.

열왕기하 23장에 보면 요시야 왕은 종교개혁을 멋지게 수행하였습니다. "유다 모든 사람과 예루살렘 주민과 제사장들과 선지자들과 모든 백성이 노소를 막론하고 다 왕과 함께 한지라"(왕하23:2). 개혁은 모두가 하나님의 전에 모이는 데서 시작되었습니다. 이스라엘 민족의 대회개운동이나 평양의 대회개운동은 모이는 데서 힘을 얻었습니다. 회개운동과 개혁은 한 사람, 한 사람, 개인으로부터 시작하여 이웃에 널리 파급되는 것이 중요합니다.

어느 겨울눈이 많이 내린 주일날, 교인들이 주차에 힘들 것 같아 제 아내와 눈을 치우는 중에 주차장에 수도를 얼지 않도록 하기 위해 땅 속에 전선을 묻어 둔 자리를 보게 되었습니다. 전선이 위치한 곳 위에는 눈이 녹아 있었고, 그 옆에도 녹기 시작한 것을 보았습니다. 저는 눈을 치우며 생각했습니다. 먼저 목사인 나부터 회개하고, 우리 교회부터 진심으로 회개할 때 이것이 파도가 되어 우리나라에, 한국교회에,

성도들에게 회개운동이 일어날 것입니다.

요시야 왕 앞에 모인 사람들은 우상을 섬겼던 사람들이요, 악한 왕의 꾐에 빠져 하나님을 버렸던 사람들입니다. 그러나 '이래서는 안 되겠다'는 생각을 갖고 모두가 모였기에 위대한 종교개혁을 할 수 있었던 것입니다.

그러므로 모이기에 힘써야 합니다. 주님을 사랑하는 마음으로, 은혜를 사모하는 마음으로 모이기에 힘을 기울여야 합니다. 모일 때에 하나님의 능력과 성령의 역사가 더욱 크게 임하게 됨을 믿으시기 바랍니다. 그리고 개혁해야 합니다. 한국교회와 성도의 개혁이 일어나야 합니다. 바로 지금 '이대로는 안 되겠다'는 생각을 갖고 한국교회와 성도와 백성들이 회개하고 개혁을 해야만 합니다. 위선적 신앙, 위선적 삶을 갈아엎어야 합니다. 갈아엎지 않은 묵은 땅에는 짐승이 들끓습니다. 황폐해진다는 말입니다.

본문 속 하나님 말씀을 들어보세요. 하나님께서 한탄을 하십니다. "하늘이여 들으라 땅이여 귀를 기울이라 여호와께서 말씀하시기를 내가 자식을 양육하였거늘 그들이 나를 거역하였도다"(2절), "슬프다 범죄한 나라요 허물 진 백성이요 행악의 종자요 행위가 부패한 자식으로다 그들이 여호와를 버리며 이스라엘의 거룩하신 이를 만홀히 여겨 멀리하고 물러갔도다"(4절).

정치가들의 부패를 볼 수 있습니다. "네 고관들은 패역하여 도둑과 짝하며 다 뇌물을 사랑하며 예물을 구하며 고아를 위하여 신원하지 아니하며 과부의 송사를 수리하지 아니하는도다"(사1:23). 교권주의자들이나 정치 권력가들의 타락과 부패성을 책망하고 있습니다.

그뿐입니까? 일반 시민들의 타락은 어떻습니까? "소는 그 임자를 알고 나귀는 그 주인의 구유를 알건마는 이스라엘은 알지 못하고 나의 백성은 깨닫지 못하는도다 하셨도다"(3절). 정치가들이나 교권주의자들의 부정, 부패, 타락을 비판하기 전에 우리 자신을 먼저 반성하고 우리의 허물을 먼저 하나님 앞에 내놓고 용서를 구하여야 합니다. 회개하는 마음을 잊어서는 안 되겠습니다. 나는 죄인이라는 고백을 잊어서는 안 되겠습니다. 지금도 용서의 문을 활짝 열고 기다리시는 주님을 생각하며 감사와 찬양을 잊지 말아야 합니다.

본문 말씀은 우리 모든 국민들이, 교권주의자들이나 권력층이나 일반 시민이나 할 것 없이 모두 병들었으며, 발바닥에서 머리까지 성한 곳이 없다고 외치고 있습니다. 이대로는 안 되겠다는 것입니다. 회개하고 전심으로 하나님 앞에 예배해야 합니다.

그뿐입니까? 오늘 우리 사회는 성인들의 탈선과 범죄는 말할 것도 없고, 중고생들 중에도 많은 수가 마약과 성적 탈선을 범하고 있습니다. 인간들이 병들고 타락할 뿐 아니라 자연 환경까지도 병들어 가고 있습니다. 7절에 "너희의 땅은 황폐하였고 너희의 성읍들은 불에 탔고"라고 하였는데, 성읍들이 불에 탔다는 말씀은 죄악의 불길로 다 타버려서 건전한 도시를 찾아볼 수 없다는 말씀입니다. 이렇게 이 세상은 점점 더 극심하게 타락되어 가고 있습니다. 해서는 안 될 일을 너무나 쉽게 범합니다. '이대로는 안 되겠다'는 생각으로 우리 모두는 회개하여야 합니다.

회개는 기회가 있다.

유다의 의로운 왕이었던 요시야 왕은 율법 책에 기록된 하나님의 말씀을 듣자마자 옷을 찢으며 회개하였다고 기록되어 있습니다(왕하 22:11). 당시 유다 백성들은 하나님을 버리고 우상을 섬겼으므로 하나님의 진노를 피할 수 없었기 때문에 요시야는 옷을 찢으며 회개하였던 것입니다.

하나님은 참으시고 참으시다 못해 진노하심을 명심하셔야 합니다. 소돔과 고모라 성을 보세요. 북이스라엘과 남유다를 보세요. 노아 홍수를 보세요. 회개하지 않으면 지금도 하나님의 진노는 반드시 임한다는 것입니다. 하나님의 말씀입니다. 우리가 회개하는 데에도 기회가 있음을 알아야 합니다. 하나님께서는 백성이 돌아오기를 고대하고 계시며 오래 참으시지만 회개할 수 있는 기회는 영원히 주어지는 것이 아니라는 것을 명심해야 합니다. 내가 회개할 수 있는 기회가 바로 지금입니다.

하나님을 버린 사람이 복을 받았다는 말은 성경 어디에서도 찾아볼 수 없습니다. 여호와는 복의 근원이 되시기 때문입니다. 만일 유다 백성들이 철저히 회개했더라면 멸망의 시기는 달라졌을 것입니다. 저들은 해서는 안 될 일을 했고, 하나님을 멀리했고, 죄악만 저질렀으며, 영적으로 잠만 잤으니 복을 누릴 수가 없었던 것입니다. 회개가 있는 곳에 은총이 있고, 회개가 있는 곳에 구원의 역사가 있습니다.

우리가 살고 복 받길 원한다면 우리 개인이 회개하고, 교회가 회개하고, 국가적으로 회개해야 합니다. 지금 우리나라와 한국교회에 회개운동이 일어나야 합니다. 회개하기를 말로서만 결단할 것이 아니라 우상을 불사르고 빻아서 가루를 만들어 뿌리고 철저히 제거하는 실천이 있어야 합니다. '이래서는 안 되겠다'는 생각으로 철저히 전심으로, 진심으로 회개하고 주님 안에서, 말씀 안에서, 성령 안에서 기도하며 믿음으로 살아 하나님의 복된 삶을 누리시기 바랍니다. 아멘.

기도의 신비

마태복음 21:18-22

    예수님께서 이른 아침에 예루살렘 성으로 들어오시다가 길가에 한 무화과나무를 보셨습니다. 마침 시장하셨던 주님은 열매를 얻을까 하고 그 나무로 향하셨으나 잎사귀만 무성하고 열매가 없는 것을 보시고는 이제부터 영원히 열매를 얻지 못하리라고 저주를 하셨습니다.

    그러자 무화과나무가 곧 말라버렸습니다. 예수님의 말씀 한 마디에 시들어 버린 무화과나무를 보고 놀란 제자들이 이 같은 능력의 출처에 대해서 질문을 했습니다. 이에 대해서 예수님은 믿음을 제시하셨습니다. 확고한 믿음은 능치 못한 일이 없다고 하시면서 이 산더러 들려 바다에 던져지라 하여도 된다고 말씀하십니다.

    "너희가 기도할 때에 무엇이든지 믿고 구하는 것은 다 받으리라 하시니라"(마21:22).

기도에는 믿음이 필수다.

신앙생활은 선 믿음이요 후 지식입니다. 선생님이나 부모님이나 선배님들이 일러 준 것을 덮어 놓고 믿고 해 본 결과 실효를 얻게 되는 일은 얼마든지 있습니다.

나무까지도 운명을 가르시는 전능하신 하나님은 살아 계신 분, 생명의 근원, 존재의 원인이십니다. 이 우주 만물이 존재하는 이유는 하나님이 계시기 때문입니다. 이 살아 계신 하나님을 믿고 기도해야 합니다.

성경은 하나님에 대해서 여러 가지 면에서 말씀하고 있는데, 그 가운데 시간과 관련하여 특별히 세 가지로 말씀하고 있습니다.

"사무엘이 돌을 취하여 미스바와 센 사이에 세워 이르되 여호와께서 여기까지 우리를 도우셨다 하고 그 이름을 에벤에셀이라 하니라"(삼상7:12). 과거로부터 지금까지 함께하신 하나님입니다. 즉 '에벤에셀'의 하나님이십니다.

또한 여호와 이레의 하나님입니다. 하나님이 미리 준비하셨다는 것입니다. "아브라함이 그 땅 이름을 여호와 이레라 하였으므로 오늘날까지 사람들이 이르기를 여호와의 산에서 준비되리라 하더라"(창 22:14). 아브라함이 이삭을 제물로 드릴 때 미리 준비하셨다는 것입니다. 하나님은 다 아십니다. 다 준비하고 기다리십니다. 바로 미래의 하나님이십니다.

그리고 임마누엘의 하나님이십니다. "보라 처녀가 잉태하여 아들을 낳을 것이요 그의 이름은 임마누엘이라 하리라 하셨으니 이를 번역한즉 하나님이 우리와 함께 계시다 함이라"(마1:23). 우리와 함께 하시기 위해서 오신 하나님, 곧 현재적인 하나님이십니다. 현재 나와 우리와 함께 하시는 하나님이십니다. 가까이 계시는 하나님, 동행하시는 하나님, 바로 '임마누엘' 하나님이십니다.

우리가 정말 가져야 할 믿음은 바로 이 임마누엘의 하나님을 믿는 것입니다. 현재적으로 함께 하시는 하나님, 지금 나와 함께 하시며 우리 가운데서 말씀하시고 우리를 지키시고 인도하시며 역사하시는 하나님, 이 하나님을 믿고 경험하면서 기도할 때 기도의 신비를 체험할 수 있습니다.

기도란 무엇인가?

"믿음이 없이는 하나님을 기쁘시게 하지 못하나니 하나님께 나아가는 자는 반드시 그가 계신 것과 또한 그가 자기를 찾는 자들에게 상 주시는 이심을 믿어야 할지니라"(히11:6).

인간이 기도해야 하는 것은 인간만이 본능적으로 소망할 수 있는 유일한 동물이기 때문입니다. 기도는 인간에게 본질적인 가치를 부여합니다. 위를 쳐다볼 수 있는 유일한 동물은 사람뿐입니다. 사람은 하나님의 형상으로 지어졌기 때문입니다. 그러므로 우리는 우리의 본질이 되시는 하나님을 바라보아야 합니다. 하나님을 향해 우리의 얼굴을 들고 바라보아야 합니다.

기도는 자기를 하나님께 아뢰는 것입니다. 사람은 일해야 되고 먹어야 하는 것처럼 마땅히 기도해야 합니다. 기도는 인간의 의무인 동시에 특권이기 때문입니다.

기도를 하되 낙심하지 말고 끊임없이 해야 한다.

사람이 자신의 육신을 건강하고 튼튼하도록 하기 위해서 운동을 하는 것과 마찬가지로 우리의 영혼이 강건하기 위해서는 그 영혼이 하나님을 향하도록 힘써야 합니다. 우리가 믿음과 은혜 가운데서 부요하게 되고자 원한다면 기도해야 합니다. 하나님의 영이 머무는 자가 되기 위해서는 기도해야 합니다. 우리가 하나님의 돌보심을 받기 원한다면 끊임없이 기도해야 합니다.

기도를 하되 어떠한 고난으로 인하여 낙심해서는 안 됩니다. 실망하지 않고 끊임없이 기도하는 것은 강한 믿음의 증거입니다.

어느 책에서 기도에 대한 감동적인 글을 읽었습니다. 독일 어느 작은 마을에 드보라라는 가난한 소작농이 살고 있었습니다. 그는 워낙 가난한 데다가 2년 동안의 가뭄으로 인해 남은 것이라고는 아무 것도 없게 되었습니다. 설상가상으로 땅 주인은 이틀 후 집을 비워 줄 것을 요구했습니다. 그러나 드보라는 이러한 상황 속에서도 실망하거나 원망하지 않고 도리어 가족들을 한 자리에 모아 놓고 하나님께 간절히 기도를 드렸습니다.

"주님, 저희들은 어디로 가야 합니까? 저희의 길을 인도하옵소서." 그들이 얼마나 간절히 기도했는지 온 식구들이 기도를 하는데 바닥에 눈물, 콧물이 가득히 고였습니다. 기도하고 또 기도하고 찬송하고 또 기도하는데 탁탁 창문을 두드리는 소리가 들렸습니다. 기도를 마치고 보니 그동안 기르던 새 한 마리가 창문 밖에서 창문을 두드리는 것입니다.

창문을 열어 주자 새가 방안으로 들어왔습니다. 그런데 자세히 보니 새의 부리에는 다이아몬드 반지가 물려 있었습니다. 그 때 식구들의 마음에 "이것만 있으면" 하는 유혹의 목소리가 들려왔지만, 드보라의 가족들은 탐심을 버리고 반지 주인을 수소문해서 그 반지를 돌려 주었습니다. 반지의 주인은 바로 그 지역의 유지였습니다. 그 유지는 몹시 아끼던 반지를 잃어버리고 사방으로 찾고 있던 중이었습니다. 이렇게 아끼던 반지를 다시 찾게 된 그는 너무 고마운 마음에 답례의 표시로 집과 땅을 마련해 주었습니다. 이것이 바로 기도의 신비입니다.

주님께서 제자들에게 말씀하십니다. "너희가 기도할 때에 무엇이든지 믿고 구하는 것은 다 받으리라 하시니라"(마21:22)

간절한 마음으로 드린 드보라의 기도가 전혀 상상외의 방법으로 응답된 것처럼 비록 내 생각으로는 불가능해 보이더라도 무엇이든지 믿고 구하는 것은 어떻게든 주실 것이라는 믿음을 가지고 구해야 합니다. 이것이 기도입니다.

기도는 재충전이다.

민수기 29장 1-6절을 보면 나팔절이 나오는데, 이 절기를 통해 이스라엘 백성들은 1년을 보다 더 활기차고 희망차게 생활할 수 있었습니다. 이스라엘 백성들은 후반기를 맞이하는 7월 1일이 되면 나팔을 불며 소망과 각오를 새로이 다지며 준비하였습니다. 소망이 시들어질 즈음에 다시 재충전을 가했던 것입니다. 뿐만 아니라 하나님 앞에서 충실한 삶을 다시 한 번 결단하는 기회로 삼았습니다.

소망과 각오를 새롭게 충전할 수 있는 기회가 있다면 자주 하는 것이 좋습니다. 새벽기도회, 수요기도회, 금요밤기도회, 주일예배에 나와 예배를 드리면서 새로운 소망을 얻고 새로운 각오를 다지며 새롭게 재충전하면 그 이상 좋은 것이 없습니다.

개인, 가정, 사업, 일터, 나라도 하나님이 돌보실 때 일이 됩니다. 특히 하나님이 돌보시는 사람이 되어야 합니다. 하나님이 손을 놓으시면 되는 것 같은데 안 됩니다. 그러나 하나님이 돌보시면 됩니다. 역사가 일어납니다.

하나님이 돌보시는 사람이 되려면 마음이 가난한 사람이 되어야 합니다.

마음이 가난한 사람이 되려면 먼저 마음이 겸손하고 순수해야 합니다. 하나님이 가장 싫어하는 사람은 교만한 사람입니다. 자기 믿음, 마귀 믿음으로 사는 사람, 난 이만하면 됐다고 하는 사람은 교만해져서 하나님의 돌보심을 받을 수 없습니다.

하나님의 돌보심을 받는 사람은 심령에 통회하는 사람입니다.

"여호와는 마음이 상한 자를 가까이 하시고 충심으로 통회하는 자를 구원하시는도다"(시34:18).

하나님의 돌보심을 받는 사람은 하나님을 경외하고 복종하는 마음을 가진 사람입니다.

하나님을 경외하는 사람이 하나님의 말씀을 듣고 순종하게 됩니다. 이러한 사람은 위에 속한 사람입니다. 위에 속한 사람은 기도하지 않을 수 없습니다.

한국교회에는 나팔절이라는 절기가 없습니다. 그러나 우리에게는 새벽기도가 나팔절이요, 수요기도회도 나팔절이요, 금요밤기도회도 나팔절이요, 주일도 나팔절입니다. 특히 수련회, 여름성경학교, 산상기도회가 재충전하는 나팔절입니다.

나팔절은 전반기를 하나님의 은총 안에서 살아왔으니 후반기에도 하나님께서 은혜와 복으로 인도해 주시고 보호해 주시기를 간절히 간구하는 절기였습니다. 우리에게도 이 나팔절이 필요합니다. 기도가 있어야 합니다.

기도의 신비를 체험하라.

기도는 반드시 응답됩니다. 기도가 응답될 수밖에 없는 이유는 우리를 향한 주님의 약속이기 때문입니다. 기도번호 333번이 무엇인지 아십니까? 바로 예레미야 33장 3절 말씀입니다. "너는 내게 부르짖으라 내가 네게 응답하겠고 네가 알지 못하는 크고 은밀한 일을 네게 보이리라." 저는 주례를 할 때마다 신랑신부에게 이 기도번호를 외우라고 권면합니다.

주님은 "구하라 그리하면 너희에게 주실 것이요 찾으라 그리하면 찾아낼 것이요 문을 두드리라 그리하면 너희에게 열릴 것이니 구하는 이마다 받을 것이요 찾는 이는 찾아낼 것이요 두드리는 이에게는 열릴 것이니라"(마7:7-8)고 하셨고, "하늘에 계신 너희 아버지께서 구하는 자에게 좋은 것으로 주시지 않겠느냐"(11절)고 하셨습니다. 반드시 응답하시겠다는 말씀입니다.

우리 주님은 기도하면 반드시 응답하시는 분이십니다. 주님은 다시 확인하십니다. "지금까지는 너희가 내 이름으로 아무 것도 구하지 아니하였으나 구하라 그리하면 받으리니 너희 기쁨이 충만하리라"(요

16:24).

주님은 이 세상에 계실 때 제자들에게 기도를 가르쳐 주셨습니다. 그리고 주님은 세상에 계실 때 늘 기도하셨습니다. 기도가 왜 필요한지, 기도할 때 어떤 능력을 체험할 수 있는지를 말씀해 주셨습니다.

사실 생각하면 생각할수록 기도는 신비합니다. 우리가 주님께 내 사정과 형편을 말씀드리면 하나님은 그 기도에 응답하셔서 기적과 놀라운 일을 베풀어 주십니다.

본문에서도 예수님은 분명히 말씀하셨습니다. 21-22절입니다. "내가 진실로 너희에게 이르노니 만일 너희가 믿음이 있고 의심하지 아니하면 이 무화과나무에게 된 이런 일만 할 뿐 아니라 이 산더러 들려 바다에 던져지라 하여도 될 것이요 너희가 기도할 때에 무엇이든지 믿고 구하는 것은 다 받으리라 하시니라."

그런데 많은 성도들은 이 말씀을 현실성이 없다고 믿으려 하지 않습니다. 그러나 이런 일이 있었습니다. 충남 당진 어느 교회에서 목사님이 본문 21절 말씀을 가지고 설교를 하시는 중에 설교를 듣고 있던 어느 할머니의 귀가 번쩍하고 열렸습니다.

이 할머니는 작은 산이 집 앞을 가리고 있어서 답답해 했습니다. 그날부터 할머니는 예수님께서 성경에 약속한 대로 그 산을 옮겨 달라고 기도하기 시작했습니다. 그렇게 몇 달이 지나고 어느 날 할머니가 목사님을 찾아와 이야기합니다. "목사님, 몇 달 전에 '산을 바다에 던지라 하여도 될 것이요'라고 설교하셨지요. 저는 그 말씀을 믿고 지금까지 계속 기도했는데 산이 꿈쩍도 안 해요."

목사님은 이 말씀을 듣고 '이거 큰일 났구나' 하는 생각이 들었습니다. 할머니에게 하나님은 분명히 하실 것이니 계속 기도하시라고 권면해 드린 후 목사님 역시 열심히 기도하기 시작했습니다. 이렇게 계속 기도하는 가운데 어느 날인가 장비들이 오더니 공사를 하기 시작했습니다. 한보철강에서 바다를 메우기 위해 그 산을 파기 시작한 것입니다. 공사가 계속되어 결국에는 산이 없어졌습니다. 그것도 바다로 옮겨졌습니다.

주님은 불가능하게 보이는 일도 믿음으로 기도하면 가능하게 하신다.

다니엘의 친구들 사드락과 메삭과 아벳느고는 용광로처럼 활활 타오르는 풀무불 속에서 기적적으로 구출 받았습니다. 다니엘이 동료들의 시기와 모함으로 오랫동안 굶주려 울부짖는 사자가 들어 있는 굴 속에 들어갔으나, 하나님께서는 천사들을 통하여 사자의 입을 봉하시고 기적적으로 다니엘을 구해 주셨을 뿐만 아니라 왕으로 하여금 살아 계신 하나님을 증거하게 하셨습니다.

기도는 능력을 주어서 불가능한 일을 가능하게 합니다.

기도는 받아들일 수 있는 능력과 변화시키는 능력을 줍니다.

기도는 견딜 수 있는 힘을 줍니다.

하나님께 기도하면 어떤 현실도 견디어 내게 하십니다. 때로 이 이상은 내 힘으로 도저히 견딜 수가 없다고 생각될 때가 있습니다. 그러나 기도는 이런 견딜 수 없는 것들을 견디게 합니다. 기도해 보세요. 서서히 마음이 편안해질 것입니다. 두려움이 사라집니다. 도전해서 극복하고자 하는 용기가 생겨납니다.

기도의 신비를 믿습니까? 기도의 신비를 안다면 기도하는 사람이 되어야 합니다. 응답해 주시겠다는 데도 기도하지 않는 사람들이 있습니다. 기도는 반드시 해야 하는 일입니다. 기도에는 이론이 필요 없습니다. 재능이나 기술이나 배움이 없어도 그냥 기도하면 됩니다. 기도할 수 있을 때 기도하세요.

기도는 하나님과 나 사이에, 하나님과 교회, 하나님과 나라, 하나님과 가정 사이에 틈이 없게 합니다. 링컨은 틈이 벌어진 집은 무너지기 마련이라고 말했습니다. 하나님과 틈이 벌어지면 모든 것이 무너집니다. 하나님은 기도하는 자에게 쉼을 주십니다. 빌리 브란트가 노벨 평화상을 수상하는 날을 위해 베를린의 한 주교가 지정해 준 성경 말씀이 있습니다. 바로 이 말씀입니다. "너를 모든 원수에게서 벗어나 편히 쉬게 하리라"(삼하7:11).

우리 모두 주일예배, 새벽기도회, 수요예배, 금요밤기도회가 나팔절이 되게 하여 날마다 은혜로 재충전 받을 수 있기를 바랍니다. 그렇게 열심히 기도해서 그 신비한 기적을 경험하시기를 축복합니다. 아멘.

이까짓 걸 가지고 뭘

시편 107:4-9

종교철학자이며 실존주의 철학자인 키에르케고르(Søren Aabye Kierkegaard)는 말하기를 "나는 고통한다. 그러므로 존재한다"고 했습니다. 이 말은 인간이 존재하고 있는 증거는 고통을 당하고 있느냐, 그리고 고통을 느끼고 있느냐에 있다는 말이기도 합니다. 물론 이 고통은 의미 있는 고통을 말합니다.

지금 어떤 일로 고통을 당하고 계십니까? 또는 고통을 느끼며 살고 계십니까? 그렇다면 당신은 지금 살아 있는 사람이라는 증거인 줄로 아시기 바랍니다. 죽은 사람은 고통을 느끼지 않습니다. 살아 있는 사람만이 고통을 당할 수 있고 또 고통을 느낄 수 있습니다. 그러기에 성경은 "산 개가 죽은 사자보다 낫다"(전9:4)고 하였습니다.

사람은 누구를 막론하고 고난을 싫어합니다. 고난 받기를 좋아하는 사람은 아무도 없습니다. 그러나 고난은 누구나 다 당합니다. 이 고난은 예고 없이 닥칩니다. 중요한 것은 우리에게 닥쳐오는 고난을 어떻게 극복해 가는가 하는 것입니다.

우리 그리스도인들도 고난을 당할 수 있습니다. 신자들 가운데는 하나님을 믿기만 하면 만사가 모두 형통하고 하늘에서 복이 뚝뚝 떨어질 것이라고 믿는 사람들이 더러 있습니다. 그러나 믿는 사람에게도 고난이 있습니다. 어쩌면 믿는 사람이기 때문에 오히려 고통이 더 많을 수도 있습니다.

하지만 예수를 믿는 사람이 세상 사람들과 다른 것은 하나님을 믿고 의지하는 성도들이기에 그 고통 가운데서도 흔들림이 없이 능히 견디고, 능히 이기며, 그 고통을 오히려 축복의 기회로 삼아 앞으로 나아갈 수 있다는 것입니다. 그렇기 때문에 우리가 만나는 고난은 우리 성도들로 하여금 신앙의 진가를 알게 하는 기회이며, 축복의 기회가 된다는 사실을 깨달아야 합니다.

요즘 우리 주변을 보면 고통의 소리가 많이 들립니다. 그래서 그 고통에 못 견뎌 술에 취하고, 마약에 취하고, 세상의 쾌락에 취하고, 심하면 자살하고, 더 심하면 가족이 집단 자살하는 일도 있고, 마구 때리고 부수고 사고를 내기도 합니다. 또한 고난을 못 이겨서 우울증에 빠지고, 충격을 못 이겨 정신 이상이 되는 사람이 있습니다. 참으로 우리 가운데, 우리 주변에는 세상살이의 고난에 신음하는 사람들이 많습니다.

오늘 우리가 지고 가는 짐이 무겁고 골치 아프다고 해도, 내일의 희망이 전혀 보이지 않는다 해도, 내가 가진 것이 아무 것도 없다고 해도, 그 모든 것은 다 지나갑니다.

이 세상에 영원히 머무는 것은 없습니다. 내일은 새로운 기회가 주어질 것입니다. 내일은 새로운 힘이 우리에게 주어질 것입니다. 내일은 새로운 희망이 주어집니다. 내일은 새 날이 될 것입니다. 인생의 새

날이 전개될 것입니다.

글을 읽다가 감동적인 구절을 보았습니다. 추운 겨울에 높은 산에 눈이 많이 왔는데 노루가 한숨을 푹 쉬면서 이렇게 눈이 많이 오고 추우니 무엇을 먹고 사나, 어떻게 살아가야 하나 한탄합니다. 멧돼지는 마을로 가서 훔쳐 먹기라도 하는데 자기는 그럴 수도 없다고 하며 땅이 꺼져라 한숨을 쉽니다. 그러자 옆에 있던 토끼가 "이까짓 걸 가지고 뭘" 하고는 깡충깡충 뛰어갑니다.

이번에는 새가 나무에 앉아서 말을 합니다. "만군의 여호와께서 지금까지 먹여 주셨는데 이까짓 걸 가지고 뭘!" 그러더니 "지금까지 지내온 것 주의 크신 은혜라, 한이 없는 주의 사랑 어찌 이루 말하랴, 자나 깨나 주의 손이 항상 살펴 주시고, 모든 일을 주안에서 형통하게 하시네" 이 찬송을 부르고는 날아갑니다.

이에 감동한 노루가 "맞다! 천지를 창조하신 능력의 하나님이 계시는데 이까짓 걸 가지고 뭘" 하며 힘을 내어 힘차게 뛰어가더랍니다.

사실 고민을 하고 실망하고 번민에 빠져 잠을 설칠 때가 많습니다. 그럴 때 "이까짓 걸 가지고 뭘"이라고 해 보세요. 고난을 당할 때 하나님께 큰 믿음을 보여 드리며 "이까짓 걸 가지고 뭘"이라고 해 보세요. 그러면 마음속에 거품처럼 일어나던 복잡한 생각이 사라집니다. 다 지나가고 맙니다.

구약 욥기를 보면 "사람은 고생을 위하여 났으니 불꽃이 위로 날아 가는 것 같으니라"(욥5:7)고 하였습니다. 모든 사람은 누구나 형편과 사정은 조금씩 다르지만 어떤 모양으로든지 시련을 겪습니다. 그러나 인생에 늘 고난과 위기와 역경만 있는 것은 아닙니다. 기쁨과 행복이 더 많습니다.

시련은 여러 가지 형태로 다가옵니다. 그것이 어려운 병일 수도 있습니다. 불행해진 결혼일 수도 있습니다. 직장을 잃는 일이 될 수도 있습니다. 사랑하는 이의 죽음일 수도 있습니다. 되는 일보다 안 되는 일이 더 많을 수도 있습니다. 뜻하지 않은 교통사고일 수도 있습니다. 금전적인 손실일 수도 있습니다.

그뿐입니까? 친구의 배신일 수도 있습니다. 심한 비난일 수도 있습니다. 부당한 판단으로 닥쳐올 수도 있습니다. 인생의 권태일 수도 있습니다. 시련, 고난은 여러 가지 형태로, 여러 가지 방법으로 오는데 결국은 모든 사람에게 다가옵니다. 그러므로 중요한 문제는 이 고난이 닥칠 때 어떻게 해야 하는가를 아느냐 모르느냐는 것입니다.

혹 지금, 이 시간 큰 고난에, 큰 슬픔에, 큰 절망에 빠져 있는 분이 있을는지 모릅니다. 그래서 아무런 소망도, 의욕도 없이 한숨짓는 분이 계실지 모릅니다.

그러나 슬프다고, 고통이 심하다고, 좌절감이 온다고 낙심만 하고, 한숨짓고, 슬프다고 울고만 있을 때가 아닙니다. 언제까지 낙심하고 절망만 하고 있을 것입니까? "이까짓 걸 가지고 뭘! 하나님이 계시는데" 하고 그 자리를 박차고 일어나야 할 때입니다. 지금이 바로 하나님 앞에 큰 믿음을 보여 드릴 때입니다. 지금이 바로 용기가 필요할 때요, 희망을 가져야 할 때입니다.

이스라엘 백성들이 애굽에서 나와 수장될 뻔 했던 홍해를 하나님의 은혜로 건너고 가나안을 향해 가는 중에 수르 광야를 거쳐 3일째가 되는 날 '마라'라는 곳에 도착하였습니다.

그런데 가죽부대에 준비해 온 물이 다 떨어졌습니다. 광야에서 물은 필수 요건인데 마실 물을 찾으려야 찾을 수가 없습니다. 극심한 갈

증으로 어린 자녀들뿐만 아니라 어른들마저도 쓰러지고 있는 형편이었습니다. 그렇게 갈급하여 물을 찾다가 마침 물 있는 곳을 발견하고 달려가 물을 마셨습니다.

그런데 웬일입니까? 그 물은 너무 써서 마실 수가 없었습니다. 백성들은 큰 고통을 겪게 됩니다. 물을 보고도 먹을 수 없게 되니 백성들의 고통은 더욱더 심했습니다. 이스라엘 백성들이 당한 이 고통은 그들의 삶속에 나타난 심각한 문제였습니다. 적당한 고통이 아니었습니다.

당신의 삶속에 이런 고통을 당하여 꼼짝할 수 없게 되었을 때 어떻게 하시겠습니까? 우리 앞에 이런 마라의 쓴물 같은 고통이 왔을 때 우리는 어떻게 대처할 수 있겠습니까?

시편 107편을 보면 세 종류의 사람들과 그들이 각각 삶의 현장에서 경험한 인생이 잘 나타나 있습니다. 4절부터 9절까지는 광야 사막에서 방황하는 자들의 모습이 나타나 있고, 10절부터 22절까지는 인생에서 실패한 자들과 질병 같은 문제로 인해 근심하는 자들의 모습이 나타나 있으며, 23절부터 32절까지는 깊고 깊은 바다를 오가며 장사하는 해상무역인의 모습이 나타나 있습니다.

아무리 노력해도 사막에서 길을 잃을 수밖에 없듯이, 아무리 참아도 목마름을 견딜 수 없듯이, 인생은 노력이나 인내와 상관없이 방황과 고통의 연속입니다. 인생길은 혼자만이 걸어가야 합니다.

그렇다고 사막 길에서 낙심만 하고 절망만 할 것이 아니라, 방황만 할 것이 아니라, 살 방법을 하나님께 구하여야 합니다. 하나님께서 길을 열어 주실 것을 믿고 구하여야 합니다.

만군의 여호와께 부르짖으라.

"이에 그들이 근심 중에 여호와께 부르짖으매 그들의 고통에서 건지시고 또 바른 길로 인도하사 거주할 성읍에 이르게 하셨도다"(시 107:6-7).

하나님은 이스라엘 조상들이 곤고한 중에 부르짖을 때에 외면하지 않으시고 응답해 주셨습니다. 그리고 그들을 구원하여 주셨습니다. 하나님은 이스라엘 백성들이 바벨론 포로 생활의 고난 중에서 자신들의 잘못을 회개하고 부르짖을 때에 외면하지 않으시고 그들을 구원하시고 예루살렘으로 돌아오게 하셨습니다.

그뿐 아니라 모세는 마라의 쓴물, 즉 고통이 왔을 때 하나님 앞에 부르짖어 기도했습니다. "모세가 여호와께 부르짖었더니 여호와께서 그에게 한 나무를 가리키시니 그가 물에 던지니 물이 달게 되었더라"(출15:25).

모세는 고통이 왔을 때 인간의 방법을 찾지 않았습니다. 땅에 있는 사람들, 군중들에게 부탁하지도 않았습니다. 성난 군중들을 보고 겁내지도 않았습니다. 오로지 하나님만을 바라보았습니다. "이까짓 걸 가지고 뭘" 하며 하나님께 부르짖었습니다. 하나님께 큰 믿음을 보여 드렸습니다. 하나님께만 해결이 있다는 사실을, 만군의 여호와만이 문제를 해결해 주실 수 있으시다는 사실을, 하나님만을 붙들고 기도하는 길만이 구원의 길이 된다는 사실을 믿었습니다.

하나님만이 당신이 당하는 마라의 고통에서 당신의 문제를 해결해 주시고 이길 수 있도록 능력을 주시는 구원자이심을 믿어야 합니다. "이까짓 걸 가지고 뭘!" 이 큰 믿음을 하나님께 보여 드리며 부르짖어 기도하여 좋으신 하나님께서 위급한 일, 고난, 고통, 슬픔에서 당신을 건져 주시고, 오히려 그 고난을 복으로 바꾸어 주시는 놀라운 역사를 체험할 수 있기를 바랍니다.

모세뿐 아니라 한나도 인생의 슬픔, 고통을 하나님 앞에 통곡의 기도를 드림으로 해결 받았습니다. "그들이 실로에서 먹고 마신 후에 한나가 일어나니 그 때에 제사장 엘리는 여호와의 전 문설주 곁 의자에 앉아 있었더라 한나가 마음이 괴로워서 여호와께 기도하고 통곡하며 서원하여 이르되 만군의 여호와여 만일 주의 여종의 고통을 돌보시고 나를 기억하사 주의 여종을 잊지 아니하시고 주의 여종에게 아들을 주시면 내가 그의 평생에 그를 여호와께 드리고 삭도를 그의 머리에 대지 아니하겠나이다"(삼상1:9-11).

한나는 나이가 많지도 않은데 인생의 슬픔을 온몸으로 느끼고 있습니다. 한나는 남편의 위로와 사랑을 받았지만 그것이 기쁨이 되지 않았습니다. 또한 경제적인 어려움 없이 온 가족이 함께 식사하였지만 그것도 기쁨이 되지 않았습니다. 브닌나로 인해 눈물만 흘릴 뿐이었습니다.

하지만 그 어느 것으로도 기쁘지 않은 한나에게는 마지막 소망이자 유일한 소망인 하나님이 계셨고 하나님의 전이 있었습니다. 하나님의 성전인 교회는 그곳을 찾는 사람에게 나그네 같은 인생, 슬픔이 많은 인생을 기쁨과 감격으로 변화시켜 주는 곳입니다.

행복과 기쁨은, 모든 고난은, 인생의 숙제는 먹고 마심으로 얻고 해결되는 것이 아닙니다. 많은 사람들 속에 섞여 교제한다고 되는 것도 아닙니다. 술이나 쾌락적인 행위로 얻어지고 해결되는 것도 아닙니다.

한나는 이것을 알았기 때문에 기도하러 하나님의 전에 갔던 것입니다. 사람들과의 만남에는 문제 해결의 열쇠가 없습니다. 오직 하나님께만 해결의 열쇠가 있습니다.

환난 날에 그 초막 속에 비밀히 지켜 주시고, 그 장막 은밀한 곳에 숨기시며, 바위 위에 높이 두시는 하나님의 능력을 믿은 다윗, 모든 문제를 해결해 주시는 만군의 하나님을 믿은 다윗, 골리앗과의 전쟁에서 이기게 해 주신 하나님을 믿은 다윗은 이렇게 고백합니다. "군대가 나를 대적하여 진 칠지라도 내 마음이 두렵지 아니하며 전쟁이 일어나 나를 치려 할지라도 나는 여전히 태연하리로다"(시27:3).

고난을 감사하며 하나님께 큰 믿음을 보여 드려라.

다윗은 큰 문제든 작은 문제든 문제를 만날 때마다 하나님께 큰 믿음을 보여 드렸습니다. "이까짓 걸 가지고 뭘" 하며 하나님 앞에 기도하였습니다. 우리도 하나님만을 꼭 붙잡읍시다. 하나님을 놓치면 안 됩니다. 돈, 친구, 세상, 명예, 권력, 사람에 빼앗기면 안 됩니다. 우리도 한나와 같이, 모세와 다윗과 같이 "이까짓 걸 가지고 뭘" 하며 기도합시다. 꿈과 소원은 하나님 밭에서 캐야 합니다.

예레미야도 자신이 당하는 고난을 하나님의 '매'라고 하였습니다. 하나님께서 주시는 매이기 때문에 우리가 당하는 고난을 감사해야 합니다. '매'는 기대가 있을 때 주어지는 것입니다. 포기한 자녀, 포기한 제자에게는 매를 들지 않습니다. 사랑하고 기대하니까, 더 옳은 삶을 살며 더 귀한 삶을 살라고 옳지 못한 부분을 지적하며 매를 드는 것입니다. 그러므로 고난을 당할 때면 나를 포기하지 않으시고 나를 만들어

가시려고 기대하시는 하나님께 감사해야 합니다. 예레미야는 고난 속에서도 하나님을 놓치지 않았습니다.

삶 가운데 고난이 있습니까? 우리는 하나님께서 사랑하시는 자녀이기 때문에 그 고난은 분명히 사랑의 매일 것입니다. 그러니 불평할 것이 아니라 도리어 하나님께 감사해야 합니다. 예레미야는 큰 고난으로 인해 하나님에 대한 소망이 끊어지는 것 같았지만 여전히 하나님을 놓치지 않고 붙잡았습니다.

하나님은 고난 속에서도 "이까짓 걸 가지고 뭘" 하며 하나님께 큰 믿음을 보여 드리며 끝까지 하나님을 붙드는 성도의 모습을 기대하십니다. 그리고 그렇게 하나님의 은혜를 구하며 인내할 때 용서하시고 평안을 주시며 회복의 은혜를 주시고 해결해 주십니다.

"사람이 감당할 시험밖에는 너희가 당한 것이 없나니 오직 하나님은 미쁘사 너희가 감당하지 못할 시험 당함을 허락하지 아니하시고 시험 당할 즈음에 또한 피할 길을 내사 너희로 능히 감당하게 하시느니라"(고전10:13). 이 말씀을 믿고 고난을 당하고 어려운 문제가 있을 때 "이까짓 걸 가지고 뭘" 하며 하나님께 큰 믿음을 보여 드리고 승리하고 이기시기를 소원합니다.

여호와는 인자하심이 풍성하시고 영원하신 분으로 비록 자기 백성이 범죄하였기에 징계를 내리신다고 할지라도 그의 백성이 잘못을 깨닫고 회개할 때는 반드시 응답하시고 구원의 손길을 베풀어 주십니다. 그러므로 성도들은 어려움과 문제에 직면하였을 때에 낙심할 것이 아니라 하나님께 구원을 간구하여 해결함을 받아야 합니다.

"그가 사모하는 영혼에게 만족을 주시며 주린 영혼에게 좋은 것으로 채워 주심이로다"(시107:9). 인생 자체가 광야와 같지만 하나님께 부르짖어 기도하면 하나님의 도우심 가운데 길을 잃지 않게 되며 평안의 삶을 살 수 있습니다.

하나님께서는 인생의 피곤함 속에서 하나님께 부르짖는 자들을 외면하지 않으시고 고통에서 건지시며 문제를 해결해 주십니다. 인생의 방향을 알게 하시고 바른 길을 걷도록 마음과 생각과 몸을 이끌어 주십니다. 무엇보다도 기도하면 길을 잘못 들어섰을 때라도 이끌어 내어 바른 길을 걷게 하십니다. 그러므로 기도하는 일에 게으르거나 기도를 미루지 말아야 합니다.

예수님께서는 "수고하고 무거운 짐 진 자들아 다 내게로 오라"고 말씀하셨습니다. 하나님은 자신을 말씀하시기를 "너희를 내 백성으로 삼고 나는 너희의 하나님이 되리니 나는 애굽 사람의 무거운 짐 밑에서 너희를 빼낸 너희의 하나님 여호와인 줄 너희가 알지라"(출6:7)고 하셨습니다.

하나님의 사람들은 혼자 무거운 짐을 지고서 힘들다 괴롭다 해서는 안 됩니다. 우리 대신 짐을 지시는 하나님께 나아가 짐을 내려놓고 쉼을 누리는 성도들이 되어야 합니다.

믿음으로 기도하셨습니까? 기도만이 대책임을 깨달아야 합니다. 이제는 어떤 무거운 짐, 어떤 고난, 어떤 어려움이 있어도 "이까짓 걸 가지고 뭘" 하는 큰 믿음으로 기도합시다. 기도만이 대책임을 알고 열심히 뜨겁게 기도하고 행동으로 옮기면 하나님께서 해결해 주십니다.

모세나 한나가 하나님 앞에 엎드려 기도한 결과 구원의 길이 열렸습니다. 기적의 역사가 나타났습니다. 그토록 쓰디쓴 물이 단 물로 바꾸어지는 역사가 일어났고, 임신을 못한 여인이 임신을 하고 아들을 낳는 기적이 일어났습니다. 모든 문제의 해결책은 멀리 있는 것이 아니라 바로 당신 곁에 있습니다. 그 해결책은 바로 하나님께 있습니다.

살다 보면 고달픈 인생을 만날 수 있습니다. 삶의 의미가 없고 의욕이 상실될 때가 있고, 희망은 간데없고 절망만 남을 때가 있습니다. 하지만 이제는 주님만을 바라보며 "이까짓 걸 가지고 뭘" 하며 박차고 일어납시다.

예전 특별 새벽기도회 때 한 여 집사님께서 하신 대표기도에 큰 은혜를 받았던 기억이 있습니다. "믿음의 자식들이 주님의 말씀을 먹고 바르게 자랄 수 있도록 저희 모두가 기도하고 모이기에 힘써 바른 교육을 할 수 있게 하여 주시옵소서. 상황이 안 된다고, 여건이 안 된다고 계속 주저할 것이 아니라 우리의 힘으로도 못할 것이 없다는 생각으로 열심히 준비하고 계획할 수 있게 능력을 더하여 주시옵소서. 마음만 굴뚝같지 않게 하여 주시고 몸으로 직접 뛰고 실천해 나갈 수 있게 하여 주옵소서." 참으로 힘이 되는 기도였습니다.

험난한 세상을 살아가며 우리가 무엇을 믿고 누구를 의지하겠습니까? 시편 146장 3절에 "귀인들을 의지하지 말며 도울 힘이 없는 인생도 의지하지 말지니"라고 하였습니다. 귀인도 인생도 믿을 것이 못 된다는 말씀이요, 오직 주님만 바라보고 믿으라는 말씀입니다.

모든 것을 떨쳐 버리고 슬픔과 고난, 고통 속에서 "이까짓 걸 가지고 뭘" 하며 주님만을 바라보는 우리가 되어 고난과 어려움과 무거운 짐이 은혜와 축복의 사건으로 바뀌지기를 축복합니다. 아멘.

3장 믿음의 신비, 순종의 신비

소속이 어디입니까?(시 39:5-7)
자기 믿음의 포기, 위대한 선택(마 17:19-20)
써먹는 믿음을 가지세요(삼상 17:31-37)
이젠 다르게, 다르게, 다르게(수 14:6-15)
순종은 자신을 위한 것(눅 17:11-19)
믿음의 신비, 순종의 신비(눅 5:1-11)

소속이 어디입니까?

시편 39:5-7

　미국 중서부 지방에서 발견된 포아풀과의 호밀은 키가 5cm 정도의 풀인데 그 뿌리의 넓이와 길이가 엄청나게 커서 몇 십km에 이릅니다. 그것이 발견된 때는 한겨울이었고, 땅은 형편없는 박토였다고 합니다. 하지만 이 풀은 그 뿌리로 인해 강한 생명력을 가지고 번식하고 있었다고 합니다.

　모든 나무와 식물에게 있어서 뿌리는 참으로 중요합니다. 태풍으로 인해 낙엽송 같이 큰 나무가 쓰러지는 모습을 방송을 통해 본 적이 있습니다. 낙엽송은 높이 올라가고 크게 빨리 잘 자라지만 뿌리가 약하니까 큰 바람이 불면 뿌리 채 뽑혀 쓰러지고 맙니다. 뿌리를 어떻게 내리고 있느냐에 따라 생명력이 달라집니다.

　인생도 마찬가지입니다. 나무와 식물뿐 아니라 사람에게도 뿌리가 있습니다. 정체성의 뿌리, 정신의 뿌리가 있습니다. 다시 말하면 소속이 있습니다. 이 뿌리를 알고, 이 뿌리 안에 살아가는 것은 참으로 중요한 일입니다. 내가 누구인가, 내가 어디에 속해 있는가를 알고 그 안에서 살아가는 것이 얼마나 중요한지 모릅니다. 내가 어디에 속했으며, 어디에 그 뿌리를 내리느냐 하는 것입니다. 뿌리가 있어도 그 뿌리를 바로 내리지 못하면 시들고 맙니다. 뿌리의 소속은 정말로 중요합니다.

이 세상은 참으로 험합니다. 그에 반해서 우리는 너무나 약하고 힘없는 존재입니다. 뿐만 아니라 마귀는 자기 때가 얼마 남지 않을 것을 알고 우는 사자가 삼킬 자를 찾아 헤매듯이 으르렁대며 도전하고 있습니다. 진실로 어렵고 험한 세상을 만났습니다. 이렇게 험한 세상 약한 나그네 집에서 우리들 자신만의 힘으로는 좌절할 수밖에 없고 쓰러질 수밖에 없지만, 우리가 여호와 하나님께만 속해 있다면 우리는 성공하고 교회는 부흥되며 기적적인 축복의 역사가 나타날 줄 믿습니다.

우리의 앞에는 무엇이 기다리고 있을지 모릅니다. 그러기에 하나님께 소속되어 있느냐는 너무나도 중요합니다. 어린양에게 맹수와 싸워 이길 만한 것은 아무 것도 없습니다. 그러나 힘센 목자가 양의 편이 되어 줄 때, 그 목자의 보호 아래에서 양은 마음 놓고 초장에서 뛰놀고 잠잘 수 있습니다.

광야를 헤매며 며칠 동안 굶주린 이리떼가 마침내 언덕 너머에 초원 위에서 한가로이 풀을 뜯고 있는 한 무리의 양떼를 발견하였습니다. 이리떼가 볼 때 그것이야말로 하늘이 내린 선물이었습니다. 제일 성질 급한 놈이 쏜살같이 달려가 가장 만만하게 생긴 양을 물어뜯으려는 순간 목자가 전광석화처럼 나타나 막대기를 휘둘러 이리를 쫓아 버렸습니다. 이리떼는 갑작스런 목자의 출현으로 이 좋은 선물을 잃고 목자를 바라보며 분을 삭이며 떠나야 했지만, 양떼들은 목자를 바라보면서 자기들의 생명을 보호해 준 정의의 수호자로 여깁니다. 그리고 목자를 따릅니다.

여기서 이리떼가 보는 것과 양떼들이 보는 입장이 다릅니다. 왜입니까? 서로 소속이 다르기 때문입니다. 사람도 마찬가지입니다. 소속이 어디냐에 따라 무엇을 위하여 사느냐의 문제가 달라집니다. 특별히 소속의 문제는 '누구를 위하여 사는가'를 결정하는 중요한 요소이기 때문에 더욱 중요합니다.

어린아이가 유약하지만 아버지가 가까이 있어 응원해 주고, 자기 편이 되어 준다면 그 아이는 자신 있게 뛰놀 수가 있을 것입니다. 하물며 만군의 여호와 하나님께서 우리의 아버지가 되셔서 우리와 함께 하신다면 어떻겠습니까? 그 분은 못하시는 일이 없으신 전능하신 하나님이십니다. 하나님께서 우리 편이 되시고 내가 하나님께 소속되어 있을 때 승리와 축복은 자연히 따르게 됩니다. 하나님의 능력과 축복이 당신과 늘 함께 있기를 축원합니다.

정말로 하나님께서 권능으로 우리의 영혼과 육체와 사업에 함께 하신다면 얼마나 행복한 일인지 말로 다 할 수가 없습니다. 축복 중에 가장 큰 축복은 하나님께 소속되어 있고, 하나님이 함께 하시는 축복임을 믿으시기 바랍니다. 하나님께 소속될 때 은혜를 받습니다. 기쁨이 생깁니다. 일하고 싶습니다. 마음이 평안하고 든든해집니다.

이 시간, 우리는 소속이 어디인가를 살펴보아야 합니다. 사도 바울은 자신이 누구인지, 자신이 어디에 속해 있는지를 분명히 안 사람입니다. 한때 그는 하나님을 믿으면서도 자신을 위하여 살고자 한 사람이었습니다. 그가 바라는 것은 철학자 가말리엘과 같은 율법사가 되는 것이었습니다. 그는 특히 율법을 수호하기 위해 목숨을 건 사람이었습니다. 그러한 그가 다메섹 도상에서 주님을 만난 후 이제 무엇을 위하여 살아야 하는지, 어떻게 죽어야 하는지를 알게 되었습니다.

예수님을 만난 후 바울은 그의 소속을 율법주의에서 복음주의로, 그의 삶을 자신을 위한 것에서 예수 그리스도를 위한 삶으로 옮겼습니다. 그리고 자기를 불사를 대상도 주님께로 두었습니다.

그 일 후 바울은 "즉시로 각 회당에서 예수가 하나님의 아들이심을 전파했다"(행9:20)고 했습니다. 다시 말하면 그는 자신이 누구인지, 어디에 속해 있는지, 누구를 위하여, 무엇을 위하여 살아야 하는지를 깨달은 사람입니다. 그러기에 그는 참으로 행복한 사람이었습니다. 그의 고백을 들어 보세요. "우리 중에 누구든지 자기를 위하여 사는 자가 없고 자기를 위하여 죽는 자도 없도다 우리가 살아도 주를 위하여 살고 죽어도 주를 위하여 죽나니 그러므로 사나 죽으나 우리가 주의 것이로다"(롬14:7-8). 이 말씀에서 우리는 자신의 소속과 삶의 목적을 분명히 하고, 그 대상을 향해 정열을 불사르는 바울을 볼 수 있습니다. 그가 얼마나 행복한 사람인가를 알 수 있습니다.

이것을 깨닫는 것이 중요합니다. 내가 누구에게 속했는지, 누구를 위하여, 무엇을 위하여 살아야 하는지를 깨닫고 그렇게 살아가는 것이 중요합니다. 그것이 복인 줄 믿어야 합니다.

우리는 그럭저럭 사는 인생이 아닙니다. 먼저 돌아가신 가족들의 무덤에 가 본 적이 있을 것입니다. 그 무덤 앞에서 당신은 무엇을 생각했습니까? 이미 돌아가신 분들이 어디에 소속해 있다가 갔는가를 생각해 봅시다. 그럭저럭 살다 간 인생이었는지, 소속이 어디였는가를 생각해 보고, 특별히 무엇을 위하여, 누구를 위하여 살다 갔는가를 생각해 보시기 바랍니다.

또 그들의 지금 소속은 어디일까? 천국인가, 지옥인가를 한 번 생각해 보시기 바랍니다. 물론 천국과 지옥의 소속 결정은 하나님만 하시는 고유한 결정입니다. 그러나 그의 삶을 통해서 대충은 짐작할 수 있을 것입니다.

우리 인생은 손바닥만 한 인생임을 깊이 깨달아야 합니다. 본문을 보시면 "주께서 나의 날을 한 뼘 길이만큼 되게 하시매 나의 일생이 주 앞에는 없는 것 같사오니"(시39:5)라고 하였습니다.

"나의 날을 한 뼘 길이만큼 되게 하셨다"는 것은 무엇을 의미합니까? "나의 날"이라는 것은 다윗의 인생을 말하는 것이요, "한 뼘 길이"에 비유한 것은 그만큼 인생이 매우 짧다는 것을 표현하고 있습니다.

한 뼘 길이, 손바닥 넓이가 얼마나 되겠습니까?

왜 다윗이 인생을 손 넓이에 비유한 것입니까?

지금 당신이 다윗의 처지가 되어서 임종이 눈앞에 다가왔다고 합시다. 당연히 내가 살아 온 인생을 돌아보지 않을 수 없을 것입니다.

'그 동안 나는 무엇을 얻기 위해서 이토록 애썼는가?'

'무엇을 얻기 위해서 이를 악물고 달려온 것일까?'

'무엇을 손아귀에 얻고자 하여 정신없이 달려왔단 말인가?'

'그렇다면 육신의 장막을 벗는 날, 내 손에는 무엇이 들려져 있단 말인가? 아무 것도 없지 않은가?'

다윗의 손에는 권세도 있었고, 부귀도 있었고, 명예도 있었습니다. 그러나 이제는 모든 것을 내려놓고 이 세상을 떠나야 할 때가 왔습니다. 모든 것을 내려놓고 가야 하는 인생의 덧없음을 깨닫게 되었습니다. 인생이 이렇게 전광석화 같은 것임을 깨닫게 되니 "인생의 짧음이 손 넓이와 같구나!"라는 고백이 나오게 된 것입니다.

우리는 어디에 속한 사람입니까? 우리는 그리스도에게 속한 사람입니다. 하나님의 백성이요, 하나님의 자녀요, 주님의 제자입니다. "우리는 하나님께 속하였으니 하나님을 아는 자는 우리의 말을 듣고"(요일 4:6). 예수님은 포도나무 비유에서 "나는 포도나무요 너희는 가지라 그가 내 안에, 내가 그 안에 거하면 사람이 열매를 많이 맺나니 나를 떠나서는 너희가 아무 것도 할 수 없음이라"(요15:5)고 하십니다.

즉 소속의 문제입니다. 우리가 그리스도 안에 있고, 그리스도께서 우리 안에 있기에 우리는 그 분의 제자요, 그 분 안에서 열매 맺는 사람들입니다. 우리는 주님께 속한 사람이요, 그 분과 함께 그 분을 위하여 살아가는 사람들입니다.

주님께 속한 사람은 자신의 집착에서 해방된다.

즉 자기 만족, 자기 자랑, 자기 집착에서 해방됩니다. 또한 부정적인 생각, 실패감, 패배감, 정죄감 등으로부터 해방되어 자신을 의뢰하지 않습니다. 어떠한 상황 속에서도 그는 오직 하나님만 의뢰하고 하나님의 깊으신 뜻이 있음을 깨닫고 다시 회복되어 일어섭니다. 그는 오히려 자기의 약함을 자랑하게 됩니다. 때문에 잘 나갈 때도 교만하지 않으며 늘 주님의 은혜에 감사하고 그 분 앞에 겸손히 서게 됩니다.

주님께 속한 사람은 주를 위하여 살게 된다.

"우리가 살아도 주를 위하여 살고", 이 진리를 깨달을 때 주님의 영광을 위하여 살게 됩니다. "그런즉 너희가 먹든지 마시든지 무엇을 하든지 다 하나님의 영광을 위하여 하라"(고전10:31). 먹고 마시는 것이 우리 자신의 욕구를 채우기 위한 것이 아니라 주님을 위한 것이라는 말입니다.

세상 사람들은 "살기 위해서 먹는다", "아니다 먹기 위해서 산다"로 논쟁할지 모르지만, 그리스도께 속한 사람은 아닙니다. "주의 영광을 위하여 먹고 마신다"는 것입니다.

그리고 말을 해도 주님의 영광을 위하여 하게 됩니다. "또 무엇을 하든지 말에나 일에나 다 주 예수의 이름으로 하고 그를 힘입어 하나님 아버지께 감사하라"(골3:17).

또한 일을 해도 주를 위하여 하게 됩니다. 골로새서 3장 23절에 "무슨 일을 하든지 마음을 다하여 주께 하듯 하고 사람에게 하듯 하지 말라"고 하였습니다. 주님께 속한 자는 그리스도 안에서 그 분의 영광을 위하여 일하는 것입니다. 쉬는 것도 그 분의 영광을 위하여 해야 합니다.

주님께 속한 사람은 죽는 것도 주를 위하여 죽을 수 있다.

바른 생명의 법칙을 알 때 죽음을 알고 살아갈 수 있습니다.

우리가 사는 것도 중요합니다. 그러나 어떻게 죽느냐는 것은 더 중요합니다. 사람들은 그 마지막을 더 기억합니다. 그가 죽을 때를 더 기억한다는 것입니다. 하나님께서는 우리의 마지막 순간까지 보십니다. 그 순간도 주님을 위해 드릴 수 있는 우리가 되어야 합니다.

무의미하게 끝날 것이 아니라, 죽었다는 것으로 끝날 것이 아니라, 하나님의 영광을 위하여 살다가, 하나님의 영광을 위하여 죽은 사람으로 기억될 수 있고, 하나님의 생명책에 기록될 수 있기를 축원합니다.

소속이 어디입니까? 하나님의 사람입니까? 세상 마귀에 속한 사람입니까? 우리는 그리스도께 속한 사람입니다

내촌감산(內村鑑山)은 말합니다. "자신을 위하여 사는가? 그는 이기주의자다. 남을 위하여 산다고 하는가? 그는 이타주의자다. 그러나 여기서 더 나아가라. 세계를 위하여 살라. 그는 세계주의자다. 그보다 더 값진 것은 하나님을 위하여 사는 것이다. 그는 하나님의 사람이다."

손바닥만 한 우리의 인생입니다. 이 인생을 하나님께 속한 사람으로 살아갑시다. 우리는 하나님의 사람입니다.

하나님께 속한 사람의 곁에는 하나님이 계십니다. 하나님이 우리 편에 계시면 교회 부흥은 물론이요, 물질의 축복과 건강의 축복, 더 나아가서는 사업형통의 축복까지 주십니다. 할렐루야! 아멘.

자기 믿음의 포기, 위대한 선택

마태복음 17:19-20

〈우리 생애 최고의 해 The Best Years Of Our Lives〉라는 영화가 있었습니다. 이 영화의 줄거리는 대강 이렇습니다. 2차 대전 때 헤럴드 러셀이라고 하는 청년이 특수 대원으로 전투에 참여했다가 폭탄을 맞아서 두 팔을 다 잃어버렸습니다. 불구가 된 그는 몹시 낙담하고 좌절하면서 하나님 앞에 기도합니다. "하나님, 나는 이제 쓸모없는 사람입니다. 나는 쓸모없는 사람입니다."

그런데 하나님께서 원망의 기도를 하는 그에게 분명한 음성을 들려주셨습니다. "그래도 잃은 것보다 얻은 것이 많지 않느냐?"

러셀이 가만히 생각해 본즉 자기에게는 아직도 생명이 있고, 두 눈이 있고, 두 귀가 있고, 두 다리가 있었습니다. 정말 잃은 것보다 얻은 것이 아직도 많았습니다. 생각을 바꾼 그는 의사에게 부탁을 해서 의수를 만들었습니다. 또 열심히 타이프 치는 연습을 했습니다. 그래서 자기가 지나온 생활을 잘 정리하여 책으로 엮었습니다. 이것이 일약 베스트셀러가 되고 영화가 되었습니다. 더욱이 그 영화에서는 자기가 직접 주연과 연출을 맡아 많은 사람들에게 감동을 주었습니다. 바로 그 영화 제목이 〈우리 생애 최고의 해〉입니다.

어느 기자가 그에게 물었습니다. "당신은 신체적 조건으로 인하여 절망하지 않았습니까?" 그는 결연히 대답합니다. "한 때 그런 적이 있었지요. 그러나 생각을 바꾸었더니 내 안에는 잃은 것보다 얻은 것이 더 많았습니다. 나의 육체적인 장애는 도리어 축복이 되었습니다." 그러면서 그는 이렇게 강조했습니다. "당신은 언제나 잃어버린 것을 계산할 것이 아니라 하나님께로부터 받은 것, 얻은 것을 생각해야 합니다. 그 은혜에 감사하며 그것을 사용할 때에 하나님께서 잃은 것의 열매를 크게 보상해 주십니다. 더 많은 가능성이 그 앞에 열리게 될 것입니다."

사람에게는 어떠한 조건에 있느냐 보다 어떠한 태도를 가졌느냐 하는 것이 더 중요합니다. 조건은 갖추고 있지만 태도가 되어 있지 않은 사람들이 많습니다. 보다 중요한 것은 태도입니다. 긍정적인 사고, 긍정적인 태도가 필요합니다. 이러한 태도는 환경과 조건을 초월해서 그 인생을 아름답게 하고 성공적인 삶을 살게 합니다.

커밍 워커 교수는 성공의 요인을 네 가지로 요약해서 말하고 있습니다. 지능, 지식, 기술, 태도 즉 자세입니다. 워커 교수는 이 네 가지 요인 가운데 93% 이상으로 결정적인 영향을 주는 것이 있는데, 그것은 '태도'라고 말합니다. 자발적으로 동기 부여가 되어 일하는 자세, 기쁜 마음으로 찬성하고 참여하는 태도, 이러한 태도를 가진 사람은 인생을 성공적으로 살 수 있다고 합니다.

성공한 사람들에게는 나름대로 성공의 논리가 있고 특성이 있는데, 그 특성을 살펴보다 보면 대부분 비슷하다는 것을 발견하게 됩니다. 첫째로, 매사에 긍정적인 사고, 모든 일을 긍정적으로 바라보는 것입니다. 둘째로, 목표 지향적입니다. 세상에서 목표 없이 이루어진 위대한 일은 없습니다. 셋째로, 자발적으로 동기 부여가 되어 움직인다는 것입니다. 자발적으로 하면 밤을 새워도 피곤하지 않습니다. 넷째로, 끝까지 인내하고 하나님께 기도하며 나아갈 때 성공한다는 것입니다.

요즈음 많은 사람들이 모이는 곳마다 세상사는 게 고달프다고 하소연합니다. 젊은 사람들은 직장 구하기가 힘들어 고민입니다. 직장에 들어가도 불안하기 이를 데 없습니다. 그러나 오늘의 상황이 아무리 힘들어도 하나님께 믿음으로 기도하며 인내해 나갈 때 놀라운 성공이 당신에게 보장될 것을 믿어야 합니다.

새뮤얼 존슨(Samuel Johnson)은 "진정 위대한 일은 힘에 의해서가 아니라 끈기에 의해 이루어진다"고 말했습니다. 남보다 빠르지 못하다고 낙심하지 마세요. 눈부신 끈기로 꾸준히 정진하면 멀지 않은 날 하나님이 우리 가슴에 심어 준 꿈을 성취하는 기쁨을 누리게 될 것입니다.

인생을 아름답게 살기 위해서, 하나님께서 주신 우리의 환경, 조건 속에서 성공적인 삶을 살기 위해서는 긍정적인 태도를 가져야 합니다. 믿음의 사람으로서 우리는 더더욱 매사에 긍정적인 태도를 가져야 합니다.

또한 믿음의 사람으로서 성공적이고 영적인 삶을 살기 위해, 그리스도를 닮은 삶을 살기 위하여 긍정적인 태도를 가져야 합니다. 바로 '예'라고 하는 이 태도입니다. 그것은 그리스도적인 태도요, 하나님 나라 백성의 태도입니다. "하나님의 아들 예수 그리스도는 예 하고 아니라 함이 되지 아니하셨으니 그에게는 예만 되었느니라"(고후 1:19).

예수 그리스도는 '예'이십니다. '아멘'이십니다. 주님의 생을 돌아볼 때 모든 면에서 예수님은 '예'가 되십니다. 요한계시록에 보면 예수님에 대해서 "아멘이시요 충성되고 참된 증인이시요"(계3:14)라고 기록하고 있습니다.

그리스도인이 믿음으로 사는데 있어서 반드시 해결해야 하는 문제가 있다면 그것은 곧 '어떻게 세상을 살아가야 하는지'에 대한 문제입니다. 이 문제에 대한 답이 분명하게 결정되어 있다면 세상을 살아가면서 만나는 문제들을 해결하는 데 큰 도움이 될 것입니다. 그런데 대부분의 사람들은 평생 살면서 이 문제를 풀지 못하고 걱정만 하거나 아니면 이 문제를 그리 심각하게 생각하지 않는 것이 사실입니다.

세상을 살아가는 데에는 그 사람의 생각과 가치관에 의해서 많은 부분들이 결정됩니다. 그러면 성도들은 무엇으로 그 삶의 방향을 결정해야 합니까? 우리 그리스도인에게는 개인의 가치관보다 그 위에서 움직이게 하는 것이 있는데, 그것은 바로 믿음입니다. 믿음은 개인의 생각까지도 주장하여서 그 사람의 행동을 좌우합니다.

옛날이나 지금이나 술 사업은 괜찮은 모양입니다. 지금 한국 사람의 술 소비량이 성인 1인당 일주일에 소주 네 병꼴로 마신다고 하니 엄청난 양이 아닐 수 없습니다. 어느 교회 장로님이 돈 좀 벌겠다고 술 사업을 하게 되었습니다. 그 교회 목사님은 늘 안타까워서 기도하셨다고 합니다. 그 장로님이 돈을 많이 벌어서 십일조는 많이 하시지만 하나님이 기뻐하실 십일조가 아님을 안타까워하셨다는 것입니다. 그러다가 목사님이 장로님에게 그것을 말씀드렸습니다. 충고를 들은 장로님은 몹시 불쾌해하더니 얼마 후 교회를 떠나고 말았습니다.

그렇게 다른 교회로 갔더니 부자 장로님 오셨다고 다들 반가워해 주더랍니다. 다들 그 분을 받들어 주고 섬겨 주었습니다. 그런데 정작

이 장로님의 마음에는 기쁨이 없고 평강이 없었습니다. 이전 교회 목사님의 말씀이 자꾸 생각이 났습니다. 그리고 교회 목사님과 성도들을 보니 영적인 삶과 교회에 관심을 두고 성경 말씀대로 먼저 그의 나라와 의를 구하는 삶을 살려고 노력하는데, 자신은 오직 부와 명예를 쌓는 일에만 관심이 있다는 사실을 알게 되었습니다.

그 분은 이 사실을 알고 먼저 교회 목사님이 얼마나 자신을 위하여 기도하는 분인지를 깨달았습니다. 그리고 목사님을 찾아가서 정중하게 용서를 빌고 그 사업을 물렸습니다. 기도하는 가운데 하나님께서 새로운 사업을 열어 주셔서 새 일을 하게 되었는데 양조업보다 더 큰 기업을 일으키게 되었습니다.

이 장로님은 자기 믿음에 대한 포기, 자신의 가치관에 대한 포기와 함께 위대한 선택을 한 것입니다. 즉 개인의 가치관보다 그 위에서 움직이게 하는 믿음에 모든 초점을 맞추는 위대한 선택을 한 것입니다.

믿음에는 세 가지가 있다.

자기 믿음이 있고, 마귀 믿음이 있습니다. 이러한 믿음은 빨리 포기해야 합니다. 그리고 하나님 믿음이 있습니다. 하나님만 바라보고 순종하는 것입니다, 하나님만 의지하는 믿음입니다. 이것은 하나님이 주신 것입니다. 이런 믿음에 대해 위대한 설교가 찰스 스펄전(Charles Haddon Spurgeon)은 이렇게 말했습니다. "인간이 하나님 앞에서 할 일은 계산이 아니라 절대 믿음을 갖는 일이다. 계산은 하나님이 하신다."

아브라함과 같이 말씀에 대한 믿음, 이삭의 예언에 대한 믿음, 야곱의 인내의 믿음, 요셉과 같은 소망의 믿음이 필요합니다. 그들에게는 지치지 않는 믿음이 있습니다.

로마 백부장의 위대한 고백을 들어보세요. "주여 내 집에 들어오심을 나는 감당하지 못하겠사오니 다만 말씀으로만 하옵소서 그러면 내 하인이 낫겠사옵나이다"(마8:8).

주님을 감당할 수 없다는 경외심과 겸손, 그리고 말씀의 능력을 알고 있는 그 귀한 백부장의 말 한 마디는 이 시대에 우리가 배워야 할 믿음의 진수이며 믿음의 결정체입니다.

하나님은 복 주시기를 기뻐하시는 분이십니다. 하나님께서 우리에게 복 주시기를 원하시기 때문에 우리가 그 복을 받아야 하나님께서 기뻐하신다는 것을 잊지 말아야 합니다.

잘 산다는 것에는 여러 가지가 있습니다. 먼저 영혼이 잘 되어야 합니다. 우리의 심령이 잘 되어야 합니다. 육체가 건강해야 잘 삽니다. 사업도 잘 되어야 합니다. 잘 산다는 것은 어느 하나만 잘 되어서는 충족되지 않습니다. 여러 가지가 종합적으로 잘 되어야 합니다. 하나님은 범사에 네게 복을 주시리라고 분명히 말씀하셨습니다. 그러면 어떻게 해야 범사에 복을 주시는 은혜를 받을 수 있습니까?

"너희 중에 분깃이나 기업이 없는 레위인과 네 성중에 거류하는 객과 및 고아와 과부들이 와서 먹고 배부르게 하라 그리하면 네 하나님 여호와께서 네 손으로 하는 범사에 네게 복을 주시리라"(신14:29).

여기 나오는 레위인은 지금의 목회자를 말합니다. 또한 어려운 사람들, 소외된 사람들을 돌보라고 말씀하십니다.

"만군의 여호와가 이르노라 너희의 온전한 십일조를 창고에 들여 나의 집에 양식이 있게 하고 그것으로 나를 시험하여 내가 하늘 문을 열고 너희에게 복을 쌓을 곳이 없도록 붓지 아니하나 보라"(말3:10). 복을 너무 많이 주셔서 넘쳐서 쌓을 곳이 없도록 하시겠다는 것입니다.

이 말씀에서 더 강하게 강조하신 말씀이 "나를 시험하여"라는 말씀입니다. 성경에 보면 하나님을 시험하지 말라고 했는데 여기에서는 시험하라고 말씀하십니다. 여기 '시험하라'는 말을 학자들은 '증명하다, 확증하다'라고 해석합니다. 따라서 십일조는 하나님을 믿는 믿음의 확증이라고 할 수 있습니다. 달리 말하면 하나님께서 축복하시겠다고 하신 말씀을 내가 확증시키는 것이 십일조라고 할 수 있습니다.

그런데 십일조는 한국 교회에 많은 사연을 안겨 준 장본인이기도 합니다. 십일조 때문에 시험에 들어 교회를 떠난 사람도 있고 십일조에 대해 설교하면 아예 마음 문을 꼭 닫고 외면하기도 합니다. 교회에 늦게 왔다가도 십일조 말이 나오면 예배도 참석하지 않고 그냥 가는 교인도 있습니다.

그러나 십일조를 드리는 것은 하나님이 만유의 주인이시고, 우리의 모든 소득과 재물이 하나님으로부터 왔음을 믿고 고백하는 행위라는 것을 마음 깊이 새겨야 합니다. 십일조를 드리는 것은 모든 소산의 주관자가 하나님이시며, 그 분은 당신의 백성과 친히 함께하시는 임마누엘의 하나님이심을 고백하는 것입니다. 그러니까 십일조를 드렸다는 것은 자기의 힘이 아닌 하나님의 이름을 높이는 행위입니다. 십일조를 드리는 것은 범사에 하나님의 복을 받을 수 있는 축복의 통로임을 믿어야 합니다. 십일조는 축복의 기회입니다. 이 모든 일이 하나님의 존재에 대한 믿음이 없으면 할 수 없는 일입니다. 믿음이 있어야 합니다.

이제 자신에게 가치 기준을 두었던 믿음은 포기하고, 위대한 선택을 하셔야 합니다. 하나님이 기뻐하시는 일을 인생이 어둡기 전에 하셔야 합니다.

또한 감사와 기도로 복을 받을 수 있습니다.

어떤 사람이 꿈에서 천사의 안내로 하늘 창고를 구경했습니다. 어느 한 창고를 보았는데 그 안은 텅텅 비어 있었습니다. 천사는 창고가 비어 있는 이유를 설명해 주었습니다. "이 곳은 소원이 이루어지길 간구하는 사람들에게 내려 줄 보화가 가득했던 창고인데 하나님께서 사람들의 기도에 응답하시느라 보화가 가득한 창고가 텅 비게 된 것입니다. 물론 다른 보화의 창고가 또 있지요." 천사와 그 사람은 또 다른 하늘 창고를 구경했습니다. 그 창고 안에는 보화가 가득 쌓여 있었습니다. "이곳은 감사하는 사람들을 위해 예비해 놓은 보화가 있는 창고입니다. 그런데 하나님께 감사드리는 사람이 너무 적어 아직도 이렇게 보화가 쌓여 있지요."

참으로 가슴 뜨끔한 교훈입니다. 감사할 일이 많음에도 불구하고 우리는 불평과 불만을 일삼습니다. 감사만이 모든 환경을 변화시키며 하나님을 기쁘시게 합니다. "감사로 제사를 드리는 자가 나를 영화롭게 하나니 그의 행위를 옳게 하는 자에게 내가 하나님의 구원을 보이리라" (시50:23).

이제 감사 없는 믿음을 포기하시고 항상 기뻐하고 쉬지 말고 기도하고 범사에 감사하는 위대한 선택을 하시기 바랍니다.

이렇게 하는 자에게 하나님께서 주시는 복이 무엇인가?

하나님 축복의 원리에서는 먼저 영적인 축복이 우선입니다. 이것은 하나님의 사랑을 받는 축복입니다. 하나님의 사랑을 받아 범사가 잘되는 영혼의 복을 얻게 될 것입니다. 이 축복의 앞에는 하나님을 겸손하게 섬기고 하나님의 명령에 순종하는 일이 있어야 함을 잊지 말아야 합니다.

또 하나는 물질적 축복입니다. 하나님께서 하늘 문을 열어 주시는 축복을 받습니다. 이 말은 하늘에서 늦은 비와 이른 비와 소낙비를 내려 주심을 말합니다. 생각해 보세요. 하늘의 하나님이 하늘을 열어 주지 아니하시는데 어찌 땅이 소출을 낼 수 있겠습니까?

하나님은 우리에게 축복을 하시기 전에 명령을 먼저 하십니다. 주님의 명령 안에는 인생에게 내려 주실 무수한 축복의 약속이 포함되어 있습니다. 그러기에 우리에게는 참된 믿음과 순종이 요구되는 것입니다.

믿음의 삶은 진실한 삶입니다. 긍정적인 삶입니다. 순종의 삶입니다. 지금까지 이러한 믿음의 태도를 갖지 못했다면 지금 이 시간 부정적인 삶, 진실하지 못한 삶, 불순종의 삶을 포기하고 아브라함과 같이, 노아와 같이, 아벨, 에녹과 같이, 모르드개와 에스더와 같이, 모세와 여호수아와 같이 위대한 선택을 하여 하나님으로부터 영적으로 육적으로 물질적으로 큰 복을 받으시기를 축원합니다.

잊지 마시기 바랍니다. 이러한 믿음을 갖기 위해서는 하나님의 존재에 대한 확신이 무엇보다 중요합니다. 하나님을 믿는 것이 무엇입니까? 그 분은 천지를 창조하신 전능하신 하나님이심을 믿는 것입니다.

독생자 예수 그리스도를 이 땅에 보내셔서 우리를 구원하여 주신 하나님이심을 믿는 것입니다. 예수님의 성육신, 고난과 죽음, 부활, 재림을 믿는 것입니다. 오직 예수님을 믿고 영접함으로만 구원받을 수 있음을 믿는 것입니다. 하나님 말씀대로 살면 이 땅에서도 축복을 누리게 됨을 믿는 것입니다.

무엇보다 하나님은 공의로운 심판자이심을 믿어야 합니다. "하나님을 모르는 자들과 우리 주 예수의 복음에 복종하지 않는 자들에게 형벌을 내리시리니"(살후1:8). 예수 그리스도를 믿지 않는 자, 하나님을 거부한 자, 복음을 듣고 무시한 자, 말씀을 무시한 자에게는 공의로운 심판이 있는데 한 순간의 형벌이 아닌 영원한 멸망의 형벌입니다. 그러므로 우리는 예수 그리스도를 알지 못하는 이들에게 춥거나 덥거나 때를 얻든지 못 얻든지 계속 전도해야 합니다.

우리는 지금 믿음을 가진 사람들조차 넘실대는 풍랑 앞에 살려 달라고 외친 제자들처럼 고통스러워하는 시대를 살아가고 있습니다. 그러기에 더 큰 믿음이 필요합니다. 돈, 권력, 명예 앞에 주눅 들지 말고 하나님의 뜻을 보며 나를 부르신 하나님의 뜻을 생각하고 사명을 감당하는, 믿음으로 승리하는 인생이 되시기를 축원합니다. 아멘.

써먹는 믿음을 가지세요

사무엘상 17:31-37

중국 명대의 유학자요 정치가인 왕양명(王陽明)이 자신이 살아오는 과정에서 힘들고 어려웠던 점에 대해서 이렇게 말했습니다. "살아보니 나의 인생에 어려운 일이 네 가지 있더라."

첫째, "어려운 것은 '고생스러운 것이다.' 먹을 것이 없고 입을 것이 없을 때에 고생스럽더라." 참 솔직한 표현입니다. 먹는 것과 입는 것은 기본적인 것입니다. 이것이 충족되지 않으면 참으로 견디기 어렵습니다.

둘째, "남에게 냉대받는 것이 고통스럽다." 가정에서든, 직장에서든, 혹은 친구들 사이에서든 어디서든지 사람들의 뜨거운 환영을 받지 못하고 오히려 냉대받는 것, 인간관계가 그렇게 될 때 참으로 괴롭더라는 것입니다.

셋째로는, "고민스러운 것"이라고 했습니다. 내 마음 깊은 곳에 고민이 있어서 이 실존적인 고뇌와 더불어 싸우는 일은 참으로 괴로운 것이더라고 말합니다. 그러면서 그는 이 세 가지의 어려움보다도 가장 더 괴로운 것이 있는데, 바로 "한가한 것"이라고 했습니다. 일할 것이 없어서, 일할 수 없어서 한가해지면 그것은 참으로 괴로운 것입니다. 이것은 사람으로 하여금 자괴의식을 갖게 하고, 사람을 약하게 합니다. 참으로 무의미하게 만들어 버립니다.

일하지 못하는 괴로움을 당해 보셨습니까? 지금 우리 사회는 청년 실업, 장년 실업, 여성 실업, 노인 실업 문제로 어려움을 겪고 있습니다. 여기에 속한 사람들은 이 괴로움을 공감할 것입니다. 어딘가에 소속되어 일을 하고 계신 분들은 정말이지 그 자체로 감사해야 합니다. 그것은 큰 은혜입니다. 일할 수 있는 시간, 능력, 건강, 자리가 있다는 것, 이로 인해 내가 살아갈 수 있다는 것, 나를 필요로 하는 사람들이 있고, 내 능력을 발휘할 수 있다는 것, 이것이야말로 감사의 큰 조건이 아닐 수 없습니다.

우리 그리스도인들에게 있어서 모든 일은 단순히 먹고살기 위한 목적에 국한되지 않습니다. 우리에게는 더 크고 중요한 목적이 있습니다. 바로 하나님의 일에 동참하는 것입니다. 세상 사람들은 먹고살기 위해서 일한다고 하지만, 믿음의 눈으로 볼 때 우리 모두는 하나님의 역사, 하나님의 창조 사역에 동참하는 것입니다. 내가 봉사할 수 있는 교회, 직책, 역할이 있음에 감사해야 합니다.

그런데 문제는 신앙생활을 하다가 때때로 말씀대로 살지 못하고 마귀에게 넘어지고 실패할 수도 있다는 것입니다. 예수를 믿고 신앙생활을 잘해 봐야겠다고 생각하지만 그것이 그렇게 쉽지가 않습니다. 넘어지고 또 넘어지면서 신앙생활에 회의가 옵니다.

"이렇게 살면서 내가 정말 하나님의 자녀인가?", "정말 내가 하나님의 택한 백성인가?", "무늬만 기독교인은 아닌가?", "하나님은 정말 나를 사랑하고 계시는가?", 이런 생각에 주일이 찾아와도 교회에 갈 생각을 못하고 좌절하고 흔들리는 경험을 해 보신 분도 있을 것입니다.

가끔 TV에 아이들이 어린 호랑이를 안고 노는 모습이 나옵니다. 이때의 호랑이는 맹수의 이미지와는 전혀 어울리지 않는 귀여운 모습입니다. 그러나 호랑이는 분명 호랑이입니다. 호랑이로 태어났기 때문에 어린 호랑이가 커서 사나운 맹수가 됩니다.

신앙생활도 마찬가지입니다. 우리가 예수님을 변함없이 믿고 신앙생활 하다 보면 우리 속에 본질적인 성도의 모습이 생깁니다. 예수를 구주로 영접하게 되면 우리가 알든 모르든 간에 예수님의 피가 흐르게 되고, 우리의 삶에 본질적인 변화가 시작되기 때문에 우리는 하나님의 자녀다운 삶을 살아갈 수 있습니다. 우리가 올바로 살아서 성도가 되는 것이 아니고 성도이기 때문에 올바르게 살 수 있습니다.

지금처럼 가정, 돈, 질병, 자녀 문제뿐 아니라 정치, 경제, 사회, 교육, 문화 등 각 분야에서 짜증나는 일들이 가득한 때일수록 우리는 신앙의 힘으로 살아가야 합니다. 신앙의 힘으로 살아가려면 무엇보다 '써먹는 믿음'을 가져야 합니다.

다윗은 써먹는 믿음을 가지고 있었다.

다윗은 사울에게 "여호와께서 나를 사자의 발톱과 곰의 발톱에서 건져내셨은즉 나를 이 블레셋 사람의 손에서도 건져내시리이다"라고 고백하고 있습니다. 이 고백을 들은 사울은 다윗에게 "가라 여호와께서 너와 함께 계시기를 원하노라"(삼상17:37)고 대답하며 그를 전쟁에 내

보내기로 결심합니다.

생각해 보세요. 사자나 곰이 그렇게 어리숙한 동물이 아닙니다. 밀림의 왕이 아닙니까? 동물 중에 힘이 가장 세어서 맹수라고 합니다. 그 빠르기는 어떻습니까? 소년 다윗으로서는 도저히 상대가 되지 않는 싸움입니다. 그런데도 본문 34-35절을 보시면 다윗은 달려가면서 사자와 곰을 대적하여 싸웠다고 했습니다. 이 힘이 어디서 나왔습니까? 믿음입니다. 하나님께서 사자와 곰의 발톱에서 자신을 건져내실 것이라는 믿음입니다. 다윗은 바로 이 믿음을 마음껏 써먹었던 사람입니다. 그리고 그는 승리했습니다.

본문 전후로 볼 수 있는 바와 같이 당시 이스라엘은 블레셋 군대와 전쟁할 형편이 아니었습니다. 블레셋은 최대의 장비를 보유하고 있었고, 최강의 장군이었던 골리앗이 이끌고 있었습니다. 그런데 다윗이 나가서 싸우겠다는 것입니다. 그리고 다윗 한 사람의 등장으로 이상한 기류가 형성되기 시작했습니다. 뭔가 싸움이 될 것 같은 분위기가 조성되었습니다. 이스라엘이 그 동안 잊고 있었던 '하나님'의 이름이 거론되기 시작한 것입니다. 한 사람의 믿음이 공동체의 영적인 분위기를 절망에서 소망으로, 낙심에서 희망으로, 불안에서 안정으로, 불가능에서 가능으로 바꾸어 놓은 것입니다.

다윗의 믿음은 써먹는 믿음이었습니다. 당신의 믿음은 어떻습니까? 써먹는 믿음입니까? 다윗은 과거에 하나님께서 사자와 곰의 발톱으로부터 자신을 지켜 주신 것처럼 저 블레셋 사람의 손에서도 자신을 지켜 주실 것이라는 믿음을 써먹고 있는 것입니다.

당신도 다윗과 같은 경험을 한두 번은 다 해 보셨을 것입니다. 가장 힘들었을 때, 위급할 때 기도함으로 응답 받았던 경험이 있을 것입니다. 그뿐 아니라 이 모양, 저 모양으로 하나님의 능력을 체험한 경험이 있을 것입니다. 그 때 그 믿음을 써 보세요. 대상이 사자든, 곰이든, 골리앗이든 그 대상 앞에 망설이지 말고 당신이 가지고 있는 믿음을 써먹으세요.

믿음은 써먹을 때 효력이 발생합니다. 장식용 믿음이 아닌 써먹는 믿음을 가져야 합니다. 믿음은 써먹으라고 있는 것입니다. 귀고리, 목거리, 집안의 각종 장식품처럼 과시용이나 전시용으로 주신 것이 아닙니다. 믿음은 써먹으라고 있는 것입니다.

기적이란 인간의 힘으로는 결코 안 되는 것이 어떤 다른 힘으로 가능하게 되는 것, 이루어지는 것, 고침을 받는 것 등을 말합니다. 참된 기적이란 우연히 어쩌다가 되는 것이 아니고 하나님만이 일으킬 수 있습니다.

독수리 같은 믿음을 가지고 써먹어야 한다.

닭과 독수리는 위험 앞에서 전혀 다른 반응을 보입니다. 폭풍이 몰려오면 닭은 몸을 날개에 묻은 채 숨을 곳을 찾습니다. 그러나 독수리는 거대한 날개를 활짝 폅니다. 그리고 태풍에 몸을 싣고 유유히 날아올라 안전지대로 향합니다.

사람도 인생의 폭풍을 만날 때 두 유형으로 나누어집니다. 고통스러운 일, 억울한 일, 괴로운 일이 닥치면 몸을 숨기는 '닭형 인간'과 사태를 해결하기 위해 담대하게 대처하는 '독수리형 인간'이 있습니다. 문제를 해결하는 것은 항상 '독수리형 인간'입니다. 시련을 일단 피하고 보자는 식의 인생 여정에는 고난의 가시밭길이 그치질 않습니다.

인류의 역사는 담대하게 고통을 극복한 사람들에 의해 다시 쓰입니다. 서양 속담에 "북풍이 바이킹을 만들었다"는 말이 있습니다. 사나운 바람으로 인해 바이킹들은 탁월한 조선술과 항해술을 발전시킬 수 있었습니다. 모진 바람과 추위를 이겨내며 자란 나무는 좋은 목재가 됩니다. 믿음은 우리를 나약한 닭에서 강한 독수리로 바꾸어 놓습니다. 독수리의 믿음은 해결받을 만한 믿음입니다. 문제를 앞에 놓고 어떤 믿음을 소유하고 있는가에 따라서 역사가 일어날 수도, 그렇지 않을 수도 있습니다.

"예수께서 그들에게 항상 기도하고 낙심하지 말아야 할 것을 비유로 말씀하여 이르시되 어떤 도시에 하나님을 두려워하지 않고 사람을 무시하는 한 재판장이 있는데 그 도시에 한 과부가 있어 자주 그에게 가서 내 원수에 대한 나의 원한을 풀어 주소서 하되 그가 얼마 동안 듣지 아니하다가 후에 속으로 생각하되 내가 하나님을 두려워하지 않고 사람을 무시하나 이 과부가 나를 번거롭게 하니 내가 그 원한을 풀어 주리라 그렇지 않으면 늘 와서 나를 괴롭게 하리라 하였느니라 주께서 또 이르시되 불의한 재판장이 말한 것을 들으라 하물며 하나님께서 그 밤낮 부르짖는 택하신 자들의 원한을 풀어 주지 아니하시겠느냐 그들에게 오래 참으시겠느냐 내가 너희에게 이르노니 속히 그 원한을 풀어 주시리라 그러나 인자가 올 때에 세상에서 믿음을 보겠느냐 하시니라"(눅18:1-8).

"말세에 믿음을 보겠느냐"는 질문은 오늘을 살고 있는 우리들에게도 하시는 질문임을 깨달으시기 바랍니다.

지금도 사람들이 할 수 없는 일들이 너무나 많습니다. 주님께서 기적을 베풀지 않으시면 해결되지 않을 문제들이 너무나 많습니다. 그래서 사람들은 기도합니다. 그렇지만 기적은 일어나고 있지 않습니다. 기도는 하지만 믿음 없는 기도를 하기 때문입니다.

오늘날 우리도 응답의 기적을 체험하기 위해서는 이 여인 같은 믿음, 독수리 같은 믿음을 써먹어야 합니다.

독수리 같은 믿음은 겸손한 믿음입니다. 확신에 찬 믿음을 말합니다. 모든 사람 앞에 증거하는 믿음을 말합니다. 주님은 증거자를 찾기 위해서 치료의 기적을 베풀어 주십니다. 독수리 같은 믿음을 써먹는 우리가 되기를 축원합니다.

담대한 믿음을 써먹어야 승리한다.

다니엘서 3장에 보면 다니엘의 친구 사드락과 메삭과 아벳느고라는 젊은 세 청년은 생애 중에 위험한 절벽을 만나게 되었습니다. 어찌할 바를 알 수 없는 절망적인 어두움에 사로잡히게 되었습니다. 죽음을 눈앞에 두고 있는 듯한 위기입니다.

그런데 여기서 우리는 신앙을 가진 사람의 힘이 무엇인가를 보게 됩니다. 이 세 젊은이들이 믿음을 문자 그대로 제대로 써먹는 것을 보게 됩니다. 담대한 믿음을 써먹음으로 이 상황을 극복하고 사태를 역전시킬 뿐만 아니라 오히려 변하여 복이 되도록 만드는 역사가 일어남을 보게 됩니다.

오늘 이 시대에 젊은이를 어둡게 만드는 힘이 무엇입니까? 아니 젊은이뿐만 아니라 우리 모두를 어둡게 만드는 힘이 무엇입니까? 그것은 권력과 돈과 죽음일 것입니다.

너무도 많은 젊은이들, 사람들이 권력 앞에 아부하고 있습니다.

너무도 많은 젊은이들, 사람들이 돈 앞에서 비굴하게 삽니다.

그리고 너무도 많은 사람들이 죽음 앞에서 두려워합니다.

그러나 하나님을 바르게 믿고 경외하는 젊은이나 사람들은 담대한 믿음을 잘 써먹음으로 모든 것을 온전하게 극복할 수 있습니다.

사랑하는 청년들이여, 성도들이여, 권력 앞에서도 담대한 믿음을 써먹길 바랍니다.

바벨론 제국의 느브갓네살 왕이 명령합니다. "사드락, 메삭, 아벳느고야! 너희들은 어찌 내가 세운 금 신상에 절하지 않느냐? 이제라도 절을 하라!" 이에 그들은 이렇게 대답합니다. "사드락과 메삭과 아벳느고가 왕에게 대답하여 이르되 느부갓네살이여 우리가 이 일에 대하여 왕에게 대답할 필요가 없나이다 왕이여 우리가 섬기는 하나님이 계시다면 우리를 맹렬히 타는 풀무불 가운데에서 능히 건져내시겠고 왕의 손에서도 건져내시리이다 그렇게 하지 아니하실지라도 왕이여 우리가 왕의 신들을 섬기지도 아니하고 왕이 세우신 금 신상에게 절하지도 아니할 줄을 아옵소서"(단3:16-18)

골리앗 장군과의 전쟁에 맞섰던 소년 다윗의 용기가 어디서 나왔습니까? "하나님의 이름으로 네게 나아가노라 오늘 여호와께서 너를 내 손에 넘기시리니"(삼상17:45-46).

이 젊은이들과 같이 담대한 믿음을 써먹음으로 승리하시기를 축원합니다. 그뿐입니까? 이들은 돈 앞에서도 비굴해지지 않았습니다.

요즈음 세대는 돈이면 다입니다. 그래서 그 돈을 사랑하고 그 돈 앞에 고개를 숙입니다. 돈이 되는 일이라면, 돈이 원하는 일이라면 그 앞에서 별 짓을 다 합니다. 그 황금 우상이 하라는 대로, 황금 우상 앞에 절하면서 복종하고 살아가는 세상입니다.

아무리 돈이 소중하고 장식이 필요해도 그것이 하나님을 섬기고 믿음 생활을 방해하는 것이 된다면, 우리 그리스도인은 그 앞에서 초연할 수 있어야 합니다. 중요한 것은 돈이나 장식이나 모든 것이 하나님을 섬기는 일보다 앞서서는 안 된다는 것입니다. 하나님이 원하시는 일이 아니기 때문입니다.

또한 담대한 믿음을 잘 써먹어 죽음 앞에서도 두려워하지 말고 승리하는 청년이 되고 성도가 되어야 합니다. 믿음으로 한 번 살아 보지 않겠습니까? 믿음의 실패자가 되지 말아야 합니다.

믿음을 써먹으면 됩니다. 문제, 고민 등을 주님 앞에 가져오면 만사가 해결될 줄 믿어야 합니다. 중풍병자도, 장님 바디매오도, 삭개오도 주님께 나와 구원을 받았습니다. 하나님 앞에서는 구원을 받을 줄 믿고 나와야 하고, 은혜받을 줄 믿고 예배를 드려야 합니다. 내 기도에 응답하실 줄 믿고 기도해야 합니다. 확신을 가져야 합니다. 믿음을 잘 써먹어야 합니다.

주님은 말씀하십니다. "믿는 자에게는 능치 못할 일이 없느니라." 믿음은 능력입니다. 믿음은 산을 옮기는 것입니다. 백 세에 아들을 얻는 것도, 여리고 성을 무너뜨리는 것도 믿음으로 성취한 것입니다. 하나님이 주시는 믿음에서 힘을 얻는 것입니다. 성령 충만하여 믿음을 잘 써먹으면 우리는 모든 일을 할 수 있습니다. 크고 놀라운 위대한 일을 할 수 있음을 믿으시기 바랍니다. 믿음이 병들면 믿음을 잘 써먹을 수 없습니다. 주님은 병든 믿음을 사용하지 않습니다. 당신은 건강한 믿음을 가지고 계십니까?

이젠 다르게, 다르게, 다르게

여호수아 14:6-15

세상을 살아가는 데에는 그 사람의 생각과 가치관이 무엇보다 중요합니다. 이것에 의해서 삶의 많은 부분들이 결정됩니다. 그러면 우리 그리스도인들은 무엇으로 삶의 방향을 결정합니까? 그리스도인에게는 개인의 가치관보다 상위에서 삶을 움직이게 하는 것이 있는데 그것이 곧 믿음입니다. 믿음은 개인의 행동뿐만 아니라 생각까지도 주장합니다.

어떤 그리스도인은 기업은 기업이고 믿음은 믿음이며, 또는 돈은 돈이고 믿음은 믿음이라는 생각을 가지고 있습니다. 하지만 이것은 분명히 잘못된 신앙입니다. 우리 그리스도인들은 무엇보다도 믿음의 본질은 그게 아니라는 사실을 알아야 합니다. 믿음이 있다고 하면서도 행동과 삶의 모습은 제각각이기 때문에 삶 속에서 믿음을 찾아볼 수 없는 것이 현대 그리스도인들의 현주소입니다. 나타나는 현상을 보고서 믿음도 여러 가지라고 하면 잘못된 생각입니다. 본질적인 문제는 잘못된 믿음에 있기 때문입니다.

분명히 성경은 믿음이 하나라고 말씀합니다. 성령도 하나요, 믿음도 하나라고 말씀합니다. 하나님께서 원하시는 믿음은 세상 앞에서도 흔들리지 않고 변하지 않는 믿음 하나뿐이라고 말씀합니다.

그런데 이 하나뿐인 믿음이 성도들 안에 들어가서는 제각각이 됩니다. 목사의 설교를 통해서 똑같이 전해진 말씀이 각자의 처해진 현실 속에 들어가서는 다른 믿음으로 나타나는가 하면 어떤 사람은 아예 믿음이라는 것을 발견할 수조차 없는 사람도 있습니다.

우리가 알아야 할 것은 아무리 봉사를 열심히 하고 기도를 열심히 한다고 해도 믿음이 성경적으로 바르게 되어 있지 않으면 그 열심이 불평, 불순종으로 돌아서는 것은 시간문제라는 것입니다. 그렇기 때문에 믿음은 성도에게 있어서 금보다 귀한 것입니다.

그래서 주님은 온전한 믿음을 원하십니다. 믿음만 바로 되어 있다면 그 기도는 응답받을 수 있습니다. 그러나 믿음이 바로 되어 있지 못하면 그 기도는 응답받을 수가 없습니다.

허브 밀러는 『하나님과 접속하기 *Connecting with God*』라는 책에서 아주 열심히 잘 믿는다는 성도들의 믿음이 실제로는 아주 형편없다는 것을 말하며 비판하고 있습니다. 그러나 언제나 자기 자신을 돌아볼 수 있는 사람은 가능성이 있고 희망이 있는 사람입니다.

믿음이란 무엇인가?

믿음이란 믿음의 주체이신 하나님을 인정하고 고백하고 순종하는 것입니다. 신학자 칼 바르트(Karl Barth)는 "하나님은 믿음의 대상이 아니라 주체이시다"라고 했습니다. 그렇습니다. 우리가 하나님을 믿어서 하나님이 계신 것이 아니라 하나님이 계시기에 우리가 믿는 것입니다. 이 믿음의 주체이신 하나님이 살아 계심을 내가 고백하고 그분께 순종하는 것이 믿음입니다. 그리고 전적으로 나의 삶을 위탁하고 살아가는 것이 믿음의 삶입니다.

그런데 불행하게도 기도는 하는데 믿지 않는 사람들이 있습니다. 말씀은 듣지만 믿지 않습니다. 선포는 하는데 믿지 않습니다. 오히려 세상 사람의 믿음이 좋다고 하는 말도 합니다. 그러므로 우리는 온전한 믿음을 가져야 합니다. 살아 있는 믿음을 가져야 합니다.

지금 이 땅에, 우리 사회에 분명한 메시지, 분명한 경고가 있음에도 불구하고 많은 사람들은 현실만 보고 안주하고 있습니다. 몇 해 전 미국에서는 허리케인 카트리나로 인해 엄청난 인명과 재산 피해가 난적이 있습니다. 여기에는 하나님의 섭리가 있을 것입니다. 보도에 따르면 이 일에 대한 경고와 함께 미리 대비할 수 있는 메시지가 있었으나 무시했다고 합니다. 소돔과 고모라 성도 망하기 전에 천사를 통한 경고와 메시지가 있었으나 무시하고 듣지 않았습니다. 노아 시대에도 경고와 메시지가 있었으나 무시하고 듣지 않다가 망했습니다.

특별히 지금은 영적인 부분에서 매우 어두운 가운데 있습니다. 하나님의 말씀이 있어도 듣지 못하고 믿지 못합니다. 경고뿐 아니라 은혜와 사랑, 축복에 대한 복된 말씀이 있어도 보지 못하고 듣지 못합니다.

이런 시대에서 우리는 어떠해야 합니까? 믿음이 있어야 합니다. 믿음은 생명을 안겨 주고, 불신은 심판을 안겨 준다는 진리를 잊지 말아야 합니다.

이젠 세상과 다르게 살아야 합니다. 이젠 세상과 다르게 보아야 합니다. 이젠 세상과 다르게 생각하여야 합니다. 다르게 살려면 말씀에 투신하여야 합니다. 이제는 말씀을 들어야 하고 말씀을 따라 나가야 합니다. 우리는 하나님의 말씀을 들어야 하고 하나님께서 우리를 이끄시고자 하는 곳을 향해 나아가야 합니다.

우리는 아브라함, 모세, 요셉, 여호수아, 갈렙, 기생 라합과 같이 미래를 향해 나아가야 합니다. 믿음의 조상들이 하나님의 음성을 듣고 그 인도하심을 받아 미지의 세계를 믿음의 눈으로 바라보고 나아갔듯이 우리는 하나님이 이끄시고자 하는 곳을 향하여, 하나님께서 세우시고자 하는 일과 그 곳을 향하여 나아가야 합니다.

민족이 살고 부흥하고 발전하기 위해서는 과거를 알고, 반성하는 것도 필요하지만 그보다는 미래를 향해 나갈 수 있어야 합니다. 미래를 향해 나갈 때 다르게 살 수 있습니다. 미래가 없는 민족과 나라는 망합니다. 비전이 없습니다. 미래를 위한 지도자가 우리에게 필요합니다.

우리는 쉽고 편하게 살기보다, 이익을 쫓아가기보다, 다수의 의견, 방법을 따라가기보다 지혜롭게 살아야 합니다. 곧 성경 중심, 하나님 중심적인 시각과 방법을 선택하고 따를 수 있어야 합니다.

하나님께서 말씀하십니다. "너희는 이 세대를 본받지 말고 오직 마음을 새롭게 함으로 변화를 받아 하나님의 선하시고 기뻐하시고 온전하신 뜻이 무엇인지 분별하도록 하라"(롬12:2). 이 세상을 본받을 것이 아니라 하나님의 뜻을 따르고 하나님의 방법을 따라가야 합니다. 본문에 나오는 갈렙을 통해서도 우리에게 같은 메시지가 전해지고 있습니다. 이젠 세상과 다르게 살고, 다르게 보고, 다르게 생각하라는 말씀을 하고 계십니다.

이스라엘 백성들이 가나안에 들어온 지 7년의 시간이 흘렀습니다. 그 동안 땅을 정복하기 위해 전쟁하였습니다. 12지파들이 땅을 배분받고 이제 정복 전쟁을 끝내려고 하는 때에 갈렙이 여호수아 앞에 서서 말합니다. "그 날에 여호와께서 말씀하신 이 산지를 지금 내게 주소서 당신도 그 날에 들으셨거니와 그 곳에는 아낙 사람이 있고 그 성읍들은 크고 견고할지라도 여호와께서 나와 함께 하시면 내가 여호와께서 말씀하신 대로 그들을 쫓아내리이다"(수14:12).

이 산지는 헤브론을 말합니다. 헤브론은 믿음의 조상 아브라함이 살던 곳입니다. 자신의 조상들이 묻혀 있는 곳입니다. 그리고 다윗 왕 때는 이스라엘의 성읍으로 중심지였습니다. 그러나 지금 갈렙이 달라고 하는 이 헤브론은 아낙 자손들이 거하는 성읍입니다. 아낙 자손은 네피림의 후손으로 골리앗과 같이 신장이 거대하고 힘이 센 족속들입니다. 그러니 정탐꾼들이 놀라 우리는 그들과 싸움의 대상이 못된다고 말하며 절망하기도 했던 것입니다.

그런데 사람만 큰 것이 아니었습니다. 그들의 성읍은 일반적인 성읍이 아니라 요새였습니다. 그 성을 정복하기 위해서는 산을 타고 올라가야 합니다. 성읍 자체도 요새와 같이 견고하고 그 성 안에는 아낙 족속들이 득실거리고 있습니다. 그런데 바로 이 헤브론 땅을 85세 된 노인 갈렙이 달라고 합니다. 이 땅을 정복하겠다는 것입니다.

보통의 경우 85세가 되면 아무 의욕이 없습니다. 편안히 지내야 할 나이입니다. 또 일을 해도 잘 되지 않습니다. 70세만 넘어도 어떻습니까? 전쟁을 하겠어요? 무슨 일을 그렇게 하겠어요? 생각해 보세요. 70세만 넘어도 신앙생활을 편하게 하려고 하지 않습니까?

그러나 갈렙을 보세요. 전혀 다릅니다. 마지막 전쟁까지 참여하여 이 산지를 달라고 합니다. 그리고 갈렙은 하나님께 약속을 받았습니다.

정탐꾼이 보고할 때 믿음으로 보고함으로 하나님께서 갈렙에게 약속하시고 복을 주셨습니다.

민수기 13장과 14장에 보면 갈렙은 열두 정탐꾼 가운데 한 사람이었습니다. 이스라엘 민족이 애굽을 떠나 바란 광야에 도착했을 때 모세는 12지파에서 각 족장 한 사람씩을 정탐꾼으로 세워 가나안 땅을 정탐하게 합니다. 이렇게 40일 동안 가나안 땅을 정탐한 후 요단강 건너편 가데스 바네아로 돌아와서 보고를 하는데 열 명의 정탐꾼은 가나안 땅에 대해 부정적으로 보고합니다. 그러나 여호수아와 갈렙은 그 땅은 하나님이 우리에게 주신 땅이기에 우리가 들어가면 얻으리라고 합니다. 특히 갈렙은 모세 앞에서 아주 자신 있게 말합니다. 대다수의 사람들은 부정적으로 보았고, 부정적인 보고를 들은 모든 백성들 또한 하나님을 원망하고 모세를 원망하고 불평합니다. 그러나 갈렙은 저들과 다르게 보았습니다. 다르게 생각했습니다. 그는 믿음의 보고를 했습니다. 이 믿음의 보고를 들으신 하나님께서 갈렙에게 약속을 하셨습니다. "그날에 모세가 맹세하여 이르되 네가 내 하나님 여호와께 충성하였은즉 네 발로 밟는 땅은 영원히 너와 네 자손의 기업이 되리라 하였나이다"(수14:9). 생명력이 꿈틀거리는 믿음으로 보고 들으며 순종하며 나아가야 합니다.

믿음이 있어야 합니다.

믿음을 가져야 합니다. 믿음이 필요합니다.

그런데 믿음은 습득해서 되는 것이 아닙니다. 외우거나 흉내 내서 되는 것이 아닙니다. 하나님께로부터 받고 그 안에서 내가 진리를 찾고 확신하는 가운데 갖는 생명력이어야 합니다.

갈렙은 바로 이 생명력이 꿈틀거리는 믿음을 가지고 하나님을 온전히 쫓았기 때문에 다르게 살 수 있었고, 다르게 볼 수 있었고, 다르게 생각할 수 있었습니다. 그리고 하나님께서 갈렙의 신앙을 그들과 다르게 보셨습니다. "그러나 내 종 갈렙은 그 마음이 그들과 달라서 나를 온전히 따랐은즉 그가 갔던 땅으로 내가 그를 인도하여 들이리니 그의 자손이 그 땅을 차지하리라"(민14:24). 그는 과거에 집착하거나 현실만을 보기보다는 젖과 꿀이 흐르는 땅을 보았습니다. 그는 이 세대를 본받지 않고 오직 하나님의 선하시고 기뻐하시는 뜻대로 살려고 작정한 사람이었습니다.

우리에게도 이러한 태도가 필요합니다. 과거와 현실을 보고 집착하기보다는 약속과 그 미래를 보는 사람, 다르게 보는 사람, 다르게 생각하는 사람이 되시기를 소원합니다.

그렇다고 갈렙이 현실에 충실하지 못한 사람이 아니었습니다. 현재에 맡겨진 사명에 충성을 다했습니다. 온힘을 다해 맡겨진 일에 충성을 다했습니다. 가나안 정복에 충성을 다했습니다. 정탐꾼으로도 충성을 다했습니다.

그러니 모세가 갈렙의 충성을 인정하고 그와 그 자손에게 기업의 축복을 약속했던 것입니다. 본문 9절에 보면 모세가 말하기를 "네가 내 하나님 여호와께 충성하였은즉"이라고 하였습니다. 그리고 하나님께서도 갈렙의 충성을 인정하시고 그와 그 자손에게 큰 복을 베풀어 주셨습니다. "내 종 갈렙은 그 마음이 그들과 달라서 나를 온전히 따랐은즉"(민14:24).

온전히 쫓았다는 것은 모든 희생과 헌신을 다하여 하나님의 뜻을 따랐다는 말씀입니다. 하나님의 말씀에 절대 순종하였다는 것입니다. 그는 현실에 맡겨진 사명에 충성을 다했습니다. 하나님의 마음을 시원하게 해 드린 사람입니다. 그러면서 세상 사람과 다르게 살고, 다르게 보고, 다르게 생각한 사람입니다.

어느 날 돼지가 젖소에게 화를 내며 말했습니다. "어째서 사람들은 당신들을 착한 것에 비유하며 칭찬하고 우리는 욕심쟁이에 비유하며 멸시하는지 화가 나서 못 견디겠소. 당신들은 우유와 버터를 주지만 우리도 햄과 베이컨을 주지 않습니까?"

그러자 젖소가 큰 눈을 끔뻑이면서 말했습니다. "글쎄, 잘은 모르겠지만 우린 살아 있는 동안 우유와 버터를 주는데 당신들은 죽고 난 후에야 햄과 베이컨을 주기 때문이 아닐까요? 당신들은 살아 있을 때 자신만을 위해 먹고 시끄럽게 더 달라고만 하면서 무엇 하나 주는 것은 없지 않습니까?"

살아 있을 때 자신의 소유를 이웃과 나누고 주님의 선한 사업에 이용하는 것이 세상에 유익을 주는 '젖소 인생'을 사는 방법입니다. 젖소 인생을 사는 사람은 현실에 충실합니다. 내일은 어쩌면 생명이 끝나는 날입니다. 씨앗은 생명을 가지고 땅에 묻혀 통째로 썩을 때에야 아름다운 꽃을 피우고 탐스러운 열매를 맺을 수 있습니다.

갈렙은 85세의 나이에 이르도록 이렇게 현실에 충실했고 맡겨진 사명에 충성하였으며 상황이 어려워도 하나님을 온전히 쫓았습니다. 그리고 85세 나이에 하나님의 약속을 믿고 "이 산지를 내게 주소서"라고 말합니다. 확실한 믿음을 가지고 도전을 합니다. 얼마나 멋진 신앙이요, 얼마나 멋진 믿음이요, 얼마나 멋진 인생입니까? 그는 현실에 충실하면서도 세상과 다르게 살고, 다르게 보고, 다르게 생각하였기에 사람의 변화에 민감하지 않았습니다. 아무리 현실이 어려워도 하나님의 약속을 믿고 미래를 바라보기에 요동하지 않고 변함없이 도전하면서 앞으로 앞으로 나아간 사람입니다. 이렇게 살아야 합니다.

사람들은 과거와 현실에 집착하고 상황에 따라 달라지지만 나는 그렇게 살지 않겠다, 나는 이 세상이 끝날 때까지 오직 하나님만을 바라보고 살겠다, 하나님의 약속을 믿고 하나님의 뜻에 따라 살겠다고, 이젠 다르게, 다르게, 다르게 살겠노라고 결단한 갈렙과 같은 신앙인이 되어야 합니다. "이젠 다르게, 다르게, 다르게 삽시다."

무조건 쉽고 편하게 신앙생활을 하려고 하는 것이 아니라 하나님을 위하여 조금 어려운 길, 어려운 방법도 선택할 수 있어야 합니다.

이젠 이렇게 살지 않으시렵니까? 이젠 다르게, 다르게, 다르게! 생명력이 꿈틀거리는 믿음을 가집시다.

이렇게 믿음으로 나아갈 때 하나님은 복에 복을 베풀어 주신다.

하나님은 갈렙에게 복을 주실 것을 약속하십니다. "내 종 갈렙은 그 마음이 그들과 달라서 나를 온전히 따랐은즉 그가 갔던 땅으로 내가 그를 인도하여 들이리니 그의 자손이 그 땅을 차지하리라"(민 14:24).

그리고 본문에서 그 약속이 이루어집니다. "여호수아가 여분네의 아들 갈렙을 위하여 축복하고 헤브론을 그에게 주어 기업을 삼게 하매 헤브론이 그니스 사람 여분네의 아들 갈렙의 기업이 되어 오늘까지 이르렀으니 이는 그가 이스라엘의 하나님 여호와를 온전히 좇았음이라"

(수14:13-14).

　　이러한 믿음은 특별한 사람들이 가지고, 특별한 사람들이 실천하는 것이 아닙니다. 우리 모두 할 수 있습니다. 하나님을 크게 보고 믿으십시오. 이젠 다르게, 다르게, 다르게 삽시다. 그리할 때 하나님은 당신에게 헤브론의 복을 주실 것입니다. 이 교회에 헤브론의 복을 주실 것입니다.

　　이젠 말씀에 투신하십시오. 기도에 투신하십시오. 충성에 투신하십시오. 약속에 투신하십시오. 순종에 투신하십시오. 아멘.

순종은 자신을 위한 것

누가복음 17:11-19

　제가 멕시코에 갔을 때 그곳 선교사로부터 의미 있는 이야기를 들었습니다. 멕시코에 있는 쿠이케택 인디언과 체르탈 인디언의 방언에는 '믿는다'라는 말과 '순종한다'라는 말이 따로 있지 않고 한 단어에 두 의미가 포함되어 있다는 것입니다.

　이 같은 사실을 안 초기 선교사들은 미개한 인종의 언어라서 언어의 분류가 이루어지지 않았기 때문이라고 생각했습니다. 그들의 언어가 불완전하여 그렇다고 여겼던 것입니다. 그러나 도리어 그들은 두 단어를 구별하려는 문명인들을 이상하게 여겼다는 것입니다. 사실 그들 언어의 불완전성은 문명인들에게 깊은 생각을 자아내게 합니다.

　그들은 이 두 말이 반드시 하나가 되어야 한다고 생각하였습니다. 그들은 "믿으면 순종하게 되지 않습니까? 순종한다는 것은 믿음을 나타내는 것이 아닙니까?"라고 반문한다는 것입니다. 그들의 생각은 옳습니다. 오히려 문명인들이 분리하지 말아야 할 것을 분리하고 있는 것입니다.

우리는 하나님께 순종하지 않으면서도 하나님을 믿는 뻔뻔스러운 존재, 즉 외식자로 우리 자신을 만들고 있습니다. 오히려 인디언들이 문명인들보다 진리에 더 접근해 있습니다. 적어도 그들은 문명인들이 빠져 있는 종교적 자가 분열증에는 걸려 있지 않습니다. 다시 말하면 그들은 문명인들처럼 하나님께 불순종하면서도 하나님을 믿고 있다는 분열신앙은 갖지 않은 것입니다.

기독교 신앙에서 가장 중요한 요소가 무엇인가?

여러 가지 대답이 나올 수 있겠지만 그 중에서도 믿음과 순종을 빼놓을 수 없습니다. 믿지 않으면 하나님의 말씀이 나와 상관이 없게 되고, 순종하지 않으면 그 말씀이 내 것이 되지 못하기 때문입니다.

예수님을 제외하고 복음서에서 가장 각광받은 사람은 아마도 주의 모친 마리아일 것입니다. 마리아는 각광받을 만한 믿음을 가진 여인입니다. 그런데 마리아와 달리 요셉은 그 행한 일에 비해 그다지 드러나지 않았습니다. 물론 요셉은 마리아와 정혼 관계에 있을 때 마리아가 잉태한 것을 알고 마리아와의 관계를 가만히 끊고자 하였습니다. 그 때 요셉은 꿈에 주의 사자가 전한 말을 듣게 됩니다. "다윗의 자손 요셉아 네 아내 마리아 데려오기를 무서워하지 말라 그에게 잉태된 자는 성령으로 된 것이라"(마1:20). 그러자 요셉은 잠에서 일어나서 주의 사자의 분부대로 행하여 그 아내를 데려왔다고 했습니다. 마리아는 천사의 방문을 받고 직접 대면하여 귀로 들은 상태에서 "말씀대로 내게 이루어지이다"(눅1:38)라고 순종하였지만, 요셉은 단지 꿈에서 들은 대로 순종한 것입니다.

어떻게 '성령으로 잉태되었다'는 말을 그렇게 쉽게 믿을 수 있습니까? 어떻게 꿈에서 들은 분부에 그렇게 즉각 순종할 수 있습니까? 그는 진정 순종의 사람이자 믿음의 사람입니다. 하나님께서 친히 주의 부친으로 선택한 이유가 있는 사람입니다. 그런 순종의 사람이기 때문에 하나님은 아기 예수와 관련된 모든 일들을 마리아가 아닌 요셉에게 분부하셨을 것입니다.

그 뿐만이 아닙니다. 헤롯이 아기를 찾아 죽이려 한다는 사실을 하나님께서 요셉에게 알려 주시고 아기와 그의 모친을 데리고 애굽으로 피하라고 말씀하셨을 때 그는 지체하지 않고 그 명령에 따랐습니다. 아기와 모친을 데리고 즉시 애굽으로 떠났기에 화를 면할 수도 있었던 것입니다. 순종이 이렇게도 귀한 것입니다. 마리아나 요셉이 이렇게 믿고 순종할 때 하나님의 뜻이 이루어졌고 그들은 주의 부모가 되었습니다.

우리는 또한 기독교 신앙의 핵심 요소라고 할 수 있는 믿음과 순종을 목자들에게서도 발견할 수 있습니다. 누가복음 2장 8절 이하에 보면 목자들이 밤에 밖에서 자기 양 떼를 지키는데 주의 사자가 나타나서 "오늘 다윗의 동네에 너희를 위하여 구주가 나셨으니 곧 그리스도 주시니라"(11절)고 전해 주었습니다. 천사들이 떠나 하늘로 올라가니 목자들이 서로 말합니다. "이제 베들레헴으로 가서 주께서 우리에게 알리신 바 이 이루어진 일을 보자"(15절). 그리고 그들은 즉시 마리아와 요셉과 구유에 누인 아기를 찾아갔습니다.

이들은 말씀에 순종하는 데 열정이 있었습니다. 누가복음 2장 16절에 보면 "빨리, 가서, 찾아"라고 했는데, 여기에서 그들의 순종의 열정을 엿볼 수 있습니다. 말씀에 순종하여 저들은 빨리 움직였습니다.

생각해 보세요. 아무리 급해도 그 중에 한 명은 남을 수도 있었을 것입니다. 하지만 그들은 자기의 양떼보다 주의 말씀대로 베들레헴에 빨리 가는 것을 더 중요하게 여겼습니다. 순종의 열정을 볼 수 있습니다.

요셉은 네 번이나 현몽한 주의 사자의 분부에 순종하였고 그로 인해 주의 모친과 아기 예수를 편하게 하였으니 그의 순종이 얼마나 귀한 것입니까? 마리아와 요셉의 신앙과 순종을 배워 신앙의 모범이 되는 일꾼, 제 2의 요셉, 마리아와 같은 일꾼이 되어야 합니다.

예수님은 이렇게 순종하고 열정 있는 자들을 제자로 삼으셨습니다. 베드로와 안드레는 예수님의 부르심을 받고 곧 그물을 버려두고 쫓았으며, 야고보와 요한 역시 그 아비를 삯군들과 함께 배에 두고 예수님의 말씀에 즉시 순종하고 따랐습니다.

이에 비해 부자 청년 관원은 "나를 따르라"는 주의 부르심을 받고도 돈을 버리지 못하여 근심하며 갔기 때문에 주의 제자가 되지 못했습니다. 결국 주의 사랑을 받는 것은 많은 것을 소유하거나 많은 것을 아는 것에 있지 않습니다. 주의 말씀을 믿고 즉시 순종하는 자가 주의 사랑과 복을 받는 것입니다. 당신에게도 이런 신앙의 자세와 믿음의 회복과 순종의 회복이 있기를 간절히 소원합니다.

인생에는 여러 장벽이 있습니다. 어느 때는 여리고성보다 더 강한 장벽이 우리를 가로막을 때가 있습니다. 하지만 그렇다고 해서 삶을 포기하겠습니까? 아니면 낙심과 절망 가운데 살겠습니까? 우리 힘으로는 그 장벽들을 무너뜨릴 수가 없지만 우리와 함께 하시는 하나님께는 능히 그 장벽을 무너뜨릴 능력이 있습니다. 그러므로 하나님의 말씀에 순종하는 것만이 문제의 장벽을 허물 수 있는 비결입니다.

하나님의 뜻과 말씀대로 순종해야 한다.

그런데 순종하는 데도 명심하실 일이 있습니다. 바로 하나님의 뜻과 말씀대로 순종해야 한다는 것입니다. 사무엘하 6장 1-11절에 보면 다윗이 하나님의 궤를 예루살렘으로 옮기려다 포기하고 오벧에돔의 집에 옮겨 놓는 장면이 나옵니다. 다윗은 하나님의 상징인 법궤를 모셔 오려고 최선을 다합니다. 이스라엘에서 뽑은 3만 명을 동원합니다. 새 수레를 만듭니다. 여러 가지 악기로 하나님을 찬양합니다. 그런데 수레를 끌던 소가 뛰어서 법궤가 떨어지려고 하자 웃사가 그 법궤를 붙잡습니다. 그러자 하나님이 그를 치시므로 웃사가 그 곳에서 죽습니다. 이 모습을 본 다윗은 너무 두려워서 법궤를 예루살렘으로 옮기지 않고 오벧에돔의 집으로 모시게 되는데 하나님은 놀랍게도 오벧에돔의 집에 복을 주십니다.

다윗이 하나님의 궤를 예루살렘으로 모시려고 했던 것은 정말 잘한 일이요, 정말 잘 생각한 일입니다. 그러나 모시는 과정에서 하나님의 뜻과 말씀대로 하지 않았습니다. 제사장들이 법궤를 메어야 하는데 수레에 실었다는 것입니다. 그 결과 웃사가 죽는 불행한 일이 생겼습니다. 자기 생각대로, 자기 마음대로 했기 때문입니다.

하나님을 모신 심령, 하나님을 모신 가정, 하나님을 모신 나라, 하나님을 모신 민족이 잘 살고 복을 받습니다. 이것은 우리가 경험하고 있는 것이며, 세계 역사가 증명하고 있는 사실입니다. 잘 사는 나라들을 보면 대부분이 하나님을 믿는 나라들입니다. 당신의 가정이 하나님을 모시는 가정이 되기를 바랍니다. 하나님을 모시는 직장, 사업장이 될 수 있기를 바랍니다. 하나님을 모시는 것이 진정 복입니다. 그런데 그 복이 더 좋은 복이 되기 위해서는 하나님의 말씀과 뜻대로 순종해야 합니다. 기왕 예수 믿을 바에야 믿음과 순종으로 하나님 아버지의 마음을 시원하게 해 드려야 합니다. 그래야 진정한 복을 받습니다. 그 모든 것이 다 자신을 위한 것임을 믿어야 합니다.

사무엘하 6장의 오벧에돔을 생각해 보세요. 법궤를 옮기다가 웃사가 죽었는데 보통 일입니까? 얼마나 두려웠겠으며 얼마나 떨렸겠습니까? 그런데 다윗 왕의 명령이 있었기에 거역할 수도 없었습니다. 그때 오벧에돔은 죽으면 죽으리라는 심정으로 법궤를 모시지 않았겠습니까? 그런데 놀라운 사실은 이렇게 순종한 일이 결국 자신을 위한 것이고, 가정을 위한 것이고, 자손을 위한 것이었다는 사실입니다. 하나님이 그의 온 집에 복을 주셨습니다. 내가 주님을 위해서 죽겠다는 희생 정신, 십자가를 지겠다는 순교의 정신이 있을 때 이 믿음, 이 순종이 우리의 복이 됨을 믿어야 합니다.

그런데 오늘날 우리에게는 이 자세가 없습니다. 너무 쉽게 예수를 믿으려고 합니다. 어려우면 그냥 쓰러지고 넘어지고 떠나가 버립니다. 그래서 복 있는 자의 삶을 살아가지 못합니다. 그러므로 저는 간절하게 부탁드립니다. 성령이 임하셔서 신앙도 회복하고, 믿음도 회복하고, 말씀도 회복하여 믿음과 순종의 삶을 사시길 바랍니다. 오벧에돔의 집과 같은 신앙으로 하나님으로부터 복 받는 사람이 되시기를 소원합니다.

본문은 예루살렘으로 향하시던 예수님이 사마리아와 갈릴리 사이로 지나가시다가 나병환자 열 명을 만나시는 것으로 시작합니다. 당시 한센병은 치료가 불가능한 천형(天刑)으로 여겨졌으며, 이 병에 걸린 사람은 사회에서 다른 사람들과 단절되었습니다. 그기에 이들은 13절에서 "소리를 높여 이르되 예수 선생님이여 우리를 불쌍히 여기소서"

라고 외쳤습니다. 이 말 속에는 하나님의 은혜로 자신들을 불쌍히 여겨 꼭 병을 고쳐달라는 애절한 마음이 들어 있었습니다.

그러나 예수님은 그들의 기대와 달리 그들의 병을 고쳐 주시고자 하는 적극적인 행동을 보이지 않으셨습니다. 14절에 "가서 제사장들에게 너희 몸을 보이라"고 말씀하셨을 뿐입니다. 이 말씀에 그들은 순종하였습니다. 내 생각이나 사람들의 말에 근거하여 판단하지 않고 주의 말씀에 그대로 순종한 것입니다. 그러자 놀라운 기적이 일어났습니다. 좋은 일이 일어났습니다. 말씀에 순종하여 제사장에게 가는 도중에 병이 치료된 것입니다. 이처럼 순종은 놀라운 기적을 낳습니다. 이처럼 순종은 자신을 위한 것임을 믿어야 합니다. 당신에게 순종의 삶이 있기를 소원하며 기도합니다.

사랑은 순종입니다. 사랑하면 그 사랑하는 사람의 말에 언제나 순종합니다. 무서워서 순종하는 것이 아닙니다. 사랑하기 때문입니다. 나를 향한 그 사랑을 믿기 때문입니다. 나에게 손해가 아닌 유익을 줄줄 알기 때문에 순종하는 것입니다.

어떤 분들은 하나님의 말씀을 지키는 것이 어렵다고 합니다. 왜 이런 계명들을 주어서 사람을 힘들게 하는지 모르겠다고 투정부립니다. 그러나 그것은 하나님에 대한 오해입니다. 하나님은 우리를 골탕 먹이는 분이 아닙니다. 하나님은 우리가 고통당하는 것을 결코 원하지 않으십니다. 하나님께서 우리에게 어떤 행동을 요구하시는 것은 그것이 우리에게 유익하기 때문입니다. 험한 세상에서 우리를 지키시려는 사랑 때문입니다. 우리에게 더 큰 은혜와 복을 주시려는 하나님의 마음을 안다면 결코 투덜대지 않고 순종할 것입니다. 불순종하는 사람이 되지 말아야 합니다.

십일조와 순종

하나님의 말씀에 순종한다고 하며, 하나님을 믿는다고 고백은 하지만, 십일조에 대한 하나님의 명령에 제대로 순종하는 분이 많지 않은 것이 사실입니다. 그러나 십일조에 대한 하나님의 명령은 정확합니다. 십일조는 드려도 되고, 형편에 따라 드리지 않아도 되는 것이 아닙니다. 또 두루뭉술하게 드려서도 안 됩니다.

"사람이 어찌 하나님의 것을 도둑질하겠느냐 그러나 너희는 나의 것을 도둑질하고도 말하기를 우리가 어떻게 주의 것을 도둑질하였나이까 하는도다 이는 곧 십일조와 봉헌물이라 너희 곧 온 나라가 나의 것을 도둑질하였으므로 너희가 저주를 받았느니라"(말3:8-9).

이 말씀을 듣는 성도 중에는 보통 두 가지 반응이 나타납니다. 하나는 하나님의 명령이기 때문에 반문의 여지없이 그냥 순종해야 한다는 반응이고, 심지어 어떤 사람은 십의 아홉이 아니라 십의 일만 드리라고 하신 하나님께 감사해야 한다는 반응을 보이기도 합니다.

그러나 또 다른 하나의 반응은 부담스럽다는 것입니다. 십일조를 드리면 드린 만큼 구멍이 생기는데 그 구멍을 어떻게 메울 수 있겠느냐는 반응입니다. 이 중에는 그래도 드리는 사람이 있고 끝까지 드리지 못하는 사람이 있습니다.

그러나 하나님은 분명히 말씀하십니다. 말라기 3장 10절과 12절 말씀입니다. "만군의 여호와가 이르노라 너희의 온전한 십일조를 창고에 들여 나의 집에 양식이 있게 하고 그것으로 나를 시험하여 내가 하늘 문을 열고 너희에게 복을 쌓을 곳이 없도록 붓지 아니하나 보라", "너희 땅이 아름다워지므로 모든 이방인들이 너희를 복되다 하리라 만군의 여호와의 말이니라." 십일조도 결코 어렵지 않습니다. 하나님 말씀에 순종하세요. 하나님의 말씀에 순종하는 것은 결국 자신을 위한 것임을 믿어야 합니다.

십일조만이 아닙니다. 내 것이라는 생각이 있으면 순종하기 힘든 말씀이 있습니다. 주일을 지켜라, 전도하라, 봉사하라, 구제하라, 사랑하되 네 이웃을 네 몸과 같이 사랑하라, 원수를 사랑하라, 절제하라, 하나님을 온전히 섬겨라, 부모를 공경하라, 간음하지 말라, 예배를 바로 드려라와 같은 하나님의 명령에 순종하기가 힘든 것이 사실입니다.

그러나 순종은 하나님을 하나님으로 인정하는 행위이며 고백입니다. 하나님의 말씀에 순종하는 것은 결국 우리 자신을 위한 것입니다. 순종은 우리 자신이, 내 가정이, 우리 자손이 복 받기 위한 것임을 믿어야 합니다.

사람들은 일반적으로 순종이라고 하면 대단한 부담감을 가집니다. 그러나 순종은 축복으로 가는 문일 뿐입니다. 또 믿음을 가진 사람에게 순종은 그리 어려운 일이 아닙니다. 성경을 가만히 살펴보면 하나님의 은혜와 축복은 순종을 통해서 이루어졌음을 알 수 있습니다. 이스라엘이 말씀에 순종하여 가나안으로 출발했기에 그들은 가나안을 얻을 수 있었습니다. "땅 끝까지 이르러 내 증인이 되라"는 주님의 말씀에 순종하므로 복음이 온 세계로 펴져 나갔습니다. 하나님 말씀의 성취와 약속의 성취는 순종을 통해서 이루어집니다.

우리가 잘 아는 아브라함에게도 순종의 훈련이 있었습니다. 아브라함의 절대 믿음은 절대 순종과 연결되어 있으며, 그런 그는 하나님의 약속된 복을 받았습니다. 순종은 자신을 위한 것입니다. 우리가 알아야 할 것은 순종은 축복의 도구라는 사실입니다. 하나님은 복을 주시고자 할 때 우리에게 순종을 요구하십니다. 순종의 훈련을 통해 아브라함처럼 축복의 주인공이 되어야 합니다.

하나님을 믿는다면 어떤 말씀이든 먼저 긍정적으로 생각해야 합니다. 그 말씀은 나에게 유익이 되게 하시려는 하나님의 사랑에서 나온 것임을 먼저 믿어야 합니다. 십일조가 되었든, 시간을 드리는 것이든, 내 것이 없어지는 것으로 끝나는 것이 아닙니다. 믿음으로 십일조를 드리는 이에게 복이 약속되어 있습니다. 순종은 자신을 위한 것입니다. 아멘.

믿음의 신비, 순종의 신비

누가복음 5:1-11

우리가 잘 아는 예화 가운데 믿음이 무엇인지에 대해 설명해 주는 이야기가 있습니다.

어떤 작은 마을에 극심한 가뭄이 들어 농작물이 말라 죽고 가축들도 죽어 갔습니다. 그로 인해 사람들 마음마저 황폐해 가고 있었습니다. 어느 날 오후 마을 주민들은 교회에 모여서 비가 오게 해 달라고 하나님께 기도하기로 했습니다. 그들이 계속 기도하는 동안 햇빛이 쨍쨍하던 하늘에 구름이 몰려오기 시작하더니 얼마 후에는 장대같은 비가 내리기 시작했습니다. 그러자 마을 사람들은 환호성을 지르며 기뻐했습니다. 그러나 집으로 돌아가려던 사람들은 우산이 없어서 모두들 교회 문 앞에서 머뭇거렸습니다. 그때 여덟 살쯤 된 한 소년이 함박웃음을 지으며 우산을 쳐들었습니다. 모든 주민들은 비가 오기를 기도했지만 비가 올 것을 믿고 우산을 준비한 사람은 그 소년 한 명뿐이었던 것입니다.

믿음이 무엇입니까? 진정한 믿음은 기도하면서 계획하고, 구하는 것을 준비하며 나아가는 것입니다. 참된 믿음은 행동과 실천이 따르는 것입니다.

믿음은 순종입니다.

베드로는 한 번의 그물을 던졌는데 그물이 찢어질 정도의 고기를 잡았습니다. 한 마디로 대박이 터진 것입니다. 얼마나 많은 고기가 잡혔던지 한 번 던진 그물에 두 척의 어선이 가득차서 배가 잠길 정도였습니다.

이 기적이 있기 전 베드로는 밤이 새도록 그물을 던졌습니다. 한 마리도 고기가 잡히지 않아도 날이 밝기까지 그물을 던진 것입니다. 성공할 때 열심히 하는 것보다 실패할 때 열심히 하는 것이 더 어렵습니다. 성공할 때보다 실패할 때의 열심은 어렵지만 진실합니다.

주님은 베드로의 이 진실된 열심, 마음을 보신 것입니다. 그리고 그의 빈 배를 가득 채워 주셨습니다. 주님은 이런 진실된 열정을 기뻐하십니다. 그런데 이 열정만 가지고서는 안 됩니다. 말씀에 순종이 따라야 합니다.

흔히 내가 하는 일에 있어서는 내가 전문가라고 생각합니다. 그리고 믿음이나 기도는 내가 하는 일을 돕는 조력자라고 생각합니다. 그러나 베드로를 통해 우리가 다시 한 번 깨달아야 할 것이 있습니다.

베드로는 어부 세계의 전문가입니다. 그러나 어느 때에는 그 예상이 빗나가고 큰 실패를 가져다 줄 때가 있습니다. 베드로뿐만 아니라 우리가 가진 전문성의 한계입니다.

하나님은 우리의 믿음이나 신앙에 관해서만 전문가가 아니십니다. 내가 하는 모든 일에 관해서도 전문가요 전능하십니다. 예수님은 그 일의 속까지 다 들여다보고 계십니다. 환경까지 주님 마음대로 주장하십니다. 우리는 안 되는데 주님은 되게 하십니다.

그러므로 우리는 예수님께 전문가의 자리를 내어 드려야 합니다. 자신을 의지하는 마음을 내려놓고 주님을 의지하고 주님을 기대해야 합니다. 주님을 사랑하여 가까이 하고 주님의 말씀을 듣고 순종하면 됩니다.

"시몬이 대답하여 이르되 선생님 우리들이 밤이 새도록 수고하였으되 잡은 것이 없지마는 말씀에 의지하여 내가 그물을 내리리이다"(눅 5:5).

베드로는 자신의 경험을 다 내려놓고 어부가 아닌 목수이신 예수님의 말씀에 순종합니다. 그리고 예수님의 그 말씀은 베드로를 후회시키지 않으셨습니다. 하나님의 말씀은 결코 우리를 실망시키지 않습니다. 점점 더 좋은 것으로 채워 주십니다.

잘 모르는 길을 운전해 갈 때는 내비게이션의 도움이 꼭 필요합니다. 때로는 잘 안다고 생각하는 길도 내비게이션의 안내를 따라갈 때 더 쉽고 빠르게 갈 수 있습니다. 하물며 사람의 모든 일을 주관하시는 전능하신 하나님의 말씀에 순종하면 어떻게 되겠습니까? 말할 것도 없습니다. 하나님의 말씀의 내비게이션을 따르세요. 따르면 그 종착지는 나의 최고의 인생이 될 것입니다. 믿음은 신비입니다.

"아브람이 여호와를 믿으니 여호와께서 이를 그의 의로 여기시고"(창15:6). 아브라함의 믿음에 대한 모든 것을 표현하고 있는 말씀입니다. 그것은 마음으로 믿고 입술로 고백할 뿐 아니라 그대로 될 것을 믿고 따르며 순종한 믿음이었습니다. 아브라함이 하나님께 처음 부름 받았을 때 그는 하나님께서 지시하신 그 땅이 어떠한 땅인지 전혀 알 수가 없었습니다.

그러나 그는 하나님께 순종합니다. "믿음으로 아브라함은 부르심을 받았을 때에 순종하여 장래의 유업으로 받을 땅에 나아갈새 갈 바를 알지 못하고 나아갔으며"(히11:8), 이것은 고백하는 차원의 믿음이 아닙니다. 하나님의 사랑을 믿고, 하나님의 인도를 믿고, 그 분이 복을 주신다는 사실을 믿고 행동으로 나아가는 믿음입니다.

쉽게 이해가 되는 일, 계산이 딱 맞아 떨어지는 일, 구체적으로 이득이 되고 이익이 눈에 보이는 것에 대해서는 순종하기 쉽습니다. 그러나 원리적으로 맞지 않는 것, 자기의 이성과 경험에 비추어 쏙 들어오지 않는 것에 대해서는 순종하기가 쉽지 않습니다. 그리고 자기에게 이득이 되지 않는 것에 대해서도 마찬가지입니다. 계산해 보아서 손실이 날 것 같으면 거부하고 거절합니다.

그러나 우리가 하나님을 온전히 믿는다면 순종할 수 있습니다. 아무리 이치에 맞지 않는다 할지라도, 비록 내게 손해가 되는 것 같고, 비록 고상하지 못하더라도 믿음이 있으면 현실의 유익을 포기할 수 있습니다.

노아는 믿음으로 아직 보지 못하는 일에 경고하심을 받아 하나님의 명령을 순종합니다. 믿음으로 하는 것입니다. 순종할 때 일이 되고, 순종할 때 역사가 일어납니다.

되는 공동체에는 순종의 질서가 있습니다. 이것이 다른 것입니다. 되는 집안, 되는 공동체는 서로 믿고 순종함이 있습니다. 비록 내 생각과 다른 것 같아도 기도하며 이끄는 사람들에게 순종하며 가는 것입니다.

하나님의 역사는 순종을 통해서 나타난다.

아브라함의 순종으로 이스라엘이라는 나라가 세워지게 되었습니다. 이스라엘이란 영적 차원에서 하나님의 구원의 상징입니다. 이스라엘은 선택과 축복의 상징입니다. 한 사람의 불순종이 모든 사람으로 죄인이 되게 하였습니다. 그러나 한 사람의 순종이 온 인류를 구원의 길로 인도하게 되었습니다.

"한 사람이 순종하지 아니함으로 많은 사람이 죄인 된 것 같이 한 사람이 순종하심으로 많은 사람이 의인이 되리라"(롬5:19). 예수님의 순종, 죽기까지 복종하심으로 우리는 구원의 은혜를 얻게 되었습니다. 세계가 생명과 희망을 얻게 되었습니다. 위대한 역사 뒤에는 이렇게 믿음의 순종이 있었습니다. 믿음의 순종은 하나님의 역사로 이어집니다. 이것이 바로 믿음의 신비입니다. 그러므로 오늘 당신의 믿음을 재발견하기를 바랍니다.

믿음의 신비는 영이 머무는 자에게 나타난다.

모세는 죽음을 코앞에 두고 가장 중요한 일을 마무리해야 했습니다. 그것은 이스라엘 민족을 이끌고 가나안을 점령할 후계자를 세우는 일이었습니다. 모세는 이 일을 위해서 하나님 앞에 기도하였습니다. 그때 하나님께서 모세에게 말씀하십니다. "여호와께서 모세에게 이르시되 눈의 아들 여호수아는 그 안에 영이 머무는 자니 너는 데려다가 그에게 안수하고"(민27:18).

하나님의 영이 머무는 자라야 하나님의 사명을 감당할 수 있고 쓰임 받는 그릇이 될 수 있습니다. 하나님의 영이 머무는 자라야 믿음의 신비를 체험할 수 있습니다. 저는 간절히 소원합니다. 우리 모두에게 하나님의 영이 머무는 역사가 있어야 합니다.

믿음의 신비는 기도의 응답으로 나타난다.

병원에서 약을 처방 받으면 믿고 먹는 사람은 많아도 약을 알고 먹는 사람이 얼마나 되겠습니까? 음식도 믿고 먹지 일일이 다 실험해 보고 먹는 사람이 얼마나 되겠습니까? 진실하고 존경할 만한 분들이 열심히 권해서 해 보면 그대로 되는 것이 많습니다.

예수 믿는 것도 그렇습니다. 수천 년 동안 너무도 존경스럽고 진실한 분들이 믿음의 신비를 체험하고 죽으면서까지 예수를 전해 왔습니다. 믿음의 신비를 보여 주었습니다.

그리스도인에게서 믿음의 기도는 응답받는 비결이면서 동시에 그리스도인다움을 나타내는 증표와도 같습니다. 믿음의 기도로 하나님의 능력이 나타나기 때문입니다. 믿음의 신비를 체험하게 됩니다.

믿음의 기도는 하나님을 기도의 중심으로 삼는 기도입니다. 그러할 때 믿음의 신비를 체험할 수 있습니다. 그리스도인의 삶의 목적은 창조주이신 하나님을 기억하고 하나님의 하신 일을 찬양하며 하나님을 높여 드리는 것입니다. 그러므로 하나님을 높여 드리는 기도가 성숙한 기도요 믿음의 기도입니다.

건강을 위해 기도한다면, 건강을 가지고 전도하고 봉사하며 헌신해서 하나님께 영광을 돌릴 것에 대한 목적을 가져야 합니다. 재물을 달라고 기도한다면, 재물을 가지고 주의 교회를 섬기고 가난한 자들을 돌아보며 선한 사업을 열심히 하겠다는 목적을 가져야 합니다.

지혜를 달라는 기도나 명예를 달라는 기도나 모든 기도의 중점이 하나님이 되도록, 그 기도의 응답을 통해 하나님께서 영광을 받으실 수 있도록 기도해야 합니다.

히스기야 왕의 기도를 들어 보세요. "그룹 사이에 계신 이스라엘 하나님 만군의 여호와여 주는 천하 만국에 유일하신 하나님이시라 주께서 천지를 만드셨나이다"(사37:16).

여기 그룹 사이에 계시다는 말은 하나님께서 기도하는 자들의 소리를 들으시는 하나님이시라는 뜻입니다. 하나님은 기도 소리를 들을 수 없는 세상의 헛된 신이 아닙니다. 하나님은 그들의 마음을 이해하며, 형편을 아시는 하나님이십니다. 아실뿐만 아니라 천지를 만드시고 말씀으로 만물을 만드신 분이시므로 능히 그들의 간구에 응답하실 수 있는 능력 있는 하나님이십니다.

히스기야는 이렇게 기도하였습니다. "여호와여 귀를 기울여 들으시옵소서 여호와여 눈을 뜨고 보시옵소서 산헤립이 사람을 보내어 살아 계시는 하나님을 훼방한 모든 말을 들으시옵소서"(사37:17).

이 기도처럼 참으로 하나님은 "살아 계시는 하나님"이십니다. 죽은 자의 하나님도 아니고 죽은 자처럼 응답하지 못하는 하나님이 아닙니다.

기도는 분명히 살아 계신 하나님을 향해야만 합니다. 기도를 일종의 명상이나 마인드 컨트롤로 이해하지 말아야 합니다. 기도는 단순히 마음의 평정을 찾기 위한 도구일 수 없습니다. 기도는 단순히 감추어진 인간의 능력을 발휘하게 하는 도구도 될 수 없습니다. 기도는 마음을 후련하게 해 주는 역할로 끝날 수 없습니다. 이것은 기도가 아닙니다. 왜냐하면 그러한 기도의 대상은 하나님이 아닌 자기 자신이기 때문입니다. 이러한 기도는 믿음의 기도가 아니요, 믿음의 신비를 맛볼 수 없는 기도입니다.

믿음의 기도라는 것이 무엇입니까? 단순한 관념이나 생각 속에 하나님을 가두어 놓지 않고 실제 생활 속에서 간섭하시고 도우시는 것을 기대하고 확신하는 것입니다. 지금도 살아 계셔서 이전처럼 역사하시는 분으로 믿고 실제 삶 가운데 일하실 것을 기대하는 것이 믿음의 기도입니다.

오늘날 그리스도인들이 힘을 잃고 그리스도인답지 못하게 되는 것은 믿음의 기도를 드리지 못하기 때문이요, 믿음의 신비를 체험하지 못하기 때문입니다. 문제를 혼자 해결하려고 하지 마세요. 실제적이고 사소한 일이라도 하나님께 말씀을 드리세요. 하나님께서 작은 일로부터 큰일에 이르기까지 당신의 기도를 들으시고 응답하신다는 것을 꼭 믿어야 합니다.

믿음의 신비는 기적을 보게 한다.

본문 5절에 "우리들이 밤이 새도록 수고하였으되 잡은 것이 없지마는 말씀에 의지하여 내가 그물을 내리리이다"라고 하였고, 6절에 "그렇게 하니 고기를 잡은 것이 심히 많아 그물이 찢어지는지라", 7절에 "다른 배에 있는 동무들에게 손짓하여 와서 도와 달라 하니 그들이 와서 두 배에 채우매 잠기게 되었더라", 9절에 "모든 사람이 고기 잡힌 것으로 말미암아 놀라고", 10절에 "동업자인 야고보와 요한도 놀랐다"고 하였습니다. 이것이 믿음의 신비요 기적입니다.

이스라엘 백성들이 출애굽하여 가나안 땅을 향해 가는 중에 홍해를 만나게 되었습니다. 뒤에는 애굽의 병거들과 마병과 군대, 바로의 말들이 쳐들어옵니다. 이스라엘 백성들은 꼼짝없이 죽게 되었다고 아우성치는데 하나님께서 모세에게 명령하십니다. "지팡이를 들고 손을 바다 위로 내밀어 그것이 갈라지게 하라"(출14:16).

백성들은 아우성치고 있지만 모세는 하나님의 말씀을 믿고 말씀대로 했습니다. "모세가 바다 위로 손을 내밀매 여호와께서 큰 동풍이 밤새도록 바닷물을 물러가게 하시니 물이 갈라져 바다가 마른 땅이 된지라"(출14:21).

이 말이 이해가 되십니까? 믿어지기는 합니까? 이성으로는 믿어지지 않는, 믿기 어려운 말씀입니다. 그런데 믿음이 있는 사람은 이 말이 믿어지고 이해가 됩니다. 그게 믿음의 신비입니다.

여호수아 6장 12-21절에 보면 여리고 성이 무너지는 장면이 나옵니다. 이 여리고성은 그 당시 인간의 힘으로는 무너뜨릴 수 없는 성이었습니다. 이런 여리고성을 무너뜨리는 방법을 하나님께서 가르쳐 주시는데 들어 보세요. 법궤를 앞세우고 제사장이 나팔을 불며 그 성을 하루에 한 번 돌고, 마지막 일곱째 날에는 그 성을 일곱 번 돌고 소리를 지르면 그 성이 무너진다는 것입니다.

이 말씀이 믿어집니까? 이성으로는 믿어지지 않습니다. 그런데 믿음이 있는 사람은 믿어집니다. 그게 믿음의 신비입니다.

하나님의 말씀대로 했더니 성이 안으로 무너지면서 이스라엘 백성은 조금도 다치지 않고 성을 점령하게 되었습니다. "이에 백성은 외치고 제사장들은 나팔을 불매 백성이 나팔 소리를 들을 때에 크게 소리질러 외치니 성벽이 무너져 내린지라"(수6:20). 여리고 성 사람들은 안전하다고 생각했는데 성이 무너졌습니다.

믿음의 신비는 담대함을 줍니다. 믿음이 없는 사람은 불안하고 초조한 인생을 살 수밖에 없지만 믿음이 있는 사람은 용기 있고 확신 있는 인생을 살 수 있습니다. 이것이 믿음의 신비입니다.

믿음의 신비는 소망을 이루게 합니다. 성경을 보세요. 믿음의 사람은 다 소망의 사람이었습니다. 심지어 고난 가운데서도 소망을 잃지 않습니다. 아브라함, 다윗, 모세, 요셉, 다니엘, 바울 등은 믿음을 통해 소망을 가졌습니다. 믿음의 신비는 소망을 가질 수 없는 상황 가운데서도 소망을 가지게 합니다. 믿음의 신비는 항상 긍정적인 사고와 긍정적인 모습, 긍정적인 삶의 태도로 연결됩니다. 지칠 줄 모르는 믿음이 있을 때 믿음의 신비를 체험할 수 있습니다.

우리 모두 이런 믿음을 가져야 합니다. 주님을 믿으세요. 확실히 믿으세요. 의심하지 마세요. 그러면 믿음의 신비를 체험하게 될 것입니다. 믿음 가운데 하나님께서 주시는 담대함과 기적과 소망을 가지고 늘 승리하시기를 축복합니다. 아멘.

4장 한 생명을 위하여

용기 있는 소녀(왕하 5:1-14)
예수님을 줄 수 있는 사람이 되자(마 28:19-20)
부자 되는 장사(행 26:24-29)
전도의 신비(딤후 4:2)
한 생명을 위하여(행 8:26-40)

용기 있는 소녀

열왕기하 5:1-14

세계적으로 유명한 로마 제국은 정치, 경제, 사회, 교육, 군사적으로 막강한 나라였습니다. 세계를 제패하고 누구도 넘볼 수 없는 대단한 힘을 가지고서 다스렸던 것입니다. 그 나라를 감히 누구든지 건드릴 수가 없었습니다. '모든 길은 로마로 통한다'고 할 정도로 로마는 전 세계적으로 영향을 끼쳤습니다.

그런데 이 로마를 향해서 선전 포고를 한 사람이 있었습니다. 바로 바울입니다. 그는 키도 작았고 코는 매부리코요, 눈에서는 안질로 인해 눈물이 계속 흘렀던 초라한 사람인데다가 유대인들에게는 쫓기고, 로마인들에게는 무시당하였으며, 별 볼일 없는 사람으로 여겨지는 사람이었습니다. 그런데 이러한 바울이 예수의 복음으로 로마에 선전 포고를 합니다. 이런 힘, 이런 용기가 어디서 나왔겠습니까? 그것은 영적인 힘이었습니다.

영적인 힘이 무엇입니까? 이 능력이 무엇이기에 당시에 세계 최고의 힘을 자랑하고 있는 로마를 향해서 대항할 수 있겠습니까? 그것은 바로 복음의 능력입니다. 복음이라는 기쁜 소식입니다. 그 능력 앞에 어떠한 세력도 물러날 것이고 승리의 삶을 살아가게 될 것입니다. 그러기에 우리는 복음을 알고, 복음을 소유해야 하고, 복음 안에서 살아가는 축복이 있어야 합니다.

복음은 예수 그리스도의 오심에서부터 부활과 승천을 다 포함하고 있습니다. 거기에는 예수님의 고난당하심과 하나님 아들로서의 영광이 있는데 고난 속에는 죽으심이, 영광에는 부활이 포함되어 있습니다. 이것이 복음이요 기독교의 핵심입니다.

또한 예수님은 우리에게 오셔서 만져 주시고 치료하시고 해결해 주시고 위로해 주시고 구원해 주시기를 아주 간절하게 원하십니다. 예수님을 만난 사람은 모두 고침 받았고 해결 받았고 위로 받았고 구원받고 영생을 얻었습니다. 그리고 축복도 받습니다. 이 예수님 자체가 복음입니다. 이 복음은 엄청난 능력을 가지고 있습니다.

어둡고 험한 이 시대에 우리가 주님께서 맡겨 주신 사명을 감당하기 위해서는 이렇게 큰 능력의 복음, 이 기쁜 소식의 전파를 항상 내일로 미루는 소극적이고 부정적인 생각을 가져서는 안 됩니다. 이 복음의 능력을 바탕으로 용기 있게 복음을 전하는 행동하는 믿음이 우리에게 필요합니다.

우리는 이 복음을 나눌 의무가 있습니다. 좋은 소식을 비밀로 간직한다면 전혀 바람직하지 못할 것입니다. 만약 어느 의학자가 암의 치유 방법을 발견했다면 우리는 그 방법이 온 세상에 알려지기를 원할 것입니다.

시리아의 왕이 사마리아의 성을 포위했을 때 성내에는 식량 보급이 차단되었습니다. 그 때 네 사람의 한센병 환자가 앉아서 굶어 죽는 것보다 시리아 인의 손에 죽는 것이 낫다고 생각하여 적군에게 항복하러 나갔습니다. 그러나 적진에 도착했을 때 성중에 남아 있는 사람이 아무도 없었습니다. 적군이 밤중에 모두 도망간 것이었습니다. 식량이 사방에 흩어져 있었습니다. 이 네 사람은 마음껏 포식했지만 이 기쁜 소식을 다른 사람들에게 알리고 싶지 않은 유혹을 느꼈습니다. 그러나 굶주리고 있는 사마리아 백성들이 생각나서 서로 "우리의 행위가 옳지 못하도다"라고 말했습니다. 그래서 그들은 이 좋은 소식을 다른 사람들에게 바로 전했습니다.

궁극적으로 복음을 전하는 것은 바로 이와 같은 것입니다. 우리는 예수 그리스도께서 주시는 구원을 발견했습니다. 이 진리를 우리 혼자만 알고 있는 것은 기본적인 인격이 깨어졌다는 징후입니다. 만약 우리가 죄책감을 치유하는 방법을 알았을 때나 생명의 양식을 발견하였다면 우리는 이를 다른 사람과 나눌 의무가 있습니다.

본문에서 우리는 용기 있는 소녀의 복음의 나눔을 보게 됩니다. 이 이름 없는 소녀는 원래 이스라엘 사람이었지만 전쟁 중에 포로로 잡혀 와서 아람 나라의 군대 장관 나아만의 집에서 장군 부인을 섬기는 일을 하였습니다.

이 소녀가 살고 있는 가정의 주인인 나아만은 아람 왕의 군대 장관이며 주인 앞에서 크고 존귀한 자였고 큰 용사였습니다. 겉으로 볼 때는 어느 것 하나 부족한 것이 없는 사람이었지만 그 가정에도 남이 알지 못하는 약점과 근심거리가 있었습니다. 나아만이 한센병에 걸렸다는 것입니다. 근심과 걱정에 휩싸여 있었습니다. 이 때 한 소녀의 용기 있는 행동이 한센병에 걸린 나아만을 살리고, 근심에 쌓인 그 가정을 살리고, 자기 자신을 살릴 수 있었습니다.

왜 이 소녀를 용기 있다고 할 수 있습니까? 나아만과 이 소녀 사이에는 엄청난 차이가 있었습니다. 주인과 종의 차이였습니다. 소녀는 감히 주인의 일에 간섭할 수 없는 위치에 있었습니다. 또 원수지간입니다. 원수가 망하면 속으로 박수를 치며 고소해 할 수 있는 관계였습니다. 그럼에도 불구하고 소녀는 엘리사 선지자를 만나기만 하면 해결될 것이라고 믿고 자신의 생각을 나아만 장군에게 밝히는 용기를 보여 주었습니다.

그러면 무엇이 이 소녀로 하여금 용기를 갖게 한 것일까요?

능력의 복음에 대한 확신이다.

이 소녀에게는 복음이 있었습니다. 본문 3절에 이렇게 기록되어 있습니다. "그의 여주인에게 이르되 우리 주인이 사마리아에 계신 선지자 앞에 계셨으면 좋겠나이다 그가 그 나병을 고치리이다 하는지라." 이 소녀는 엘리사 선지자를 통하여 역사 하시는 하나님의 능력을 확신하고 있었습니다. 엘리사 선지자에게 가면 한센병도 나을 수 있다는 복음, 바로 이 복음을 알았고 가지고 있었기에 자기 주인이요 원수지간이지만 용기 있게 나아만에게 권고할 수 있었던 것입니다.

복음에 대한 확신이 없으면 전할 수 없습니다. 이 소녀는 "그가 그 나병을 고치리이다"라고 확신을 가지고 이야기합니다. 기쁜 소식이요 바로 복음입니다. "내가 복음을 부끄러워하지 아니하노니 이 복음은 모든 믿는 자에게 구원을 주시는 하나님의 능력이 됨이라"(롬1:16).

모든 믿는 자에게 구원을 주시는 하나님의 능력이 되는 복음을 우리는 이미 갖고 있지 않습니까? 이 복음은 누구든지 구원할 수 있습니다. 예수님을 만나고 영접하고 믿으면 치료받고, 해결 받고, 위로받고, 구원받고, 축복받게 됨을 믿으시기 바랍니다. 강도, 창녀, 술주정뱅이, 탕자, 도둑, 현장에서 간음하다가 잡힌 여인 등 세상에서 외면당하고 희망 없는 사람이라고 할지라도 이 복음은 누구든지 구원할 수 있습니다.

이 복음 외에는 다른 구원의 길이 없습니다. 그리고 "누구든지 주의 이름을 부르는 자는 구원을 얻을 수 있습니다." 그러므로 이 소녀와 같이 복음의 능력을 믿고 계신다면 담대히 전해야 합니다. 사람을 살리는 이 복음을 알고 있으면서도 전하지 않는다면 화가 미친다고 하였습니다.

그러기에 사도 바울은 "내가 복음을 전할지라도 자랑할 것이 없음은 내가 부득불 할 일임이라 만일 복음을 전하지 아니하면 내게 화가 있을 것이로다"(고전 9:16)라고 말했습니다.

죽어 가는 사람이 있습니다. 그 사람을 살릴 수 있는 방법이 있습니다. 그런데 내가 게으르거나 사랑하는 마음이 없어서 그 방법을 알려 주지 않아 그가 죽었다고 하면 그 책임이 없다고 하겠습니까?

나아만은 나병을 고치기 위해서 얼마나 많은 노력을 했겠습니까? 여기 저기 용하다는 의사, 좋다는 약을 다 써 보지 않았겠습니까? 그러나 결국 그는 고침받지 못하였습니다. 점점 좌절과 실망이 깊어 갈 때, 소망이 없어져 갈 때 하나님의 종인 엘리사를 통해서 고침받았습니다. 하나님을 통해서 구원받았습니다. 예수님 만나면 구원받습니다.

그런데 예배당에 나와 예배드리면서도 예수님을 만나지 못한 성도도 있을 수 있습니다. 믿으면서도 너무나 형식적입니다. 복음의 능력을 믿지 않기 때문입니다. 체험이 없기 때문입니다. 혹시 체험이 있어도 쉽게 잊어 버렸기 때문입니다.

이 십자가의 복음은 모든 대적을 무력화시킵니다. 의심을 깨는 능력이 있습니다. 죄를 깨는 능력이 있습니다. 불순종을 깨는 능력이 있습니다. 무력감을 깨는 능력이 있습니다.

능력이라는 말은 다이너마이트와 같이 폭발력이 있다는 것입니다. 그래서 복음은 대단한 파괴력을 가지고 있습니다. 히로시마에 떨어졌던 폭탄보다 강합니다. 허리케인보다 강합니다. 이 복음의 능력은 살리는 능력입니다. 생명을 주는 능력입니다.

인간은 스스로 변화될 수 없습니다. 그러나 복음만은 그 일을 할 수 있습니다. 오직 복음만이 사람을 구원합니다. 복음만이 사람을 변화시킵니다. 성경을 계속 읽어 보세요. 변화됩니다. 나의 높은 산이 깎이고 변화됩니다. 복음만이 능력을 줍니다. 복음은 누구나 다 살릴 수 있습니다. 아무리 강퍅하고, 아무리 완고한 죄인이라도 변화시킵니다. 그래서 십자가의 복음을 나눌 수 있고 전할 수 있고 자랑할 수 있는 것입니다.

혹시 우리의 삶이 힘이 없고 축 처진 가운데 있다면 내 속에 복음의 능력이 있는가, 내가 복음의 능력을 믿는가, 어느 정도 믿는가를 점검해 보아야 합니다. 이 소녀와 같이 분명히 믿어야 합니다. 이 복음의 능력은 나뿐만 아니라 믿는 모든 자에게 임하는 하나님의 능력임을 믿어야 합니다.

우리도 이 소녀와 같이 행동하는 용기가 있어야 한다.

복음을 전하는 것은 생각만 해서는 안 됩니다. 마음만 가져도 안 됩니다. 영혼 추수 대상자들에게 다가가서 복음을 전하고 그들을 교회로 인도하는 행동하는 용기가 있어야 합니다. "교회 갑시다", "예수 믿으세요"라고 권고하고 권면하는 용기가 필요합니다. 용기 있는 행동이 있을 때 천하보다도 귀한 영혼을 살릴 수 있고, 가정을 구원할 수 있습니다. 용기 있는 행동이 있을 때 하나님이 기뻐하시는 교회가 될 수 있고, 하나님의 귀한 뜻을 이루어 드릴 수 있습니다. 항상 결심만 하는 성도가 되어서는 안 됩니다.

본문에 나오는 소녀와 주인 나아만 장군 사이에는 감히 말도 할 수 없는 주인과 종의 차이가 있었습니다. 포로로 잡혀 온 소녀입니다. 그럼에도 불구하고 입을 열었습니다. 행동했습니다. 용기를 가졌습니다. 그 결과 구원하였습니다. 그러므로 예수를 구주로 확실히 믿는 우리들도 이제 영혼 추수 운동에 모두 참가하여 한 영혼씩 추수합시다. 항상 결심만 하는 바보가 되지 말아야 합니다.

미네소타대학교의 한 청소부는 독실한 그리스도인으로서 자기의 아들인 밥이 그리스도를 믿게 되기를 간절히 소원했습니다. 밥은 자기 아버지가 "예수님을 네 구주로 영접하거라"고 하며 사랑으로 간구하신 것을 마음속에 담아 두고 있었습니다.

고등교육을 받은 공학 기사인 밥은 아버지의 간청에 마음이 움직여 왜 자기가 예수님을 믿어야 되는지 몇 가지 이유를 말씀해 보라고 아버지께 요청했습니다. 그러나 아버지는 교육을 받지 못했기 때문에 고등교육을 받은 아들을 설득시킬 만한 이론을 댈 수가 없었습니다. 아버지는 눈물을 흘리며 단지 이렇게 말할 뿐이었습니다.

"내가 아는 것은 다만 하나님께서 그가 누구시라고 말씀하신 그 분이라는 것이다. 내가 너를 사랑하기 때문에 너도 역시 그 분을 알기를 바라는 것이란다." 아버지의 간단한 말에 아들은 예수 그리스도를 영접하게 되었습니다.

우리가 복음을 전하면 그 복음 때문에 죽어 가는 영혼이 구원받습니다. 그가 구원받음으로 가정이 구원받습니다. 그러나 무엇보다도 복음을 전하면 내 자신이 축복 받음을 믿어야 합니다.

하나님은 복음을 위하여 헌신하는 자들을 그냥 내버려 두지 않으십니다. 내가 주님의 일을 하면 주님은 내 일을 하십니다. "여호와를 기뻐하라 그가 네 마음의 소원을 네게 이루어 주시리로다"(시37:4). 하나님은 약속을 변함없이 이루어 주시는 분이십니다.

하나님은 복음을 위하여 헌신하는 가정에 복을 주십니다. 그 자녀들에게 복을 주십니다. 그의 일터에 복을 주십니다. 그에게 건강의 복을 주십니다. 영적으로, 육적으로, 물질적으로 복을 주시되 풍성하게 주십니다. 그러니 얼마나 기쁨이 넘치고 가슴이 뿌듯하겠습니까?

또 전도 받아 구원받은 자가 이다음에 천국에 가서 하나님께 '내가 누구 때문에 이렇게 천국에 왔습니다'라고 하면 얼마나 좋겠습니까? 주님도 생명의 면류관, 영광의 면류관을 주실 것입니다.

이 용기 있는 소녀에게 주인인 군대 장관 나아만이 가만히 있었겠어요? 많은 선물을 주고 그의 가족 식구들을 데려다가 행복하게 살게 하지 않았겠어요? 용기 있는 이 소녀의 복음 전파는 결국 자신을 살렸고 가족을 살렸습니다.

복음 전하는 자들을 통하여 하나님은 영광 받으시고 하나님의 나라는 크게 확장되고 하나님의 이름이 이 땅에서 거룩히 여김을 받게 됨을 믿어야 합니다.

당신이 유명한 선교사가 되지 않아도 좋습니다. 일 년에 몇백 명, 몇십 명씩 전도하는 유명한 전도자가 되지 못해도 좋습니다. 이름 없이 묵묵히 있는 그 곳에서 용기 있게 이 소녀처럼 능력의 복음을 전해야 합니다. 특히 부흥을 위해 온 교회가 뜨겁게 기도하는 이 때에 당신도 마음을 정하고 복음에 대한 확신을 갖고 복음을 전해야 합니다. 용기 있는 소녀를 통하여 역사 하신 하나님께서 당신도 귀하게 사용하실 것입니다.

당신을 통해 주위의 많은 분들이 예수님을 믿게 되길 바랍니다. 예수님이 영혼 추수 대상자에게 가셔서 구원의 복을 주시는 거룩한 통로로 우리 모두 쓰임받기를 바랍니다.

복음은 분명히 어둡고 어지러운 세상을 뒤집어엎고도 남을 엄청난 능력입니다. 이 복음의 능력이 우리를 변화시켰고 또 이 세상을 변화시킬 것입니다. 이 능력의 복음이 당신을 통하여 세상에 나타날 수 있기를 바라며 오늘 용기 있는 소녀와 같이 복음을 전하여 복 받기를 바랍니다. 아멘 .

예수님을 줄 수 있는 사람이 되자

마태복음 28:19-20

배들이 많이 지나다니는 곳이지만 암초가 많아서 위험하기 때문에 늘 불을 밝혀야 하는 등대가 있습니다. 하나님을 믿는 사람들은 세상의 빛입니다. 어두운 밤에 혹은 짙은 안개가 끼어서 앞길을 분간하기 어려울 때에 배들이 위험한 암초에 부딪치지 않도록 비춰 주는 등대 빛이 되어야 합니다. 아무 것도 보이지 않는 밤에 빛을 발하여 보이지 않는 것을 보게 해 주는, 세상을 밝혀 주는 조명등이 되어야 합니다.

주님은 우리에게 영광스런 사명을 주셨습니다. 나라를 위해서 큰일을 한 사람들을 "민족의 등불"이라고 부릅니다. 인류의 평화와 번영을 가져온 사람들을 "인류의 등불"이라고 부릅니다. 그런데 예수님은 우리 같이 하찮은 사람들에게 "너희는 세상의 빛"이라고 하셨습니다.

기독교인이 된다는 것은 비범하고 영광스런 일입니다. 세상의 빛이 되는 것입니다. 기독교인들은 영광스런 사명을 받은 사람들입니다. 어디서 무엇을 하든지 세상을 비추는 빛이 되어야 합니다. "너희가 전에는 어둠이더니 이제는 주 안에서 빛이라 빛의 자녀들처럼 행하라"(엡

5:8).

왜 모든 그리스도인들이 한 사람도 빠짐없이 세상을 비추는 빛이 되어야 합니까? 이 세상이 너무도 어두운 가운데 있기 때문입니다. 지금 이 세상은 암흑 상태에 있습니다. 사람들은 지식으로, 과학으로, 기술로 어두운 세상을 밝혀 보려고 노력하고 있습니다. 그러나 세상의 어두움은 점점 더 깊어만 갑니다. 조금만 어려운 일을 당해도 희망을 보지 못하고 절망에 빠져서 자살을 선택합니다. 심지어 초등학생이 엄마로부터 TV 그만 보고 공부하라는 말을 듣고서는 자기 방에 들어가 문을 잠그고 끈으로 목을 매달아 자살을 하는 일도 벌어집니다.

인류는 항상 범죄와 타락 속에서 살아왔습니다. 이 세상은 도덕적으로, 영적으로 암흑 상태에 있습니다. 각처에서 계몽과 개혁을 부르짖지만 세상은 여전히 암흑 상태입니다. 세상 지식과 정치 제도로는 이 암흑을 밝혀 줄 수 없습니다. 그러기에 이 암흑 세상을 비추어서 밝혀 줄 참 빛이 필요합니다.

세상의 지식은 문제의 원인이 무엇인지 알지 못합니다. 이 세상의 다른 종교가 구원의 종교가 될 수 없는 것은 문제의 원인을 모르고 있기 때문입니다. 그러나 성경은 인류의 어두운 사망이 하나님을 떠난 데서 왔다고 가르쳐 줍니다. 인간의 죄악과 불행의 원인은 사람이 하나님께로부터 이탈하여 나간 데에 있다고 했습니다.

빛과 어둠 사이에 중간 지대란 없습니다. 그리스도 안에 있지 않는 것은 모두 어두움 속에 있는 것입니다. 그러면 어떻게 빛이 될 수 있습니까? 스스로 빛이 될 수는 없습니다. 예수 그리스도로부터 빛을 받아야 합니다.

요한복음을 보면 예수님은 생명과 죽음, 빛과 부활에 대하여 많은 말씀을 하셨습니다. "예수께서 이르시되 내가 곧 길이요 진리요 생명이니 나로 말미암지 않고는 아버지께로 올 자가 없느니라"(요14:6)고 하셨고, "나는 빛으로 세상에 왔나니 무릇 나를 믿는 자로 어둠에 거하지 않게 하려 함이로라"(요12:46)고 하셨으며, "예수께서 또 말씀하여 이르시되 나는 세상의 빛이니 나를 따르는 자는 어둠에 다니지 아니하고 생명의 빛을 얻으리라"(요8:12)고 하셨습니다.

빛이신 예수 그리스도를 우리 마음 중심에 모시고 살면 빛이 됩니다. 우리가 빛인 것은 빛이신 예수님을 내 마음속에 모시고 있기 때문입니다. 주님은 우리를 빛으로 만드십니다. 예수님은 태양 빛이고 우리는 달빛입니다. 달은 빛이 없습니다. 그러나 태양 빛을 반사 받아서 태양이 지고 나면 어둠을 밝히는 빛이 됩니다.

우리가 빛이 되기 위해서는 빛이신 예수님을 모셔야 합니다. 우리가 우리 죄를 자백하고 회개할 때에 주님은 우리 안에 들어오시고 빛을 주십니다. 빛을 받은 우리는 달빛처럼 빛을 발해야 합니다.

부흥은 무엇인가?

인류의 구주이신, 이 세상에 빛으로 오신 예수를 세상 사람들에게 주는 것입니다. 전도와 부흥은 외치기만 한다고 일어나는 운동이 아닙니다. 미국의 복음 지도자 토미 테니(Tommy Tenney)의 말처럼 부흥은 하나님의 영광이 우리 교회 벽을 뚫고 거리로 흘러 나가는 것입니다. 1907년 평양 대 부흥처럼 교회 안에서 일어난 거대한 회개와 사랑 운동이 궁창이 뚫리듯 일시에 세상으로 퍼져 나가 사회를 변화시키는 것입니다.

미국 로스앤젤레스 부근에 있는 아주사 지방에서 일어났던 대 전도 부흥 운동도 바로 교회를 뚫고 퍼져 나갔던 강력한 운동이었습니다. 아주사 대 부흥 운동을 이끈 윌리엄 시무어(William J. Seymour) 목사는 흑인 노예 가문 출신입니다. 아주사 대 부흥을 경험했던 당시의 흑인과 백인들은 '한 피 받아 한 몸 이룬' 사실을 말이 아닌 삶으로 실천했습니다. 그리스도의 빛을 강력하게 비친 것입니다. 예수를 그 사회에 주었습니다.

1907년 한반도 평양에서 일어난 그 위대한 사건은 교회와 성도가 회개를 통해 하나가 되는 놀라운 체험이었습니다. 그것은 어떤 구호와 대회로도 얻어질 수 없는 '어떤 것'이었습니다. 교회 안에서 부흥을 경험한 사람들이 전하지 않고는 견딜 수 없는 어떤 초자연적인 힘에 사로잡혀 거리로 뛰어나갔던 것이 지난 세기 한국은 물론 전 세계에서 일어났던 부흥의 현상이었습니다.

전도와 부흥의 주체는 하나님이십니다. 부흥은 우리가 하는 운동이 아니라 하나님이 부여해 주시는 은혜요 선물입니다. 그 선물을 받기 위한 필요조건은 철저한 회개와 하나님의 얼굴을 구하는 뜨겁고 순진한 마음입니다.

예수를 주어야 합니다. 예수의 빛을 비추는 등대 불이 되어야 합니다. 세상 사람들에게 예수를 주려면 각오가 있어야 합니다. 결심이 있어야 합니다. 그냥은 안 됩니다. 말로만은 안 됩니다. 이슬람권 '자살 특공대'처럼 '회개의 특공대'가 되어 마음을 찢으며 릴레이 회개를 할 때, 무언가를 위해 순교할 때, 주님의 명령대로 때를 얻든지 못 얻든지 복음을 전할 수 있고 우리 이웃에, 예수가 필요한 사람에게, 전 세계에 예수를 줄 수 있을 것입니다. 바로 그 때 하나님의 영광은 교회의 벽을 뚫고 거리로, 세계로 나갈 것이며 우리의 교회는 부흥의 위대한 시발지가 될 수 있을 것입니다.

왜 우리는 예수의 소리를 외치고 예수를 주어야 하는가?

미국의 22, 24대 대통령을 역임한 바 있는 스티븐 클리브랜드(Stephen Grover Cleveland)는 일찍이 한 친구와 함께 술집을 드나드는 방탕자였습니다. 한 번은 그 친구와 함께 술집으로 가는 도중에 "죄의 값은 사망"이라고 외치며 전도하는 소녀의 말을 듣게 되었습니다. 이렇게 전도하는 말을 들은 그는 가던 길을 돌이켜 성경을 사 들고 집으로 돌아갔으며 교회에 나가서 예수를 믿었습니다.

예수를 믿어 신자가 된 스티븐 클리브랜드는 방탕한 행실을 고치고 법률, 정치 공부를 하여 정계에 나가 미국 대통령까지 되었습니다. 대통령에 취임할 때에 그는 "방탕하던 나로 하여금 오늘이 있게 한 것은 성경, 즉 복음의 힘입니다"라고 증언하였습니다.

예수의 힘, 복음의 힘은 참으로 위대한 것입니다.

우리는 세계를 향한 등불이 되어야 할 사명이 있습니다.

마틴 루터 킹(Martin Luther King Jr.) 목사는 때로는 옥살이를 하고, 때로는 테러를 당하는 등 많은 어려움을 겪으면서도 미국 사회를 향한 예수의 소리가 되었습니다. 1968년 4월 3일 멤피스의 메이슨 교회에서 최후의 설교를 하고 그 다음날 로레인 호텔에서 암살당할 때까지 그는 예수의 소리가 되어 미국 전체를 움직여 나갔습니다. 그는 정말 미국 사회에 예수를 주었던 사람입니다.

그는 "나는 꿈이 있다 I have a dream"라는 제목의 설교에서 예수의 소리가 되어 이렇게 외쳤습니다. "나는 지금 꿈을 가지고 있습니다. … 어느 날 모든 사람은 평등하게 태어났고, 창조주로부터 생명, 자유, 행복 추구 등 양도할 수 없는 권리를 받았다는 제퍼슨의 말을 인정하는 꿈이며, 어느 날 모든 산골짜기가 솟아오르고, 모든 언덕과 산이 주저앉으며, 거친 곳이 평탄해지고, 굽어진 곳이 곧게 펴지며, 주의 영광이 나타나 모든 인간이 함께 그것을 볼 수 있는 날이 오는 꿈입니다."

이것은 킹의 말이 아닙니다. 예수님의 소리입니다. 예수님께서 사람들을 향해 외치는 소리입니다. 킹은 킹이라는 사람으로 산 것이 아니라, 사람들에게 예수를 주는 사람, 예수의 소리를 외치는 사람으로 산 것입니다. 그가 외쳤던 소리는 그대로 다 이루어졌습니다.

남는 것은 소리입니다. 당신은 지금 어떤 소리를 내고 있습니까? 어떤 삶의 소리를 내고 있습니까? 내가 외친 예수의 소리는 내가 죽어도 역사합니다. 그 외의 나를 치장했던 모든 것은 다 사라져 버리고 맙니다. 인격도 품위도 학식도 권력도 돈도 명예도 다 사라져 버립니다. 남는 것은 소리입니다.

어떻게 예수를 줄 수 있으며 어떻게 예수의 소리를 낼 수 있는가? 어떻게 하면 예수의 빛을 비출 수 있는가?

첫째, 주님과 사귀는 삶이 되어야 합니다.

"그가 빛 가운데 계신 것 같이 우리도 빛 가운데 행하면 우리가 서로 사귐이 있고 그 아들 예수의 피가 우리를 모든 죄에서 깨끗하게 하실 것이요"(요일1:7).

하나님의 말씀을 묵상함으로 주님과 사귐을 갖습니다. 찬양하고 경건하게 예배드림으로 주님과 사귐을 갖습니다. 하나님께 예배를 드리지 않고는 빛이 될 수 없습니다.

어떤 사람들은 선한 일을 위해 열심히 뛰면서도, 예배드리는 것과 성경을 읽고 기도하는 일을 소홀히 하는 경우가 있습니다. 그러나 그들의 생활은 빛이 될 수 없습니다. 그들 자신이 곧 어두움에 붙잡히게 됩니다.

예배가 없는 삶, 말씀의 묵상이 없는 삶, 기도가 없는 삶, 봉사와 순종이 없는 삶은 어둠에 정복당할 수밖에 없습니다. 흑암만 짙어집니다.

둘째, 서로 사랑함으로 희생이 있어야 합니다.

"빛 가운데 있다 하면서 그 형제를 미워하는 자는 지금까지 어둠에 있는 자요 그의 형제를 사랑하는 자는 빛 가운데 거하여 자기 속에 거리낌이 없으나 그의 형제를 미워하는 자는 어둠에 있고 또 어둠에 행하며 갈 곳을 알지 못하나니 이는 그 어둠이 그의 눈을 멀게 하였음이라"(요일2:9-11).

형제를 미워하는 자는 어두움 가운데 있는 자요, 형제를 사랑하는 자는 빛 가운데 거하는 자입니다. 주 안에서 형제와 자매된 우리는 서로 사랑해야 합니다.

주님은 "이같이 너희 빛이 사람 앞에 비치게 하여 그들로 너희 착한 행실을 보고 하늘에 계신 너희 아버지께 영광을 돌리게 하라"(마5:16)고 말씀하십니다. 다른 사람이 보고 "저 사람에게는 무언가 다른 것이 있다"고 말할 수 있게 행동해야 합니다. 사랑과 희생의 선행이 있어야 합니다.

텍사스 주 휴스턴의 한 미국 교회는 변함없이 주일 저녁 예배를 드리고 있었습니다. 기도 소리가 성전을 온통 뒤덮고 있었고 찬양 소리는 하늘을 울렸습니다. 성도들은 담임 목사의 설교가 끝나자 힘찬 박수로 환호했습니다. 그 때 목사는 맨 앞자리에 앉아서 가만히 설교를 듣고 있던 노인 한 분을 강대상 위로 모셔와 성도들이 그 분의 말씀을 들을 수 있게 하였습니다.

천천히 그리고 힘겹게 입을 연 노인의 이야기는 상상을 초월하는 충격적인 것이었습니다. 오래전 노인은 그의 아들과 아들의 친구를 데리고 작은 보트를 타고 가까운 바다로 낚시를 하러 나갔습니다. 낚시를 한지 얼마 지나지 않았을 때 갑자기 풍랑을 만나게 되었습니다. 별것 아닐 것이라 생각했던 풍랑은 멕시코 만 특유의 성난 파도를 일으켰고 성난 파도는 작은 보트를 사정없이 흔들어 댔습니다.

그리고 순간 밀려온 큰 파도가 뱃전을 강하게 때리자 아들과 아들의 친구가 바닷물 속으로 튕겨 나갔습니다. 그런데 보트 안에는 오직 한 개의 구명 튜브밖에 없었습니다. 순간 아버지는 생각했습니다. 아들은 이미 예수를 믿고 구원의 확신을 가지고 있었던 반면 아들의 친구는 아직 예수를 모르는 아이였습니다. 아버지는 아들을 향해 소리쳤습니다.

"I love you, son!" "아들아 사랑한다!" 그리고 노인은 튜브를 아들의 친구에게 던졌습니다. 그렇게 아들의 친구를 간신히 보트 위로 끌어 올리는 동안 아들은 흔적도 없이 사라져 버렸습니다. 간신히 여기까지 말을 마친 노인은 옆에 서 있는 담임 목사를 가리키며 이렇게 말했습니다. "지금 여러분 앞에 서 있는 여러분의 담임 목사가 바로 그 아들의 친구입니다."

노인의 이야기를 들으며 울먹이던 교인들은 일제히 일어나 우레 같은 박수를 치기 시작했습니다. 노인을 안은 담임 목사의 눈에서도, 노인의 눈에서도, 그리고 온 성도들의 눈에서도 눈물이 그칠 줄 모르고 흘러 내렸습니다.

어떤 상황에서도 예수님이 필요한 사람에게 예수님을 줄 수 있는 사람이 이 시대에 참 빛이신 예수의 소리를 낼 수 있는 사람입니다.

분명 하나님께서는 이 노인을 영접하시면서 이렇게 말씀하실 것입니다. "나도 너와 같은 심정으로 내 아들 예수를 버릴 때가 있었다. 네 아들이 여기 있으니 이리 와 내 곁에 함께 앉아 이 아름다운 이야기를 함께 나누자." 주님은 말씀하십니다. "그러므로 너희는 가서 모든 민족을 제자로 삼아 아버지와 아들과 성령의 이름으로 세례를 베풀고 내가 너희에게 분부한 모든 것을 가르쳐 지키게 하라 볼지어다 내가 세상 끝날까지 너희와 항상 함께 있으리라 하시니라"(마28:19-20).

셋째, 증인의 삶을 살아야 합니다.

창세기에는 가나안에서 막강한 세력을 자랑하고 있던 그랄 왕과 그의 군대 장관이 이렇게 말하는 장면이 나옵니다. "네가 무슨 일을 하든지 하나님이 너와 함께 계시도다"(창21:22).

아브라함은 믿음의 조상이지만 수많은 환난과 위기를 넘기며 살아왔습니다. 그는 한낱 유랑자에 불과했습니다. 그는 힘없는 나그네로서 사람들이 자기를 죽이고 아내를 빼앗을 것이라는 두려움에 아내를 누이라고 말했던 사람입니다. 그런 그에게 막강한 왕이 불가침 조약을 맺자고 합니다. 그 초라하고 보잘 것 없었던 아브라함이 어떻게 이런 세력을 소유하게 된 것일까요? 하나님이 함께 하셨기 때문이요, 하나님께서 보호해 주셨기 때문입니다.

지금 우리의 삶이 심히 약하고 힘들지라도 나와 함께하시는 주님을 생각하며 용기를 가져야 합니다. 이것이 증거의 삶입니다.

아비멜렉 왕은 아브라함의 힘만 보았다면 얼마든지 아브라함을 제압하고도 남았을 것입니다. 그러나 하나님이 그를 꼭 붙들고 계시다는 것을 알고 보니 아브라함을 감당해 낼 수가 없었던 것이었습니다. 지금까지 아브라함을 지켜본 결과 그는 하나님이 항상 함께하는 사람이라는 확신을 갖게 된 것입니다.

우리의 삶도 이래야 합니다. 세상 사람들이, 불신자들이 우리 교회와 우리를 바라볼 때 주님의 손길을 느꼈으면 좋겠습니다. 주님의 축복하시는 손길을 보여 주는 것이 바로 증인의 삶입니다.

세상 사람에게 이제 우리 모두 예수를 줄 수 있는 사람이 됩시다. 세상에 빛이 됩시다. 세상에 이제 예수의 소리를 냅시다. 아멘.

부자 되는 장사

사도행전 26:24-29

어떤 사람이 어린 자녀 둘과 들을 거닐고 있었습니다. 모처럼 아이들과 여유로운 시간을 보내고 있는데 거대한 개미 행렬을 보게 되었습니다. 일사분란하게 줄을 지어 어디론가 가고 있는 수많은 개미떼가 신기했습니다. 그 때 한 농부가 병충과 풀을 제거하기 위해 저쪽에서 불을 놓았는데 불길이 서서히 번지면서 행렬하는 개미 쪽으로 다가오고 있었습니다. 그러자 어린 자녀 둘은 안타까워 소리쳤습니다. "개미야 빨리 피해, 빨리 피하란 말야!" 그러나 개미가 사람의 말을 알아들을 리가 없었습니다.

"참 빛 곧 세상에 와서 각 사람에게 비추는 빛이 있었나니"(요 1:9), "말씀이 육신이 되어 우리 가운데 거하시매 우리가 그의 영광을 보니 아버지의 독생자의 영광이요 은혜와 진리가 충만하더라"(요 1:14). "태초에 말씀이 계시니라 이 말씀이 하나님과 함께 계셨으니 이 말씀은 곧 하나님이시니라"(요1:1).

태초부터 존재하셨던 예수님이 인간의 육신으로 오셨다는 것입니다. 생명의 빛 되신 예수님이 성육신하셨다는 말씀입니다. 사도 요한은 이 말씀을 사람이 되셨다거나 인간이 되셨다고 하지 않고 좀 더 확실하게 육신 즉 고기덩이인 인간의 몸이 되셨다고 표현했습니다.

사도 요한은 "이로써 너희가 하나님의 영을 알지니 곧 예수 그리스도께서 육체로 오신 것을 시인하는 영마다 하나님께 속한 것이요"(요일4:2)라고 하였습니다. 즉 예수님께서 성육신 하신 것을 믿는 자는 하나님의 자녀가 된다는 것입니다. 그리고 "예수를 시인하지 아니하는 영마다 하나님께 속한 것이 아니니 이것이 곧 적그리스도의 영이니라"(요일4:3)고 했습니다. 그리스도께서 육신으로 오신 것을 믿지 않는 자는 적그리스도라고 했습니다.

그렇다면 예수님은 왜 인간의 몸으로 이 땅에 오신 것일까요? 하나님께서는 타락한 인간을 생명의 길로 인도하시기 위해서 수많은 노력을 아끼지 않으셨습니다. 선지자들을 보내어 하나님의 말씀을 가르쳐 주셨고 구원의 길, 은총의 길로 이끌어 주셨습니다. 그러나 완악한 인간은 선지자들을 죽였습니다. 하나님의 은총과 배려를 거부했습니다. 하지만 하나님께서는 포기하지 않으시고 이런 죄인들을 구원하시기 위해 몸소 인간이 되셨던 것입니다.

개미 떼에게 불길이 다가오고 있음을 알리기 위해서는 개미가 되는 길밖에 없습니다. 마찬가지로 인간에게 구원의 길과 생명을 주기 위해서는 하나님이 인간이 되실 수밖에 없었던 것입니다. 이와 관련하여 중요한 말씀이 요한복음에 기록되어 있습니다. "영접하는 자 곧 그 이름을 믿는 자들에게는 하나님의 자녀가 되는 권세를 주셨으니"(요1:12). 개인적으로 영접하는 것이 구원의 방편이 됨을 설명하고 있습니다.

구원은 나 개인의 신앙으로 얻게 되는 것입니다. 어머니가 잘 믿었다고 구원을 덩달아 받는 것이 아닙니다. 내 마음에 그리스도를 영접하는 순간 나는 하나님의 자녀로 거듭나는 축복을 얻게 되는 것입니다. 그러므로 전도가 얼마나 중요한지, 전도의 사명이 얼마나 중요한지를 다시 한 번 깨닫게 됩니다.

사명이란 지워진 바 임무 또는 사신이 받은 명령을 말합니다. 사도행전에 보면 바울은 주 예수께 받은 사명을 위해 역경과 환난이 기다리고 있음에도 예루살렘을 향하여 가기를 원하였으며, 주 예수께 받은 사명인 복음 증거를 위해서는 자신의 목숨까지도 조금도 귀한 것으로 여기지 않는다는 단호한 결단을 보여 주고 있습니다(행20:17-38). 바울은 하나님의 은혜의 복음을 전하기 위한 뜨거운 사명으로 가득했습니다. 그리고 그 사명이 오직 주께로부터 주어진 것이라는 강한 사명의식을 가지고 있었습니다. 그러기에 그는 자신이 언제 어떠한 방법으로 죽게 될 것인가에 대해서는 전혀 걱정하지 않았으며, 자신의 사명을 기쁨으로 마칠 수 있었습니다.

사명자란 주님을 구주로 영접하고 살아가는 모든 그리스도인을 말한다.

주님께서 우리 모두에게 주신 사명은 은혜의 복음을 가정과 이웃과 세상에 증거하는 것입니다. 한 영혼을 구원하는 일보다 귀한 것은 없습니다.

"그러므로 너희는 가서 모든 민족을 제자로 삼아 아버지와 아들과 성령의 이름으로 세례를 베풀고"(마28:19). 주님은 복음을 전하고 세상을 구원하라고 말씀하셨습니다. 주님은 친히 "인자의 온 것은 잃어버린 자를 찾아 구원하려 함이라"고 하셨습니다. 또한 주님은 "죄인 하나가 회개하면 하나님의 사자들 앞에 기쁨이 된다"고도 하셨습니다.

당신이 주님께 순종한다면 주님께서 우리에게 원하시는 일이 무엇인지 분명히 아실 것입니다. 그것은 예수 그리스도의 복음을 온 세상에 전하여 복음화시키는 것입니다.

이 일은 자기 스스로 선교사가 되어 세상 어디든지 가서 복음을 전하는 것이고, 또는 자기 대신 선교사로 나간 이들을 물질로, 기도로 돕는 것이며, 그리고 자신이 어디에 있든지 그 곳에서 전도자가 되는 것입니다. 주님은 "오직 성령이 너희에게 임하시면 너희가 권능을 받고 예루살렘과 온 유대와 사마리아와 땅 끝까지 이르러 내 증인이 되리라"(행1:8)고 하셨습니다.

주님은 먼저 예루살렘에서부터 시작하라고 하셨습니다. 처음에는 예루살렘부터 시작해서 마지막에는 땅 끝까지 전하라는 것입니다. 즉 안에서 밖으로 나아가라는 것이지 밖에서 안으로 들어오라는 말씀이 아닙니다.

생각해 보세요. 그리스도를 알지 못한 채 죄의 암흑 속에서 죽어가는 수많은 사람들의 영적 죽음을 생각지 않을 수 없습니다. 천국과 지옥은 분명히 실존하기 때문에 전도해야 합니다. 예수님은 오른손이 범죄하거든 찍어 버려서라도 천국에 가라고 하셨습니다.

불 위에 맨발로 몇 시간이나 서 있을 수 있겠습니까? 10초도 못 견딜 것입니다. 그런데 지옥의 불은 영원합니다. 내 사랑하는 사람이, 부모, 형제, 자식이, 내 친구가 이런 지옥에서 고통당할 것을 보고도 울지도 않고 건져내지 않는다면 이것은 정말 악질입니다. 정말이지 전도하는 데 무엇을 아끼겠습니까?

당신이 가지고 있는 모든 것들, 당신의 눈, 당신의 몸까지 하나님으로부터 주어진 것이고, 당신이 가지고 있는 물질도 하나님으로부터 주어진 것입니다. 당신의 마음, 영혼, 재능, 가족, 사업, 재산, 그 모든 것이 하나님으로부터 온 것입니다. 시간도 하나님으로부터 주어진 것입니다. 우리는 이 세상에 빈손으로 왔으며 조만간 빈손으로 떠날 것입니다. 그럼에도 불구하고 우리는 가끔 우리가 받고 있는 많은 축복을 망각하고 있습니다.

전도는 해 볼 만한 장사다.

누가복음 19장 11-27절에 보면 므나 비유가 나옵니다. 어떤 귀인이 왕위를 받아 가지고 오려고 먼 나라로 가면서 은 열 므나를 주며 돌아오기까지 장사하라고 하였습니다. 그리고 왕위를 받아가지고 돌아온 귀인은 종들을 불러 어떻게 장사했는지 계산하기 시작했습니다.

첫째가 나아와 한 므나로 열 므나를 남겼다고 하니 주인은 "잘하였다 착한 종이여 네가 지극히 작은 것에 충성하였으니 열 고을 권세를 차지하라"고 했고, 둘째가 한 므나로 다섯 므나를 남겼다고 말하니 다섯 고을을 다스릴 권세를 줍니다. 그런데 한 사람은 한 므나를 수건으로 싸두었다가 그대로 내어 놓았습니다. 그러자 주인은 그를 악한 종이라고 책망하며 그 한 므나를 빼앗아 열 므나 가진 사람에게 주었습니다.

우리는 모두 예수님으로부터 한 므나를 받았습니다. 그 한 므나를 장사하라고 하시고는 하나님께로 돌아가셨습니다. 그리고 때가 되면 다시 오실 것입니다. 그리고 내가 가지고 있던 한 므나로 얼마나 남겼는지 계산하실 것입니다.

내게 주신 영원한 생명이 너무 소중하고 귀하다는 것을 알기에 그 한 므나를 다른 죽어 가는 생명들을 위해 투자하여 더 남긴 사람들은 그 남긴 대로 하나님 나라를 함께 다스릴 권세를 주님으로부터 받게 될 것입니다.

주님께서는 우리가 장사하기를 원하신다.

장사해서 남기기를 바라십니다. 한 영혼을 주께로 인도하면 그 상급은 내 것이 됩니다. 주님 오실 때에 후회하지 말고 열심히 복음을 전해야 합니다. 또한 우리는 모두 죽을 때가 있습니다. 죽을 때 후회하지 말고 주님께서 맡기신 장사를 열심히 해야 합니다.

이 복음 장사는 아동부 어린이나 중고등부 학생이나 청년이나 장년, 노년 할 것 없이 누구나 꼭 해야 하는 일입니다. 이 장사를 게을리 하지 마세요. 세상의 어느 장사보다도 중요하며, 세상의 어느 장사보다도 해 볼 만한 장사가 이 장사입니다.

이 장사 곧 전도는 우리의 본업임을 명심해야 합니다. 전도는 정말 해 볼 만한 장사입니다. 전도에는 반드시 상급이 있습니다. 전도자는 하나님 나라에 가서 분명한 상급을 받게 될 것입니다. 뿐만 아니라 이 땅에서도 하나님은 복음을 전하는 이들에게 복을 주십니다.

전도는 주님께서 제자 된 우리들에게 맡겨 주신 일이다.

전설에 의하면 주님께서 승천하셨을 때 천사 미가엘이 이렇게 물었다고 합니다. "주님, 복음을 어떻게 하셨습니까?" "나는 그것을 제자에게 주었노라." 미가엘이 다시 묻기를 "만약 제자들이 실패를 한다면 어떻게 하실 거죠?"라고 하자, 주님께서는 "만약 제자들이 실패를 한다면 나 역시 실패한 것이 되겠지"라고 말씀하셨다고 합니다.

세상을 복음화시킬 수 있는 이 놀라운 특권을 하나님께서 우리에게 주셨습니다. 천사에게 주신 것이 아니라 주님의 제자 된 우리에게 주신 것입니다. 바로 우리 모두에게 장사하라고 명령하신 것입니다. 그러니 이 장사는 해 볼 만한 장사요, 반드시 해야 하는 일입니다.

역시 예수님이 하늘로 되돌아 간 뒤의 일입니다. 그 분이 천사장 가브리엘과 이야기를 나누게 되었습니다. 예수님은 하늘에서도 못 자국을 지니고 계셨습니다. 그래서 가브리엘이 물었습니다. "주님은 대단한 고통을 받으신 게 분명합니다. 주님께서 사람들을 그렇게 사랑하였다는 것을 그들이 알고 고맙게 생각할까요? 저들을 위해서 주님께서 하신 일을 저들이 안다면 좋겠는데요." 예수님이 대답하셨습니다. "아, 아니요. 아직은 팔레스타인에 살고 있는 몇 명의 사람들만 그것을 알지요." 가브리엘이 놀라서 묻습니다. "그렇다면 모든 사람들이 주님의 사랑을 알아야 하는데 무슨 방도를 취하셨나요?" "베드로, 안드레, 야고보, 요한 그리고 몇 명의 다른 친구들에게 내 이야기를 전해 달라고 부탁했지요. 내 얘기를 전해 들은 사람들은 또 다른 사람들에게 그 이야기를 해 줄 거예요. 그렇게 되면 마침내 지구상의 최후의 한 남자, 한 여자까지도 내가 그들을 사랑하였기에 목숨까지 주었다는 것을 알게 되겠지요."

가브리엘은 얼굴을 찡그리고 의심쩍게 바라보았습니다. "그래요? 그러나 베드로나 다른 사람들이 지쳐 버리면 어떻게 되지요? 또 다른 방안이 꼭 있어야 하는 게 아닐까요?" "가브리엘, 난 다른 방안을 강구하지 않았다오. 왜냐하면 그들을 믿기 때문이오. 내가 세상 끝날까지 그들과 항상 함께 있을 것이오."

전도합시다. 전도해야만 합니다. 이 장사는 해 볼 만한 장사입니다. 전도는 우리의 본업입니다. 부업이 아니라 전도가 본업입니다. 우리 마음의 우선순위에는 전도가 먼저 있어야 합니다. 전도는 하나님 나라에 집을 짓는 일입니다. 전도는 이 땅에서도 복을 받는 비결입니다.

장사를 하되 확신을 가지고 해야 한다.

수박을 사러 과일 가게를 찾은 손님이 "속이 괜찮을까요?" 하고 물었는데 주인이 "그건 나도 몰라요. 가서 쪼개 봐야 알지요"라고 대답한다면 누가 사겠습니까? 다시 다른 가게에 가서 "수박이 괜찮을까요?" 하고 물으니, "절대 안심하고 사세요. 틀림없습니다. 속도 씽씽하고 잘 익었고 당분도 아주 좋습니다. 만일 이상하면 가져오세요. 배로 물어 드리겠습니다" 하면 그 즉시 기분 좋게 수박을 살 것입니다.

예수 믿어서 손해 보았다면 배로 물어 주겠다는 확신을 가지고 전도하세요. 예수 제대로 믿으면 영혼 구원의 복을 받습니다. 또한 예수님을 따라 사명의 십자가를 지고 가는 이들에게 주님은 필요한 건강과 물질도 아낌없이 베풀어 주십니다. 우리 하나님은 약속의 하나님이요,

약속하신 것은 분명하게 이루어 주십니다.

　본문에서 사도 바울은 베스도 총독 앞에서 자신이 경험한 예수님에 대하여 그리고 예수님의 십자가와 부활에 대하여 이야기합니다. 그러자 베스도 총독이 큰 소리를 지르며 말합니다. "바울아 네 많은 학문이 너를 미치게 하였구나." 이에 바울은 이렇게 대답합니다. "베스도 각하여 내가 미친 것이 아니요 참되고 온전한 말을 하나이다 왕께서는 이 일을 아시기로 내가 왕께 담대히 말하노니 이 일에 하나라도 아시지 못함이 없는 줄 믿나이다 이 일은 한쪽 구석에서 행한 것이 아니니이다"(행26:25-26).

　예수님이 십자가에 달려 돌아가신 일, 그리고 사흘 만에 다시 살아나신 일은 이스라엘의 작은 한 도시인 예루살렘에만 머물러 있을 것이 아니라 세계적인 사건이고, 그래서 세계 속으로 퍼져 나가야 할 소식이라고 말하는 것입니다.

　예수님의 탄생이 전 세계적이요 우주적인 사건인 것과 같이 그리스도의 십자가의 죽음과 부활은 전 세계적이요 우주적인 사건입니다. 사도 바울은 이 눈이 열렸기에 확신에 넘쳐 자신 있게 전도를 합니다. 주님께서 맡기신 장사를 왕 앞에서 하고 있는 것입니다.

　당신의 눈도 바울과 같이 열려지기를 소원합니다. 그래서 예수님의 십자가 고난과 부활을 담대하게 전할 수 있기를 바랍니다.

　본문 29절에 "바울이 이르되 말이 적으나 많으나 당신뿐만 아니라 오늘 내 말을 듣는 모든 사람도 다 이렇게 결박된 것 외에는 나와 같이 되기를 하나님께 원하나이다 하니라"고 하였습니다. 이 얼마나 자신에 넘치는 말입니까? 장사는 이렇게 해야 합니다.

　믿든지 말든지 그것은 그들에게 맡기고 믿지 않는 가족이나 믿지 않는 사람들에게 자꾸 믿으라고 권해야 합니다. 장사는 열정이 있는 사람이 잘하게 되어 있습니다.

생각해 보세요. 이 세상에 있는 모든 것을 다 얻었다 하더라도 영원한 생명을 얻지 못했다면 그것이 무슨 유익이 되겠습니까? 영원한 불구덩이 지옥에 간다면 그보다 불쌍한 일이 어디 있습니까? 참으로 우리는 좋은 복음을 가졌습니다. 참으로 세상에서, 저 하늘나라에서 큰 상급을 받을 거룩한 장사를 잘하여 열 고을 다스리는 권세를 다 누리게 되기를 소원합니다. 아멘.

전도의 신비

디모데후서 4:2

성도들에게서 가장 신경 쓰이고 부담되는 것이 전도라고 할 수 있습니다. 하지만 전도는 부담을 갖고 해야 하는 것이지 신경 쓰일 만큼 신앙에 방해가 되는 일은 결코 아닙니다. 만약 그렇다면 이는 구원받은 하나님의 자녀의 모습이 아닙니다. 구원에 대한 감격과 기쁨이 있다면 당연히 전도의 열매가 있어야 할 것입니다.

당신도 지금까지 믿음생활하면서 마음속에 전도에 대한 거룩한 부담을 갖고 있으리라 생각합니다. 그런데 당신은 전도할 사람이 많다고 생각하십니까? 아니면 전도할 사람이 없다고 생각하십니까? 교회에 다닌 지 오래된 사람일수록 주위에는 전도할 만한 사람이 없다고 합니다.

그런데 정말 그럴까요? 전도를 다해서 이제 전도할 사람이 없는 것일까요? 그렇다면 이는 뭔가 잘못되어 있는 것입니다.

예수님은 제자들에게 추수할 것은 많되 일꾼이 적다고 하셨습니다(마9:37). 예수님의 눈에는 추수할 많은 것들이 보였습니다. 사업가의 눈에는 돈이 보여야 사업을 잘할 수 있고, 교사의 눈에는 학생들이 보여야 훌륭한 스승이 될 수 있습니다. 마찬가지로 성도의 눈에는 추수할 대상이 보여야 전도할 수 있고 하나님께 칭찬받는 성도가 될 수 있습니다.

지금은 전도하기 좋은 때다.

인천의 어느 목사님은 한 사람 전도하는데 1억 원이 들어도 좋다고 하셨습니다. 맞는 말입니다. 없어서 못하지 1억 원을 들여서 한 영혼이라도 구원할 수 있다면 마땅히 그렇게 해야 합니다.

주님은 우리를 구원하시기 위해서 십자가에서 죽기까지 하셨는데 1억 원이 문제겠습니까? 전도하는데 있어서 우리는 모든 것을 아끼지 말아야 한다는 말씀입니다.

우리도 전도의 열매를 맺어야 합니다. 전도하기가 힘들다 해도 예수님의 눈에는 추수할 것이 많다고 하였습니다. 우리의 눈도 예수님과 같이 이 땅에 추수할 것이 많음을 볼 수 있어야 합니다.

전도는 내가 하는 것이 아닙니다. 전도하다 보면 성령님이 역사하십니다. 그것을 느끼게 됩니다. 그것이 전도의 신비입니다. 우리 모두 전도의 신비를 체험할 수 있어야 합니다. 당신의 두 눈에도 추수할 전도대상자들이 많이 보일 수 있기를 바랍니다. 전도 대상자가 많이 보이는 눈이 복된 눈입니다. 많이 보일 때만이 전도할 수 있습니다.

지금은 과학이 발달하고 물질이 풍성해 보여도 심령이 기갈한 사람이 얼마나 많은지 모릅니다. 환경 때문에 세상을 헤매는 사람들이 많습니다. 질병과 실패 등 여러 가지 문제로 그 어느 때보다 심각하게 고민하는 사람들이 많습니다. 지금은 전도하기 좋은 때입니다. 지금은 '묻지 마' 시대라고 합니다. 그러나 '묻지 마' 시대가 전도하기 좋은 때입니다.

당신의 눈에 전도할 많은 사람들이 보여서 그들을 주님 앞으로 인도하여 잘했다 칭찬 듣는 사람이 되시기를 소원합니다. 하늘나라에 전도의 저축을 많이 하세요.

영혼 구원에 관심을 가져야 한다.

예수님의 관심의 대상은 오직 사람들이었습니다. 구원에 관심을 가지셨습니다. 그 사람이 얼마나 돈을 많이 가지고 있는가? 무엇을 하는 사람인가? 잘 생겼는가, 못 생겼는가? 존경받는 사람인가, 천대받는 사람인가? 그런 것에는 관심이 없었습니다. 그들도 하나님의 긍휼이 필요한 사람이라는 사실에만 관심을 갖고 보았습니다.

우리 성도들이 사람을 보는 자세도 바로 예수님과 같은 이런 모습이 되어야 합니다. 한국에 들어온 기독교 선교사들은 오직 사람에게 관심을 가졌습니다.

우리들도 예수님처럼, 초대 한국의 선교사들처럼 사람에게 관심을 가져야 합니다. 한 사람이 천하보다 중요하다는 주님의 말씀을 인식하고 사람을 사랑하고 영혼을 구원하는 일에 관심을 기울여야 합니다. 사람에게 관심을 가지면 사람이 보입니다. 전도할 사람이 보입니다. 불쌍히 여겨야 할 사람이 보입니다. 사랑해야 할 사람이 보입니다.

형제, 친척을 보면 전도할 사람이 보입니다. 조금만 눈을 돌리면, 조금만 관심을 가지면 우리 주위에 추수할 대상들이 얼마나 많은지 모릅니다. 그러기에 예수님도 모든 도시와 마을에 다니셨습니다. "예수께서 모든 도시와 마을에 두루 다니사 그들의 회당에서 가르치시며 천국 복음을 전파하시며 모든 병과 모든 약한 것을 고치시니라"(마9:35). 이렇게 모든 도시와 마을에 다니셨던 예수님처럼 눈을 들어 조금 먼 곳을, 조금 더 넓게 볼 수 있기를 바랍니다. 많은 전도 대상자들을 만나실 수 있을 것입니다.

전도는 하나님의 명령이다.

전도를 하다 보면 생각하지 못한 곳에서 생각하지 못한 사람들이 예수를 믿겠다고 결심을 합니다. 이것이 전도의 신비입니다. 예수님은 말씀하십니다. "오직 성령이 너희에게 임하시면 너희가 권능을 받고 예루살렘과 온 유대와 사마리아와 땅 끝까지 이르러 내 증인이 되리라 하시니라"(행1:8).

이 명령을 받은 사람들이 기도하자 오순절 날 약속하신 성령을 기도하는 모든 사람에게 선물로 주셨습니다. 성령이 임하자 두려움 속에서 벌벌 떨던 제자들이 담대하게 복음을 전하는 능력의 사도들로 변화를 받았습니다.

명령을 따라 전도하는 사람들에게 하나님은 성령을 부어 주시고 성령은 사람들을 전도의 일꾼으로 만들어 주셨습니다. 그래서 로마 당국자나 제사장 그 누가 위협하고 겁을 주어도 담대하게 복음을 전하였습다.

결국 제자들의 증거를 듣고 더 많은 사람들이 주님께 회개하며 돌아오는 결과가 만들어졌습니다. "하나님을 찬미하며 또 온 백성에게 칭송을 받으니 주께서 구원 받는 사람을 날마다 더하게 하시니라"(행 2:47). 이것이 전도의 신비입니다.

주님은 한 생명을 천하보다 귀히 여기신다고 말씀하셨습니다. 우리는 주 예수님을 우리의 믿음의 주로 고백하고 구세주로 영접한 하나님의 백성들입니다. 그런데 지금도 우리들 주변에는 이 사실을 알지 못하고 신음하는 우리의 사랑하는 사람들이 얼마나 많은지 모릅니다. 이들에게 우리는 이 사실을 알려야 합니다. 그것이 바로 하나님께서 그토록 기뻐하시고 원하시는 전도 사역인 것을 믿으시기 바랍니다.

전도는 하나님의 명령이고 주님의 유언입니다. 그래서 반드시 해야 하는 일입니다. 전도의 은사가 따로 있지 않습니다. 전도의 사명자가 따로 있지 않습니다. 다시 말하면 우리 모두가 전도의 은사를 받은 사람이고 우리 모두가 전도의 사명자인 것입니다.

왜 전도해야 하는가? 죽음의 문제를 해결하기 때문이다.

사람은 누구나 죽습니다. 그리고 심판을 받습니다. 그러기에 모든 사람이 두려워합니다. 그런데 이 문제를 해결하시고 구원하실 분이 오셨는데, 그 분이 바로 예수 그리스도이십니다.

천하 모든 인간에 구원 얻을 만한 다른 이름이 없고 오직 예수님을 믿어야 합니다. 성경은 분명히 말합니다. "주 예수를 믿으라 그리하면 너와 네 집이 구원을 받으리라"(행16:31).

예수님이 친히 전도하기 위하여 오셨다고 하시며 하나님의 복음을 전하셨습니다. 성령을 보내시며 전도의 본을 보여 주셨습니다. 그 이유는 전도가 사람을 살리는 유일한 길이기 때문입니다. 말씀을 따르면 삽니다. 예수를 믿는 나라, 가정, 개인은 삽니다. 하나님이 은혜와 복을 주십니다.

혼탁한 이 세상을 변화시킬 수 있는 유일한 대안은 예수 그리스도 뿐입니다. 죄에 빠진 인간을 구원할 수 있는 분은 오직 예수 그리스도 뿐입니다. 당신도 그렇게 믿습니까? 그렇다면 이 예수를 전합시다. 나의 가족, 이웃, 지역 사람에게 전합시다. 오직 그 분만이 우리를 살릴 수 있는 유일한 분이시라고 전합시다.

주님의 말씀을, 주님의 명령을 피할 생각만 하지 말고 전합시다. 우리는 모두 전도를 해야만 할 사명자들입니다.

전도는 축복의 길로 가게 하는 신비다.

하나님은 인간을 구원하실 때 반드시 전도라는 방법을 사용하십니다. 제가 구원받은 것도, 당신이 구원받은 것도 오직 전도를 통해서입니다.

인간은 자신의 힘으로 살아가려고 애를 쓰다가 잘 안 되면 하나님을 찾지 않고 우상숭배에 빠지거나 사단, 귀신을 섬깁니다. 그러나 거기에는 멸망하는 길밖에 없습니다.

1960년대 최고의 인기 배우였던 마릴린 먼로는 그 많은 인기에도 불구하고 저녁에는 불면증에 시달리며 잠을 잘 수 없어 수면제를 먹어야만 했습니다. 이렇게 수면제에 의지하는 것이 습관화되어 어느 날 다량의 수면제를 복용하고 잠을 자던 중 결국 죽음에 이르게 된 것입니다.

그가 마지막 쓴 일기에는 이런 내용이 기록되어 있었다고 합니다. "나는 한 여성으로서 지닐 수 있는 모든 것을 가졌습니다. 아직 건강할 뿐 아니라 매우 아름다우며 돈도 많이 모았습니다. 부족한 것은 아무 것도 없습니다. 그런데 웬일일까요? 나의 마음은 외롭고 공허하며 기쁨이나 평안이 없습니다. 나는 이유 없이 불행합니다."

왜 그럴까요? 왜 그녀는 평안하지 못했을까요? 바로 그녀의 마음에 예수가 없었기 때문입니다.

마음에 예수님이 없으면 기쁨이 없습니다. 소망이 없습니다. 평안이 없습니다. 당신의 주위를 살펴보세요. 이런 사람이 있을 것입니다. 그들을 주님께로 인도하여 구원받게 하는데 하나님이 가만히 계시겠어요? 반드시 은혜와 복을 주십니다.

전도는 교회 성장의 원동력입니다. 그러니 전도하므로 하나님 교회가 부흥하고 성장하는데 하나님이 가만히 계시겠어요?

전도자에게 어떤 복을 주는가?

아브라함과 같은 복을 받게 됩니다. 아브라함은 물질의 복, 창대하고 창성한 복을 받았습니다. 이름이 생명책에 기록됩니다. 발이 아름다워지고, 복음으로 살게 되고, 성령을 받고, 큰 기쁨을 누리게 됩니다.

의롭다 여기시고, 영화롭게 하시는 축복을 받습니다.

"또 미리 정하신 그들을 또한 부르시고 부르신 그들을 또한 의롭다 하시고 의롭다 하신 그들을 또한 영화롭게 하셨느니라"(롬8:30), "지혜 있는 자는 궁창의 빛과 같이 빛날 것이요 많은 사람을 옳은 데로 돌아오게 한 자는 별과 같이 영원토록 빛나리라"(단12:3).

무디(D. L Moody)는 말하기를 "한 사람을 사단의 세력으로부터 하늘나라의 영광스런 빛의 세계로 인도하는 하나님의 도구가 되는 것보다 더 큰 영광은 없다"라고 하였습니다.

열심히 전도하여 교회가 성장하여 전도의 신비를 체험하고 하나님이 약속하신 복을 받아 누리시기를 축복합니다.

전도는 쉼 없이 계속되어야 하는 사명입니다. 아멘.

한 생명을 위하여

사도행전 8:26-40

어니스트 헤밍웨이(Ernest Hemingway)의 『노인과 바다 *The Old Man and the Sea*』라는 소설을 다 아실 것입니다.

샌디아고라는 한 노인이 망망한 대해에 고기잡이를 가서는 84일을 헤매다가 85일째 되는 날 3일 간의 사투 끝에 큰 고기를 잡아 배에 매달고 항구로 돌아옵니다. 그러나 그동안 상어 떼가 몰려와 이 고기를 모두 뜯어 먹어 버립니다. 노인이 필사적으로 상어 떼와 싸우며 항구에 돌아오지만 고기는 다 먹혀 버리고 뼈만 앙상하게 남아 있을 뿐입니다. 여기서 헤밍웨이는 휴머니즘적인 표현을 통해 인간의 도전과 수고 그 결과의 허무함이 어떠한가를 보여 주고 있습니다.

이 세상을 산다는 것은 긍정적으로 볼 때는 참 즐겁고 좋은 일입니다. 먹을 것이 풍족하고 입을 것이 많습니다. 우리가 살아가는 환경이 점점 더 좋아지는 세상입니다. 목표를 향해서 달려가는 삶, 그 자체는 참 보람 있고 의미 있는 삶입니다.

샌디아고라는 노인이 고생 끝에 큰 물고기를 잡았을 때 그 기쁨,

그 만족을 상상해 보세요. 목표를 이룰 때 사람들은 살 만한 가치를 느낍니다. 그래서 사람들은 나름대로 계획을 세우고 달려갑니다. 뒤돌아보지 않고 열심히 앞으로 달려갑니다.

그러나 그 일을 이룬 후에는 정작 돈과 일의 노예가 되어 버린 자신과 마주하게 됩니다. 어느 한순간 이렇게 이룬 것들이 온데간데없고 뼈만 앙상하게 남는다는 것을, 모든 것이 허탄한 것임을 알게 되는 것입니다.

이 세상은 살만한 세상이고 재미있는 곳이지만, 한편으로는 모든 것이 헛되고 허무함으로 끝나는 곳입니다.

우리가 기억해야 할 것은 "하나님 없는 생은 헛되다"는 것입니다. "내일 일을 너희가 알지 못하는도다 너희 생명이 무엇이냐 너희는 잠깐 보이다가 없어지는 안개니라"(약4:14).

나름대로 목적이 있고 계획이 있는데 내일 일을 알지 못한다는 것입니다. 우리의 생명은 잠깐입니다. 우리의 생명은 짧습니다. 이사야서에서는 "풀과 들의 꽃"으로 비유합니다(사40:6-7). 시편에서는 "한 뼘 길이의 인생"이라고 말하고 있습니다(시39:5).

우리의 시간이 많은 것 같지만 영원 속에서 그것은 지극히 미미할 뿐입니다. 그러므로 중요한 것은 생명입니다. 천하를 얻었다 해도 생명을 잃어버리면 아무 소용이 없습니다. 얼마 전에 죽은 베네수엘라 우고 차베스 대통령을 보세요. 또한 스탈린, 히틀러, 뭇소리니, 낫세르, 수카르노, 처칠, 루스벨트 등 수많은 권력가들, 정주영 회장 같이 돈 많은 이들, 예술인, 연예인들을 보세요. 생명을 잃어버리면 아무 소용이 없습니다. 그러기에 예수님께서 이 땅에 생명을 구하시려고 오신 것입니다.

예수님의 최대 관심사는 복음이다.

주님은 복음을 위해서 이 땅에 오셨고, 복음을 위해서 생을 사셨으며, 복음을 위해서 십자가를 지셨습니다. 또한 이 복음을 위해서 무덤에서 부활승천 하셨습니다. 그리고 이 복음을 위해서 오순절 마가다락방에 성령님이 초림하시는 놀라운 역사까지 베풀어 주셨습니다.

지금 우리 주위에, 가정에, 심지어는 예수 믿는 성도들 가운데, 아니 우리 교회 안에도 낙심 또는 절망하는 영혼이 있을 것입니다. 또는 불안 중에 싸인 이가 있을 것입니다. 어떤 이는 질병으로, 어떤 이는 경제적으로, 어떤 이는 부모가 헤어지므로, 부모가 있어도 사랑을 받지 못해서, 친구의 배신으로 깊은 상처를 가지고 살아갑니다.

그뿐입니까? 주님을 위하여 열심히 살겠다고 하는데 젊은 남편이 죽습니다. 젊은 아내가 죽기도 합니다. 그래서 하나님의 섭리에 대한 아픔이 있습니다. 어떤 이는 심령에 깊은 상처를 입고 위로를 받지 못하는 중에 침울하고 비관적인 기분에 빠지기도 합니다.

청년 가운데에는 특별히 실연 등으로 깊은 상처를 입는 이들이 많이 있습니다. 어떤 이는 부지중에 죄를 짓고 과거의 숨은 죄로 인하여 항상 불안해하며 낙심 가운데 살고 있습니다. 그래서 우울증에 빠지기도 하고, 심하면 자신을 학대하고 자살을 하려고까지 합니다. 소망의 햇빛은 안 보이고 사방이 캄캄할 때가 있습니다.

꽃은 햇빛 아래서야 아름답게 피어납니다. 사과도 가을 햇빛을 잘 받아야 붉고 아름답게 익습니다.

하나님은 영혼의 햇빛이십니다. 그러므로 다윗은 "여호와는 나의 빛이요 나의 구원이시니 내가 누구를 두려워하리요 여호와는 내 생명의 능력이시니 내가 누구를 무서워하리요"(시27:1)라고 고백하였으며, "내 영혼아 네가 어찌하여 낙심하며 어찌하여 내 속에서 불안해 하는가 너는 하나님께 소망을 두라 그가 나타나 도우심으로 말미암아 내가 여전히 찬송하리로다"(시42:5)라고 하였습니다.

하나님은 사랑의 햇빛이십니다. 이 사랑의 햇빛은 그 아들 예수를 통하여 비치었습니다. 성경에 "하나님이 세상을 이처럼 사랑하사 독생자를 주셨다"고 하였습니다. 우리가 예수를 믿음으로 이 사랑의 햇빛을 받을 때에 우리의 심령은 밝고 건강해지며 명랑하여지고 아름다워질 수 있습니다. 기쁨과 평화가 마음에 사무치고 문제도 해결받게 됩니다. 절망의 순간에 하나님을 찾으면 삽니다. 이것이 복음입니다.

예루살렘에 있는 교회가 많은 핍박을 받는 중에 스데반 집사가 순교를 당하자 사도 외에는 다들 유대와 사마리아 모든 땅으로 흩어지게 되었습니다(행1:8). 빌립 집사도 사마리아로 도망가 있었는데 그 때 성령의 역사가 빌립의 심령을 두들기기 시작합니다. 성령의 감동이 빌립의 마음을 견딜 수 없이 뒤흔들기 시작합니다.

"빌립아, 빌립아! 사마리아의 영혼을 향해 복음을 외쳐라, 복음을 외쳐라!" 견딜 수 없는 감동을 받은 빌립이 밖으로 나가 복음을 외치기 시작합니다.

빌립이 이렇게 복음을 전하자 놀라운 역사가 일어나기 시작했습니다. 사도행전 8장 6-8절은 그 때의 일을 이렇게 전하고 있습니다. "무리가 빌립의 말도 듣고 행하는 표적도 보고 한마음으로 그가 하는 말을 따르더라 많은 사람에게 붙었던 더러운 귀신들이 크게 소리를 지르며 나가고 또 많은 중풍병자와 못 걷는 사람이 나으니 그 성에 큰 기쁨이 있더라."

당신이 나가서 복음을 전할 때 이 지역에 어둠의 세력이 물러나고 주님께서 주시는 큰 기쁨이 넘치는 역사가 일어나기를 소원합니다.

치료를 받아야 한다.

환난과 핍박이 있을 때는 그에 따른 상처가 있습니다. 그러나 핍박과 환난이 없고 평안할 때는 더 깊은 마음의 상처가 있습니다. 육체의 상처를 입을 때에 바로 치료가 필요한 것처럼 마음의 상처, 심령의 깊은 상처도 역시 치료를 필요로 합니다. 정신적 위로가 필요합니다. 그렇지 않으면 많은 불행을 가져옵니다.

현대 의학에 따르면 질병의 약 7할이 심리적 원인에서 비롯된다고 합니다. 신경쇠약, 노이로제 등은 심하면 극도의 비관과 자학행위에까지 이르게 합니다.

상한심령은 영적 위로를 받아야 합니다. 심령의 의사가 꼭 필요합니다. 주님을 바라보아야 합니다. 하나님께서 그 독생자를 세상에 보내심은 이렇게 상한 심령을 치료하시기 위함입니다. 우리 주님은 상한 갈대도 꺾지 아니합니다. 꺼져가는 등불도 끄지 아니합니다. 주님은 외치십니다. "수고하고 무거운 짐 진 자들아 다 내게로 오라 내가 너희를 쉬게 하리라." 마음에 어떠한 상처를 입었든지 예수님께 나아와 그의 품에 안기는 심령은 다 치료를 받습니다. 평화를 회복합니다.

어떤 이는 범죄함으로 인하여 불안에 떱니다. 자기의 눈앞에 그 추악한 죄가 늘 나타나기 때문입니다. 여기에 남모르는 고민, 불안, 공포심이 있습니다. 죄는 사함받아야 합니다. 죄의 값은 사망입니다.

그런데 감사한 것은 예수님께서 의인을 부르러 오신 것이 아니라 죄인을 부르러 세상에 오셨다는 것입니다. 만민의 죄를 이미 십자가 위에서 대속하셨습니다. 그러므로 누구든지, 심지어 살인강도라도 회개하고 십자가를 붙들면 죄 사함을 받을 수 있습니다. 어떠한 것이든 치유될 수 있습니다. 예수님 만나고 믿으면 치유됩니다. 이 복음을, 또한 이 복음의 말씀이 기록된 성경 신·구약을 알려 주어야 합니다.

예수님은 불행을 행복으로 바꾸시는 분이십니다. 요한복음 9장 1-12절에 보면 예수님은 길을 가시던 중 날 때부터 맹인 된 사람을 만나십니다. 사람이 살아가다 보면 이 맹인처럼 이해할 수 없는 어려움이나 불행을 겪을 수 있습니다.

그런데 그런 불행을 당한 사람이 예수님을 만나면 치료받고 행복해질 수 있습니다. 이것이 바로 복음입니다. 불행을 만난 사람이나 가정이 예수님을 만나도록 해 주어야 합니다. 맹인은 예수님을 만남으로 보게 되었습니다. 예수님은 맹인의 불행을 행복으로 바꾸어 주셨습니다. 명심하실 것은 모든 불행스러운 일을 하나님의 저주라고 생각해서는 안 된다는 것입니다.

예수님이 말씀하시는 죄는 욕심과 거짓으로 가득 찬 마귀의 꼬임에 빠져 하나님의 말씀을 듣지 못하고, 하나님이 보내신 예수 그리스도를 알지도 않고, 믿지도 않는 것입니다. 오직 예수 그리스도에게만 죄로부터 자유로워지고 하나님의 자녀가 될 수 있는 참된 진리가 있습니다.

그런데 이 복음을 나 혼자만 갖고 있어서야 되겠습니까? 당신은 어떻게 하시겠습니까? 이제는 전합시다. 전해야 합니다. 전하면 당신 자신이 복과 은혜를 받게 됩니다.

한 생명을 위하여

세상의 모든 위대한 일은 열정을 가진 소수의 사람들을 통해 시작됩니다. 특히 한 사람의 영향으로 큰 일이 이루어지는 경우들이 많습니다. 현재는 한 사람이지만 그 한 사람이 수십, 수백, 수만에게 영향력을 끼친다는 사실입니다.

저는 요즈음 『세계 대회고록』을 다시 읽으면서 이 사실을 더욱 확실히 느끼고 있습니다. 그 사람들의 삶을 보면 한 사람의 영향력이 얼마나 큰 지를 알 수 있습니다.

빌립을 보세요. "주의 사자가 빌립에게 말하여 이르되 일어나서 남쪽으로 향하여 예루살렘에서 가사로 내려가는 길까지 가라 하니 그 길은 광야라"(행8:26). 복음 전하는 일에 몰두하고 있던 빌립은 이 말씀을 듣고 영문도 모른 채 길을 떠나 광야에 이르게 되었습니다.

계속해서 27절 이하를 보면 빌립은 그곳에서 에티오피아의 내시를 만나게 되었고, 그에게 그리스도의 복음을 전했습니다. 내시는 그 복음을 듣고 그리스도를 구주로 영접하고 세례를 받는 감동의 역사가 펼쳐졌습니다. 그리고 이 내시가 돌아가 에티오피아의 여왕과 백성에게 그리스도를 크게 전파하였다고 합니다.

광야가 어떤 곳입니까? 그 황량한 광야를 말씀에 순종하여 달려가는 빌립의 모습이 주님의 눈에 얼마나 아름다워 보였겠습니까? 주님이 무척이나 기뻐하셨을 것입니다.

한 사람의 생명은 그 무엇보다도 귀합니다.

사도행전은 누가복음의 후편이라고 할 수 있습니다. 누가복음 1장 3절과 사도행전 1장 1절을 보면 두 권 모두 수신자가 "데오빌로"로 되어 있는 것을 알 수 있습니다. 누가가 데오빌로 각하라고 지칭되는 한 사람을 위해서 이렇게 긴 글을 쓴 것입니다.

사도행전 10장에 보면 베드로를 통해 가이사랴의 이방인 고넬료 가정이 복음을 전해 듣고, 구원받는 장면이 나옵니다. 뿐만 아니라 그 이방인들에게도 성령이 임하셨습니다. 이 모습을 본 베드로는 전도의 확신을 갖게 되었습니다. 이방인들을 향한 전도의 서곡이 울려 퍼지기 시작한 것입니다.

전도하면 사랑이 무엇인지를 알게 됩니다. 살아 계신 하나님을 체험하게 됩니다. 영적 담대함을 갖게 됩니다. 영적 무기력에서 벗어나게 됩니다. 한 사람이, 한 생명이 얼마나 소중한가를 깨닫게 됩니다. 그리고 내 주위가 그리스도인들로 둘러싸이게 됨을 체험하게 될 것입니다. 당신에게 이 은혜가 있기를 소원합니다.

성경에서는 하나의 소중함에 대해서 자주 말씀합니다. 특히 예수님께서는 한 영혼의 소중함에 대해서, 하나의 중요성에 대해서 자주 말씀하십니다. "한 영혼이 천하보다 귀하다"는 말씀이 대표적이라고 할 수 있습니다.

주님은 한 사람, 적은 무리에 대해서 대충 넘어가지 않으십니다. 성경의 문패라고 할 수 있는 말씀인 "하나님이 세상을 이처럼 사랑하사 독생자를 주셨으니 이는 그를 믿는 자마다 멸망하지 않고 영생을 얻게 하려 하심이라"(요3:16)은 단 한 사람 니고데모에게 설교하신 내용입니다.

또한 사마리아 우물가에서 주님은 한 여인에게 진리를 전하시기 위해 그 무더운 시간에도 최선을 다하십니다. 그 여인에게 생명의 물에 대해 말씀하십니다. 특별히 예배에 대해서 말씀하십니다. "하나님은 영이시니 예배하는 자가 영과 진리로 예배할지니라"(요4:24). 이 말씀도 수많은 무리들 앞에서가 아니라 이름 없고 천시 받는 한 여인에게 하신 말씀입니다. 예수님은 이렇게 한 생명이 얼마나 귀중한가를 보여 주고 계십니다. 우리는 한 생명을 위해 얼마나 많은 눈물의 기도를 쌓고 있는지 돌아보아야 할 것입니다. 당신은 하늘나라의 눈물단지에 얼마나 많은 눈물을 담았습니까?

예수님은 이렇게 한 사람 한 사람에게 전도하시고 말씀을 가르치시기 위해 최선을 다하셨습니다. 주일학교 교사, 구역지도자들이 맡겨진 사명을 대충 감당해서는 안 됩니다. 정말 정성을 다하고 그 사명에 최선을 다해야 합니다. 제직과 성도는 하나님께서 자신에게 맡겨 주신 그 사명에 최선을 다해야 합니다.

우리는 한 사람의 미래를 보아야 합니다. 한 사람, 지금은 한 사람이지만 멀리 내다볼 때 한 사람으로 끝나는 것이 아닙니다. 더 많은 사람이 있다는 사실입니다.

어느 미국인 선교사가 일본에 건너가서 선교활동을 시작하였습니다. 그는 40년간 전도하였지만 겨우 1명만을 전도하여 세례를 주었습니다. 모든 사람들이 그를 실패자라고 비웃었습니다. 세례를 받은 그 한 명도 자기가 데리고 있던 가정부였기 때문입니다. 그러나 그가 임무를 마치고 고국으로 돌아갈 무렵에는 그 가정부의 아들이 일본 신학교 교장이 되어 수많은 목회자를 길러내고 있었습니다. 그 후에야 비웃던 사람들이 그를 성공한 선교사라고 칭찬하게 되었습니다.

열정을 가지고 최선을 다해야 한다.

　우리가 하나님의 마음을 알면 최선을 다할 수 있습니다. 누가복음 15장에 보면 잃어버린 아들을 다시 찾은 기쁨에 관한 비유가 나옵니다. 허랑방탕하게 살면서 재산을 탕진한 둘째 아들은 결국 아버지 집을 회상하면서 자신의 잘못을 깨닫게 됩니다. 그리고 아버지는 돌아온 아들을 끌어안고 입을 맞추며 그를 위해 잔치를 열어 줍니다. 이것이 아버지의 마음이며 우리 모두를 향한 하나님의 마음입니다.

　제가 농촌인 고향을 떠나 서울의 야간인 영락상업고등학교에서 고학을 하며 지내던 중 너무 고생하여 병이 들고 몸이 아파서 학교를 휴학하고 잠시 시골집에 머물다 온 적이 있습니다. 아픈 몸을 이끌고 시골집 마당에 들어서는데 아버지가 신도 안 신으시고 맨발로 뛰쳐나오시며 저를 안고 우시는 모습이 아직도 기억에 생생합니다. 이것이 아버지의 마음입니다.

　한 번은 한경직 목사님이 은퇴하신 후 성경 어떤 부분의 내용과 해석에 대해 여쭙기 위해 남한산성으로 목사님을 찾아 뵌 적이 있습니다. 목사님은 사전까지 찾으시며 자세히 말씀해 주신 후 이렇게 덧붙이시는 것이었습니다. "창규 목사, 하나님은 지문이 다 달아 없으시겠지. 그런데 나는 전에 주민등록증을 내려고 동사무소에 가서 지문을 찍으니 잘 나오는 거야. 난 하나님 앞에 부끄러운 종이야." 저는 이 말씀을 듣고 크게 회개했습니다. 목사님이 얼마나 일을 많이 하신 분입니까? 그런 목사님이 스스로 하나님 앞에서 부끄럽다고 하시는 것이었습니다.

　시골 농부이셨던 저의 아버지가 얼마나 일을 많이 하셨는지 면에

가서 지문을 찍으면 지문이 달아서 안 나와 퍽 고생하시는 것을 본 적이 있습니다. 당신은 어떻습니까? 하나님의 일에 봉사하고 전도하고 기도하고 교회 섬기는 일에 최선을 다하여 천국주민증을 만들 때 일하느라 지문이 잘 안 나와 하나님으로부터 칭찬받는 우리가 되면 좋겠습니다.

우리도 한 생명, 한 영혼을 향한 전도의 발길을 옮겨봅시다. 누가 압니까? 내가 전도하므로 내일 죽으려 했던 사람이 구원을 얻는지 어찌 압니까? 가까이 있는 사람에게 최선을 다해야 합니다. 그리고 그 한 사람을 넘어 멀리 내다보아야 합니다. 이 한 사람으로 인해 많은 사람들이 영향을 받는다는 것을 생각하면서 겸손하게 최선을 다해야 합니다. 우리 앞에 있는 사람을 하나님은 쓰십니다. 우리의 아이들, 청소년들, 청년, 장년 한 사람, 한 사람을 사용하십니다. 그러기에 그들 모두 존중받고 귀히 여김 받을 사람임을 명심해야 합니다. 한 생명이 소중함을 깨달아야 합니다.

우리 스스로 자기 자신의 소중함을 알아야 다른 사람의 소중함도 느낄 수 있습니다. 내가 고통을 모르고, 내가 아픔을 겪어 보지 못하면 남의 고통과 아픔을 알 수 없습니다. 내가 어려움을 당해 보아야 다른 사람이 어려움을 당할 때 그 마음을 이해할 수 있습니다. 당신은 앞에 있는 사람을 어떻게 보고 계십니까? 주님께서는 나를 위해 십자가에 죽으신 만큼 저들을 위해서도 죽으셨습니다. 그러므로 이제 우리는 우리 앞에 있는 그 어떤 영혼이라 할지라도 함부로 대하지 말고 그 영혼의 소중함을, 그 영혼의 미래를 보면서 기도하고 그들을 위해서 최선을 다해야 합니다.

예수님은 "나를 보내신 이가 나와 함께 하시도다 나는 항상 그가 기뻐하시는 일을 행하므로 나를 혼자 두지 아니하셨느니라"(요8:29)고 말씀하셨습니다. 예수님은 자신을 보내신 분을 기쁘시게 하기 위한 일들을 하고 있다고 말씀하십니다. 우리도 예수님처럼 하나님이 기뻐하실 한 영혼 구원과 복음전도의 삶을 살아야 하겠습니다.

『세계 대회고록』을 보면서 자신의 목표를 이루기 위해 온갖 고난과 역경을 이겨내는 이들의 그 뜨거운 열정을 느낄 수 있었습니다.

이 열정과 뜨거움이 우리 안에 있기를 소원합니다. 잊지 마시기 바랍니다. 우리의 열정은 한 생명을 살리고 하나님께서 맡겨 주신 사명을 감당하는 일에 집중되어야 할 것입니다.

생명을 살리는 우리 교회가 됩시다.

한 생명을 살리는 우리 교회가 됩시다.

한 생명을 위하여 열정 있는 일꾼이 됩시다.

우리는 모두 보냄 받은 자임을 명심합시다. 아멘.

5장 그러하여도 주는 내 하나님

기대하고, 기도하고, 기다리라(롬 4:18-25)
그래서? 그게 어쨌는데?(잠 30:29-31)
밖에 기독교인 누구 없느냐?(느 1:1-11)
못 놔유 못 놔유(왕하 2:1-14)
그러하여도 주는 내 하나님(시 31:9-14)

기대하고, 기도하고, 기다리라

로마서 4:18-25

아파서 병원에 입원을 하는 이, 공부를 하는 학생, 사업을 시작하는 이, 직장을 갖게 된 이, 결혼을 앞둔 젊은이, 해외여행을 앞둔 분, 해산을 앞둔 가정, 경기를 보는 이, 경기를 하는 선수 등 모든 이들에게는 기대감이 있습니다. 부모가 자녀를 낳고 키울 때도 기대감이 있습니다.

기대는 우리의 삶에 힘과 활력소가 됩니다. 우리는 앞날에 대한 기대가 있기 때문에 오늘을 살아갑니다. 농부가 봄에 씨를 뿌리는 것은 가을에 있을 추수를 기대하기 때문입니다. 오늘 흘리는 땀을 통해 행복을 느낄 수 있는 것은 결실의 기대가 있기 때문입니다. 특히 성도들은 지혜 있는 자가 되어 궁창의 빛과 같이 빛날 것을 믿고 기대해야 합니다.

사람에게는 기대가 있어야 한다.

우리가 어려움 가운데서도 힘을 낼 수 있는 것은 이 어려움을 이

기면 좋은 일, 좋은 결과가 있을 것이라는 기대 때문입니다. 기대가 있는 사람은 일어섭니다. 기대는 우리 삶의 활력소요, 힘입니다.

〈모퉁이 돌〉 이야기를 읽는 중에 감동을 받았던 일화 두 개를 소개합니다.

미국의 역대 퍼스트레이디들 중에서 가장 '호감 가는 여성'으로 손꼽히는 사람이 엘리너 루스벨트(Anna Eleanor Roosevelt)입니다. 엘리너의 얼굴 표정은 항상 '매우 밝음'이었습니다. 그녀는 밝은 표정으로 주위 사람들을 즐겁게 해 주었습니다. 그러나 엘리너가 열 살 때 고아가 되었다는 것을 아는 사람은 거의 없습니다. 그녀는 한 끼 식사를 위해 혹독한 노동을 해야 했습니다. 심지어 돈을 '땀과 눈물의 종잇조각'이라고 부를 정도였습니다.

하지만 이 소녀에게는 남들이 갖지 못한 자산이 하나 있었습니다. 그것은 '기대'였습니다. 낙관적 인생관이었습니다. 엘리너는 어떤 절망적 상황에서도 비관적인 언어를 사용하지 않았습니다. 그녀의 여섯 자녀 중 한 아이가 죽었을 때도 "아직 내가 사랑할 수 있는 아이가 다섯이나 있는 걸"이라고 말했습니다. 기대는 밝은 성격과 낙관적 인생관을 갖게 함으로 사람의 운명을 바꾸어 놓습니다.

영국에 한 영특한 청년이 있었습니다. 청년은 학교에서 '작은 천재'로 불릴 정도로 총명했습니다. 그런데 청년이 스물다섯 살 되던 어느 날, 아버지와 함께 사냥을 나가다가 아버지의 실수로 엽총이 오발되어 두 눈을 실명하게 되었습니다. 부모는 '맹인'이 된 아들을 보며 절망의 세월을 보냈습니다. 그러나 청년의 표정은 항상 밝았습니다. 청년은 한숨 속에서 지내는 부모를 이렇게 위로했습니다. "이제 슬퍼하지 마세요. 비록 제 눈은 기능을 잃었지만 아직 머리가 남아 있잖아요."

청년은 앞날에 대해 절망이 아닌 기대감을 가지고 있었고 긍정적인 사고방식을 갖고 있었습니다. 그는 기대감, 희망을 버리지 않고 열심히 점자를 익혔습니다. 그리고 하던 공부를 다시 시작했습니다. 후에 그는 국회의원에 선출되었습니다. 그 사람의 이름은 헨리 포세트(Henry Fawcett), 영국의 교통부장관을 지낸 인물입니다. 기대가 있는 사람은 일어섭니다. 기대는 우리 삶의 활력소요 힘입니다.

사람은 환경의 지배를 받습니다. 그러나 사람에게는 환경을 변화시키는 무서운 힘이 있습니다. 긍정적인 인생관 즉 기대를 가진 사람들은 희망으로 절망을 극복하지만, 비관론자들은 술과 분노로 오히려 절망을 가중시킵니다.

기대는 하나님께서 우리에게 주신 선물입니다. 우리는 앞날을 알 수 없습니다. 모르기 때문에 생각하면서 성숙하게 됩니다. 그러므로 예언가라는 사람에게 가서 앞일을 알아보려고 하지 마세요. 앞날을 알게 된다면 우리는 스스로를 해롭게 할 수 있습니다. 이미 앞날을 알고 있기 때문에 기도할 필요가 없다고 생각합니다. 하나님을 의지하지도 않게 됩니다. 하나님을 향한 믿음이 약화되고 맙니다. 인격적으로 성숙할 기회를 상실하게 됩니다.

또한 기대는 믿음으로 얻는 선물입니다. 아브라함은 자신이 75세 때 하나님께 받았던 약속, "이 땅을 네 씨에게 주리라"(창24:7)는 하나님의 약속을 오랜 세월 동안 믿고 기대했습니다.

마음속의 소원, 즉 기대는 모든 행동의 씨앗입니다. 기대하는 것, 소원이 없으면 소득도 없고, 열정과 열망도 없고, 어떤 창조적인 역사도 일어날 수 없습니다. 그러나 기대를 갖고 열정적으로 사는 사람은 아무리 어려운 일이라도 반드시 이루어 나갈 수 있습니다. 기대는 믿음과 기적의 원동력이 됩니다. 분명한 소원을 갖고, 분명한 목표를 정하고 기대하며 전심전력하면 놀라운 기적이 일어나게 됩니다.

미국의 헨리 포드(Henry Ford)는 어렸을 때 어머니의 병세가 위독하게 되어 급히 말을 달려 의사를 모시러 가게 되었는데 급한 마음과는 달리 달리는 말의 속도는 너무 느렸습니다. 의사를 데리고 집에 도착하였을 때는 이미 어머니가 세상을 떠난 뒤였습니다. 슬픔에 잠긴 소년 포드는 급한 일에 사용하기 위해 말보다 빠른 것을 만들겠다고 결심했습니다. 그 소원을 가지고 꿈이 이루어질 것을 기대하며 평생을 바친 결과 오늘의 자동차를 만들게 되었고 세계적인 재벌이 되었습니다.

마음속에 꿈과 비전을 세우고 이것을 기대하며 앞으로 나가다 장애물을 만날 수 있습니다. 이 때 우리는 결정을 해야 합니다. 장애물을 이기고 꿈과 비전을 기대하며 계속 나갈 것인가? 아니면 포기할 것인가? 꿈과 비전을 기대하며 그 기대를 성취한 사람들은 믿음을 가지고 장애물을 극복하며 달려 나간 사람들입니다.

물론 기대가 때로 실망으로 이어지는 경우들도 있습니다. 셰익스피어(William Shakespeare)는 말합니다. "기대는 종종 어긋난다. 그리고 기대를 가장 많이 거는 것에서 가장 자주 어긋난다." 그렇습니다. 세상의 기대는 이러합니다. 가장 많이 기대하는 곳에서 가장 자주 우리에게 실망을 가져다줍니다. 우리 마음속에서 기대가 소멸되어 갈 때 얼마나 힘든지 모릅니다. 열정, 확신, 자신감을 잃게 됩니다.

그러나 우리의 기대는 믿음 안에 서 있습니다. 우리는 믿음의 기대를 가지고 있습니다. 본문의 아브라함은 이러한 기대로 산 사람입니다. "아브라함이 바랄 수 없는 중에 바라고 믿었으니 이는 네 후손이 이 같으리라 하신 말씀대로 많은 민족의 조상이 되게 하려 하심이라"(롬

4:18).

그러면 하나님께서 아브라함에게 무슨 약속을 하신 것입니까? "내가 너로 큰 민족을 이루고 네게 복을 주어 네 이름을 창대하게 하리니 너는 복이 될지라"(창12:2). 신앙인의 기대는 단순히 긍정적인 사고방식에서 비롯되는 것이 아니라, 반드시 하나님 안에서 가지는 것이어야 합니다. 아브라함의 기대는 하나님을 믿는 믿음 안에서 주어진 것이었습니다. 그 믿음 안에서 크고 작은 모든 기대를 가지고 믿음의 걸음을 걸어 나갔습니다. 하나님께서는 아브라함의 이 믿음을 의로 여기셨다고 했습니다(창15:6). 로마서에서도 같은 말씀을 볼 수 있습니다. "믿음이 없어 하나님의 약속을 의심하지 않고 믿음으로 견고하여져서 하나님께 영광을 돌리며 약속하신 그것을 또한 능히 이루실 줄을 확신하였으니 그러므로 그것이 그에게 의로 여겨졌느니라"(롬4:20-22). 믿음의 기대가 있는 곳에 하나님의 역사가 있습니다. 지금 이 순간에도 우리가 기대하며 기도하며 나아갈 때 하나님의 역사가 이루어집니다.

예수님의 이적은 기대하는 곳에서 이루어졌습니다. 그러나 기대하지 않는 곳에서는 이적과 기사가 없었습니다. 예수님은 고향 나사렛에서는 이적을 행하지 않으셨습니다. 왜냐하면 그들은 예수님에 대한 기대가 없었기 때문입니다. 목수의 아들이라고 하면서 예수님을 배척했습니다.

또한 말씀에 순종하지 않는 곳에서는 이적을 행하지 않으셨습니다. 말씀에 순종하지 않는 것은 기대를 하지 않는다는 것입니다. 그러므로 믿음으로 기대하는 사람은 인내하여야 합니다. 하나님께서 당신에게 어떤 일을 맡겨 주신 것은 당신에게 복을 주시기 위함임을 믿고 순종하고 그 복을 기대하며 나아가야 합니다. 내 조건에 맞지 않는다고 중간에 포기하지 말아야 합니다.

물론 사람인지라 꿈을 갖고 소원하던 일이 빨리 이루어지지 않을 때 실수할 수 있습니다. 믿음으로 기대하고 살던 아브라함도 순종하지 못하고 실패할 때가 있었습니다. 가뭄으로 인해 어려움이 있을 때 애굽으로 내려간 일, 그 곳에서 자기 아내 사라를 누이라고 왕에게 속인 일, 또 하나님의 뜻과 달리 자기 임의로 하갈에게서 이스마엘을 낳은 일 등이 있습니다. 이 모든 것은 믿음의 처세가 아닌 세상적인 처세였습니다.

그러나 아브라함은 실패의 자리에서 낙심하지 않고 빨리 돌이켜 회복했습니다. 그는 이 실패를 통해 비로소 하나님을 더욱 의지하며 순종하는 삶을 살게 되었고 하나님이 약속하신 그 모든 복을 받아 누리게 되었습니다. 그런데 어떤 사람은 하나님의 시험을 이기지 못하고 무너지고 맙니다. 그냥 포기하고 끝내 버리는 사람이 있습니다. 참으로 지혜가 없는 삶입니다.

기억해야 합니다. 약속은 분명합니다. 칼빈은 "하나님은 약속을 반드시 지키신다. 그러므로 인간은 그 약속에 이르도록 인내해야 한다"고 했습니다. 하나님께서 우리에게 주신 약속은 변하지 않습니다. 아브라함이 자기 임의대로 했음에도 불구하고 하나님께서는 그가 100세 때 이삭을 주셨습니다.

기대에는 기도가 필요하다.

기대하고 있다고 모든 것이 해결되는 것은 아닙니다. 기대하는 사람은 기도하는 사람이 되어야 합니다.

아브라함의 일생은 모르는 것 투성입니다. 어디로 가야 할지도 모른 채 고향 갈대아 우르를 떠납니다. 아들 이삭을 장가보내야 하는데 어떤 사람을 만나야 하는지도 모르고 종을 보냅니다. 종도 답답하기는 마찬가지입니다. 이삭도 자기 아내가 될 사람을 찾으러 가는 종을 보며 기대감과 함께 답답한 마음을 가졌을 것입니다.

아브라함은 며느리를 택하되 가나안에서 택하지 말라고 선택 기준을 말했습니다. 그런데 여기서 중요한 것은 아브라함이나 종이나 이삭이나 막연히 하나님이 약속하셨으니 기대만 하고 기다리는 것이 아니라 기도하였다는 것입니다. 아브라함은 "이 땅을 네 씨에게 주리라"고 하신 약속의 말씀을 믿을 뿐만 아니라 "하나님께서 그 사자를 너보다 앞서 보내실지라 네가 거기서 내 아들을 위하여 아내를 택할지니라"(창24:7)고 기도하였습니다.

또 종을 보세요. 창세기 24장 12절에 "그가 이르되 우리 주인 아브라함의 하나님 여호와여 원하건대 오늘 나에게 순조롭게 만나게 하사 내 주인 아브라함에게 은혜를 베푸시옵소서"라고 기도하는 모습이 기록되어 있습니다. 그냥 심부름만 간 것이 아니라 간절히 자기에게 맡겨진 일을 잘 마치게 해 달라고 기도하였습니다. 그리고 이삭을 보세요. 누구보다도 속이 탔을 것입니다. 어떤 신부를 데리고 올지 궁금해하며 장가간다는 기대만 한 것이 아니라, 그는 하나님께 기도했습니다. "이삭이 저물 때에 들에 나가 묵상하다가 눈을 들어 보매 낙타들이 오는지라"(창24:63). 그냥 기대만 하고 기다린 것이 아니라 기도했습니다.

기대하는 사람은 기도하는 사람이 되어야 합니다. 앞으로 결혼할 젊은이들은 기도로 가정을 이루도록 준비하여야 합니다. 방 있고, 살림

갖추면 행복하게 살 것이라고 기대만 하지 말고 부모와 가족들이 함께 기도해야 합니다.

다니엘도 바벨론에 포로로 잡혀온 지 70년이 되면 약속의 땅 가나안으로 돌아가게 된다는 말씀(렘29:10)을 읽고 이제는 고국으로 돌아갈 때가 됐다는 기대만 한 것이 아니라 더욱 열정을 가지고 기도하였습니다. "내가 금식하며 베옷을 입고 재를 덮어쓰고 주 하나님께 기도하며 간구하기를 결심하고"(단9:3).

믿기 때문에, 기대하기 때문에 기도하지 않는 것이 아니라, 기대하고 믿기 때문에 약속을 붙잡고 기도하는 것입니다. 다니엘처럼 하나님을 찾으며 기도해야 합니다. 다니엘이야 말로 '주여 삼창'의 원조라고 할 수 있습니다. 다니엘이 얼마나 간절하게 기도하였는지 다니엘서에 기록되어 있습니다. "주여 들으소서! 주여 용서하소서! 주여 귀를 기울이시고 행하소서!"(단9:19)

기대감이 무너지고 자살하는 사람들을 보면 그들의 답답함, 당면한 어려움을 호소할 데가 없었음을 알 수 있습니다. 그들이 다니엘이 믿은 하나님을 알고 믿었더라면 결코 자살을 택하지는 않았을 것입니다. 다니엘처럼 "주여, 들으소서!"라며 간절히 기도했을 것입니다. 다니엘은 겸손하고 확고한 믿음으로 하나님의 약속을 기대하며 간절하게 기도하였습니다.

기대하는 사람은 기다리라.

세상에서 가장 힘든 훈련이 기다리는 훈련입니다. 기다림보다 더 힘든 훈련은 없는 줄 압니다. 모든 것에는 그 '때'가 있습니다. 하나님의 사람들은 하나님의 시간에 의해 움직입니다. 내 시간이 아닙니다. 하나님의 시간입니다. 그것이 일이든, 약속이든, 기도의 응답이든 마찬가지입니다. 그리고 장차 주님이 다시 오실 그 시간도 하나님만이 아십니다. 하나님의 때, 그 때 하나님께서 일하시고 움직이신다는 사실입니다. "때가 차매 하나님이 그 아들을 보내사"(갈4:4)라고 하였습니다. 하나님의 때를 기다려야 합니다.

인간의 삶은 어느 누구를 막론하고 슬픔과 연약함이 깃들어 있습니다. 하지만 이것을 부정적으로만 볼 것이 아닙니다. 슬픔과 연약함이 있기에 하나님의 은혜를 사모하게 되는 것이고 그 은혜 가운데 참된 만족과 기쁨을 누리게 되는 것입니다. 그러니 기도할 때 의심을 품지 말고 인내하며 믿음으로 기도하면 하나님께서는 정한 때에 반드시 이루어 주십니다. 지체되더라도 하나님께서 가장 좋은 때에 응답하실 것이라고 믿고 인내하며 기도해야 합니다. 기대를 가지고 기도하는 당신에게 정하신 때에 응답하시는 하나님의 은혜가 임할 것입니다.

기다림의 축복은 하나님의 도우심을 바라는 것입니다. 기다린다는 것은 하나님의 도우심을 갈망한다는 말입니다. '기다림'은 하나님을 경외하는 성도들의 삶의 자세입니다. 변덕스러운 인간의 약속을 기대하는 것이 아니라, 영원하신 하나님의 약속을 기다리는 것입니다. "기다리라"는 것은 하나님의 때에 하나님의 방법으로 이루어질 것을 믿는 것입니다. 그냥 흘러가는 것 같아도 하나님의 정한 때가 있습니다. 기다림이 부족하면 기대가 헛되고 기도도 헛됩니다.

기대하고, 기도하고, 기다리는 이에게 인자하심과 풍성함의 은혜가 있습니다. 우리 주님은 우리에게 날마다 풍성한 은총을 베풀고 계십니다. 좀 힘들어도 참고 기다리다 보면 반드시 주님의 때가 이릅니다. 요한복음 2장에 기록된 예수님의 기적, 가나 혼인잔치에서 물로 포도주를 만드신 기적을 보세요. 특히 예수님의 어머니 마리아가 하인들에게 명령한 내용을 주의 깊게 볼 필요가 있습니다. 바로 무슨 말씀을 하시든지 그대로 하라는 명령이었습니다. 즉 예수님께서 말씀하실 때까지 서둘지 말고 기다리라는 것입니다. 드디어 예수님의 기적이 베풀어졌고, 연회장에는 이전에 있었던 포도주보다 더 좋은 포도주가 공급되었습니다. 우리가 마지막까지 간직해야 할 가장 중요한 것은 바로 기다리는 것입니다. "기대하고 기다렸더니 예수님의 기적을 보았더라." 이렇게 간증할 수 있기 바랍니다.

마음에 소원이 있습니까? 기도하는 제목이 있습니까? 그렇다면 하나님의 정한 때까지 기대하고 기도하고 기다리시기 바랍니다. 아멘.

그래서? 그게 어쨌는데?

잠언 30:29-31

오래전 죽음의 벼랑에서 극적으로 생명을 건진 한 가족의 간증이 《가이드 포스트》에 실린 일이 있습니다. 어느 날 허리케인이 미국의 플로리다 주를 강타했습니다. 역사상 그 유래를 찾을 수 없을 만큼 대형 허리케인이 카리브해에서 발생해서 예고도 없이 플로리다 주를 강타한 것입니다.

그 곳에 조그마한 호수가 하나 있었는데 이 호숫가에 찰스 시어즈(Charles Sears)라는 사람이 아내와 세 명의 어린 자식들과 함께 살고 있었습니다. 순식간에 다가온 허리케인에 의해 호수 제방이 무너져 버렸고, 그로 인하여 보금자리가 물에 잠겼습니다. 갑자기 물 가운데 떠오른 가족은 가까스로 조금 높은 지역에 있는 고목을 찾아 피신했습니다. 그러나 물이 순식간에 차올라 점점 고목도 물에 잠기게 되었고, 더 이상 올라갈 곳도 없는 처지가 되어 버렸습니다. 폭풍우는 계속되고 물은 계속 불어났습니다. 살아날 가망이 없다고 느껴지자 찰스가 절망적으로 말했습니다. "여보, 이젠 틀렸어." 그 말은 단란했던 다섯 식구의 마지막 죽음을 의미했습니다. 그 순간 아내는 이렇게 말합니다. "여보, 그런 말 말아요. 무슨 수가 생길 거예요. 당신은 아이들이나 잘 보호하세요."

이제 조금만 차오르면 그나마 가망이 없어집니다. 찰스는 다시 모든 것을 포기한 심정으로 중얼거렸습니다. "이젠 틀렸어, 여보." 그러자 아내는 물을 꼴깍꼴깍 삼키며 하늘을 보고 부르짖었습니다. "아니에요 여보, 우리는 살 수 있어요."

찰스의 아내는 무엇인가 그 동안 까맣게 잊고 있었음을 깨달았습니다. 바로 자신들과 같이 죽음의 고비에서 떨고 있는 사람들을 구하시기 위해 이 땅에 내려오신 예수님을 잊고 있었음을 깨달았습니다.

"여보, 우리가 주님을 잊고 있었네요. 주님은 우리를 살려 주실 거예요." 그래서 부부는 최대한 목을 물 밖으로 내밀고 찬송을 했습니다. "너 근심 걱정 말아라 주 너를 지키리, 주 날개 밑에 거하라 주 너를 지키리, 주 너를 지키리 아무 때나 어디서나 주 너를 지키리 늘 지켜 주시리."

이 찬송을 부르면서 찰스와 아내는 하염없이 울었습니다. 그러면서 그들은 예수님이 자신들을 내려다보고 계시는 것 같은 느낌이 들었다고 합니다. 그리고 나서 잠시 후에 호숫가에 올려져 있던 낡은 배 한 척이 떠내려 오는 것이 보였습니다. 일가족은 하나님을 찬양하며 그 배를 타고 구원을 받았습니다.

당신도 주님을 잊은 적이 없습니까? 우리 주님에 대한 확실한 믿음이 흔들렸던 적은 없습니까? 의심했던 적은 없습니까? 우리에게는 주님에 대한 자신감이 무엇보다 필요합니다. 자신감이 있어야 합니다. 주님에 대한 자신감을 가져야 합니다. 우리가 기도해야 하는 이유는 우리 자신이 부족하기 때문입니다.

하나님께서는 우리로 하여금 자연을 통해서 또는 짐승과 곤충을 통해서 배울 수 있도록 준비해 놓으셨습니다. 본문에서도 여러 종류의 짐승들이 나오는데 그 짐승들의 모습을 보면서 어려운 이 시대에 삶의 지혜를 얻고자 합니다.

사자가 어떻습니까?

어떤 짐승 앞에서도 물러가지 않습니다. 아프리카 초원에서 사자를 당할 육식 동물은 하나도 없습니다. 그러기에 낮이나 밤이나 주위를 경계하지 않고 쉬고 놀 수 있는 존재는 바로 사자들입니다. 그들은 언제나 담대합니다. 언제나 자신감에 차 있습니다. 우리가 어려운 이 세상에서 승리하려면 사자와 같이 담대하고 자신감이 있어야 합니다.

사냥개는 어떻습니까?

포수가 뒤따르는 사냥개는 의기양양합니다. 훈련된 사냥개는 일단 목표물을 발견하기만 하면 놓치는 법이 없습니다. 그 대상이 꿩이든 토끼든 심지어 힘 있는 멧돼지라 할지라도 달려들어 끈질기게 물고 늘어집니다. 언제까지 물고 늘어지는가 하면 포수가 올 때까지 입니다.

우리가 힘든 세상에서, 어려움과 고통 가운데서 삶을 살기 위해서는 사자 같은 담대함, 사냥개 같은 끈질김이 있어야 합니다. "잘 걸으며 위풍 있게 다니는 것 서넛이 있나니 곧 짐승 중에 가장 강하여 아무 짐승 앞에서도 물러가지 아니하는 사자와 사냥개와 숫염소와 및 당할 수 없는 왕이니라"(잠30:29-31).

그런데 우리에게는 이보다 더 강하시고 담대하시고 끈질김을 가지신 분, 곧 우주 만물을 다스리시고, 능력이 있으시며, 생사화복을 주장하시는 예수님이 계십니다.

갈릴리 바다는 수면보다 206m나 낮은데다가 주위에는 높은 산들로 에워 싸여 있기 때문에 무서운 풍랑이 갑자기 일어나고 또 갑자기 조용해지는 등 기상 변동이 심한 곳입니다.

흔히 우리 인생을 바다에 비유하곤 합니다. 때로는 잔잔하다가도 갑자기 험한 폭풍이 일고, 때로는 해맑다가도 갑자기 음산하고 어두운 기후가 밀려오는 것처럼 인생도 굴곡이 있기 때문입니다.

사람들은 세상이라는 바다에서 시달리며 인생을 삽니다. 바다에 떠 있는 배처럼 가정이라는 배, 교회라는 배, 나라라는 배도 풍랑을 만날 때가 있습니다. 우리 그리스도인은 배를 탄 사람과 같습니다.

"바다에 큰 놀이 일어나 배가 물결에 덮이게 되었으되 예수께서는 주무시는지라 그 제자들이 나아와 깨우며 이르되 주여 구원하소서 우리가 죽겠나이다"(마8:24-25).

예수님과 제자들이 탄 배는 조그마한 어선이었습니다. 그런데 그 어선을 타고 갈릴리 호수를 건너는 도중 풍랑이 일어났습니다. 거센 물결로 배가 덮이게 되었는데도 예수님은 계속 주무시고 계셨고 폭풍 속에서도 주님은 깨어나지 않으셨습니다.

지금 바다에는 어떤 일이 일어났습니까? "바다에 큰 놀이 일어났다"고 했습니다. "놀"이라는 말의 헬라어 원뜻은 '지진', '대소동'이라는 뜻입니다. 즉 해일이 일어났다는 것입니다. 이렇게 어마어마한 풍랑이 일고 있는데, 그것도 큰 배도 아니고 조그만 배에서 주무신 것만 보아도 주님은 대단한 분이십니다.

예수님은 모든 환경을 초월하신 분이다.

주님은 거칠 것이 없는 분이십니다. 그 무서운 풍랑 속에서도 주무시고 계셨습니다. 해일이 불어 닥쳐 바다가 뒤집히는 상황에서도 예수님은 근심이 없으십니다. 혼돈 속에서 평안을, 풍랑 속에서 안식을 누리시는 분이 예수님이십니다.

우리 주님은 바로 이런 분이십니다. 이 분이 바로 나의 주님이시요, 나의 아버지시며, 나를 도우시는 하나님이십니다. 내가 이 분을 믿고 있다면 이 분의 평화가 나의 평화가 되어야 하며, 이 분의 깊은 잠이 나의 단잠이 되어야 합니다.

예수님과 나는 하나입니다. 예수님은 나의 구주이시고, 나는 주님의 지체입니다. 그러므로 어떤 상황에서도 우리는 이렇게 말할 수 있는 것입니다.

"그래서? 그게 어쨌는데?"

많이 들어본 소리입니다. 우리들도 종종 이 말을 합니다. 제가 군에 입대했을 때의 일입니다. 논산 훈련소에서 훈련을 받는데 비만 오면 문제가 생깁니다. 우비를 입고, 배낭을 메고, 철모를 쓰고, 거기다가 비오는 날은 M1 소총을 우비 속에 거꾸로 메고 행군을 해야 합니다. 그런데다가 논산 훈련소 땅은 왜 그렇게 뻘건 진흙인지 고통이 배가 됩니다. 그 때 키 큰 사람이 앞에서 뛰면 그 날은 속된 말로 죽는 날입니다. 따라 가기가 바쁘니까요. 내가 앞에 갈 때는 그나마 사는 날입니다. 행군을 하다가 좀 쉴 때가 있습니다. 조교가 내 배를 툭 치면서 "너는 엄마 젖도 안 먹고 자랐니?"라고 묻는 것이었습니다. "왜요?" "키가 작아서." 그 때 제가 조교한테 이렇게 이야기한 것이 기억납니다. "그래서?

그게 어쨌는데요?"

저는 기도했습니다. "하나님 끝까지 훈련 잘 마치고 육본으로 보내 주셔서 교회에서 계속 주일학교 교사 하도록 해 주세요." 그런데 하나님께서 제 기도를 들어주셔서 용산에 있는 육본 인사참모부로 배치되어 제대할 때까지 영락교회 유년부 교사를 계속할 수 있었습니다.

우리 주님이 어떤 분이십니까? 해일과 같은 무서운 풍랑이 일어나도 편안히 주무시는 분이십니다. 모든 만물, 자연을 다스리시는 권능의 주님이십니다. 그 주님이 나와 함께 하시는데 두려울 것이 무엇입니까? 아무리 힘들고 어려움이 닥쳐와도 주님을 믿는 우리는 "그래서, 그게 어쨌는데?"라고 말할 수 있어야 합니다.

미국의 유명한 방송 진행자 오프라 윈프리(Oprah Winfrey)는 흑인입니다. 사생아였습니다. 가난했고 뚱뚱했습니다. 그리고 미혼모였습니다. 이에 대해서 누가 뭐라고 하면 그는 이렇게 말했습니다. "그래서, 그게 어쨌는데?"

과거에 발목 잡히지 않고, 과거의 아픈 일에 연연하지 않고 미래를 향해 담대하고 끈기 있게 나가는 사람은 말합니다. "그래서, 그게 어쨌는데?"

그뿐입니까? "곧 일어나사 바람과 바다를 꾸짖으시니 아주 잔잔하게 되거늘 그 사람들이 놀랍게 여겨 이르되 이이가 어떠한 사람이기에 바람과 바다도 순종하는가 하더라"(마8:26-27).

바다를 삼키고 자신들을 삼켜 버릴 것 같은 풍랑이 일자 제자들은 주무시는 예수님을 깨우며 이렇게 이야기합니다. "우리가 죽겠나이다." 이에 일어나셔서 바람과 바다를 향해 꾸짖으시며 잔잔하라고 명령하시니 아주 잔잔해졌습니다.

한 마디 말씀만 하시면 만물이 순종할 수밖에 없는 분, 그 분이 바로 예수님이십니다. 태초에 "빛이 있으라"고 하셨던 그 음성, 그 권위를 지닌 주님이십니다. 이 예수님이 명하십니다.

"바람아 멈추어라."

"풍랑아 잠잠하라."

"혼돈은 고요해지라."

오늘도 예수님은 당신의 인생을 향해 외치십니다. "시련과 환난의 바람은 이제 그만 멈추어라." "어지럽던 인생의 바다가 고요와 평안으로 가득할지라." 예수님의 이 음성과 함께 당신의 삶에 축복의 변화가 일어나기를 바랍니다.

이렇게 풍랑도, 바람도 잔잔하게 하시는 주님, 우주 만물을 다스리시는 전능하신 주님을 잊은 적은 없습니까? 이 주님을 절대로 잊지 않고 확실하게 믿으시는 사람이 되시길 바랍니다. 그래서 아무리 험한 풍랑이 닥쳐와도 불안해 떠는 것이 아니라 오히려 근심을 향해, 고통을 향해 "그래서, 그게 어쨌는데?"라고 외치시기 바랍니다. 넉넉하게 이기게 될 줄 믿습니다.

예수님은 우주 만물을 명령하시고, 다스리시며, 운영하시는 분이십니다. 우리가 믿고 있는 그 분, 그 분은 바로 천지를 지으신 하나님이요, 우리의 구주이시며, 우리의 아버지가 되심을 믿으시기 바랍니다.

이 분이 내 아버지시므로 우리에게 부족한 것은 없습니다. 주님의 풍성함이 나의 풍성함이요, 주님의 권능이 곧 나의 권능입니다.

우리는 담대하게 "그래서, 그게 어쨌는데?"라고 할 수 있어야 합니다. 그래야 당신의 삶이 승리하는 삶이 될 수 있습니다.

예수님은 사랑이 충만하신 분이다.

누가복음 13장 10절 이하에 보면 18년 동안이나 귀신에 사로잡혀 몸이 꼬부라진 채 아무 일도 할 수 없었던 여자를 안수하시어 그 자리에서 고쳐 주시는 주님의 모습을 볼 수 있습니다. 또한 마태복음 8장 28-34절에 보면 무덤에서 시체와 함께 기거하는 귀신 들린 두 사람이 나오는데, 동네에서 버림받고 집에서도 버림받은 사람들이었습니다. 그야말로 절망이요, 처참함이요, 비극입니다. 사람들은 보려 하지도 않습니다. 그러니까 무덤에서 지내는 것 아닙니까? 그러나 예수님의 시선은 다릅니다. 예수님께서는 그 가련하고 불쌍한 사람을 주지하고 있습니다. 사람들은 그들을 귀신들린 광란자로 보았지만, 예수님께서는 그들 속에 있는 하나님의 형상을 보신 것입니다. 그리고 저들을 고쳐 주셨습니다.

사람들은 거들떠보지도 않던 사람, 오히려 떠나기를 원했던 초라한 인생을 주님은 아브라함의 딸로, 아브라함의 아들로 보신 것입니다. 주님의 이 사랑, 눈물 나도록 크신 사랑 아닙니까?

그렇습니다. 오늘 내 모습이 아무리 작고 초라해도, 실패한 것 같아도, 세상 사람이 안 알아 줘도 주님은 나를 귀한 아들로, 하나님의 자녀로 보시고 사랑을 베푸시는 것을 믿어야 합니다. 복음은 희생이 있어야 합니다. 예수님도 이 땅에 오셔서 희생하셨습니다.

그 주님이 계시기에 실패해도, 고통이 있어도, 환난이 있어도, 어려움이 있어도 "그래서, 그게 어쨌는데?"라고 할 수 있는 것입니다.

주님은 말씀하십니다. "이것을 너희에게 이르는 것은 너희로 내 안에서 평안을 누리게 하려 함이라 세상에서는 너희가 환난을 당하나

담대하라 내가 세상을 이기었노라"(요16:33). "내가 네게 명령한 것이 아니냐 강하고 담대하라 두려워하지 말며 놀라지 말라 네가 어디로 가든지 네 하나님 여호와가 너와 함께 하느니라 하시니라"(수1:9).

세상의 사자도 늠름하고 자신감 있게 살아가는데 하나님의 자녀인 우리는 어떠해야겠습니까? 우주 만물을 창조하시고 다스리시는 전능하신 하나님께서 우리와 함께하십니다. 그러므로 주님을 잊지 마시고 첫사랑을 회복해야 합니다. 주님과의 첫사랑, 말씀과의 첫사랑, 교회와의 첫사랑, 목회자와의 첫사랑, 성도들과의 첫사랑을 회복할 때 이 은혜가 회복되고 영혼이 살찌고 신앙이 자랍니다. 그 어떤 상황에서도 "그래서, 그게 어쨌는데?" 하고 주님을 의지하며 승리하는 당신이 되시기를 축복합니다.

부탁합니다. 사자처럼 담대하고, 사냥개처럼 끈질기게 기도하십시오. 성령 충만함을 받아 겸손하고 무던하게 사랑하며 희생할 때 복음의 능력이 나타남을 믿으시기를 소원합니다. 아멘.

밖에 기독교인 누구 없느냐?

느헤미야 1:1-11

6월은 무려 반세기 전에 있었던 역사적 사건과 두 번 다시 기억하고 싶지 않은 비극의 참상을 기억하게 하는 달입니다. 아무리 아픈 기억이라 할지라도 이 일은 우리가 잊어서도 안 되고 반성해야 하는 일입니다. 교회는 그 아픔 속에서 해야 할 일을 찾아야 합니다. 그 이유는 두 번 다시 이런 전쟁의 쓰라림을 겪지 말아야 할 것이기 때문입니다. 6.25 전쟁은 인간의 모든 행복을 송두리째 앗아가 버린 비극이었습니다.

이런 비극을 안겨준 한국 전쟁은 잊혀서도 안 되겠고, 잊어서도 안 될 것입니다. 더욱이 지금 한반도에는 북한 핵 문제로 긴장이 더해 가고 있습니다. 미국을 비롯한 서방 일부 국가들의 북한에 대한 압박이 여러 형태로 나타나고 있습니다. 외국에서 들려오는 소리에 의하면 만일 상황이 더 위태로워지면 북한이 미사일에다 핵을 달아서 남한을 공격할 지도 모른다고 합니다. 그런가 하면 국내적으로는 정치, 경제, 사회, 문화, 종교, 교육 등 모든 분야가 매우 혼탁한 지경에 있습니다.

아픔과 불안과 고통 속에 있는 이 민족에게 교회와 우리 그리스도인들은 하나님의 치유의 대리자로 감당해야 할 사명이 있습니다.

모든 역사는 하나님의 손에 달려 있음을 깨달아야 한다.

성도는 인류의 모든 역사가 하나님의 섭리 속에 진행되어 간다는 것을 고백하여야 합니다. 인간의 희로애락은 물론 인류의 모든 역사가 하나님의 손에 달려 있다는 것을 믿어야 합니다.

그러면 피비린내 나는 전쟁도 하나님의 손에 달려 있는 것일까요? 그렇습니다. 신앙인은 인류의 전쟁사까지도 하나님의 섭리 속에서 진행되어 왔다는 것을 믿어야 합니다.

하나님께서 이스라엘 백성에게 어떤 경로를 통해서 복을 내리셨습니까? 젖과 꿀이 흐르는 가나안 땅을 주실 때도 전쟁을 통해 주셨습니다. 또한 이스라엘을 심판하실 때에도 전쟁을 사용하셨습니다.

역대하 20장에 보면 여호사밧이 유다를 통치하고 있을 때 암몬 족속과 모압 족속이 침공해 들어왔습니다. 그 때 여호사밧은 심히 두려워 떨었습니다. 모압이 침공했을 때 유다는 적군을 대적할 능력이 없었습니다. 무엇을 어떻게 해야 할지 갈팡질팡할 뿐이었습니다. 그 때 여호사밧이 할 수 있는 것은 오직 하나님께 기도하는 것뿐이었습니다.

"유다 모든 사람들이 그들의 아내와 자녀와 어린이와 더불어 여호와 앞에 섰더라"(대하20:13). 어린아이들까지 하나님의 도우심을 바라며 금식하며 기도했던 것입니다. 왜냐하면 모든 역사와 전쟁은 하나님의 손에 달려 있음을 믿었기 때문입니다. 그러기에 그들은 기도할 수밖에 없었던 것입니다.

유다 백성의 기도를 들으신 하나님은 레위 사람 야하시엘에게 성령이 충만하게 하시고 이런 예언을 하게 하십니다. "이 큰 무리로 말미암아 두려워하거나 놀라지 말라 이 전쟁은 너희에게 속한 것이 아니요 하나님께 속한 것이니라"(대하20:15). 이 전쟁은 여호와께 속한 것이니 두려워하지도, 놀라지도 말라는 것입니다.

우리는 모압과 암몬 족속의 침공으로 위기를 맞이했을 때 유다의 왕과 그 백성들이 어떤 모습을 보였는지 잘 살펴보아야 합니다. 유다의 여호사밧은 온 유다 백성에게 금식을 공포하고 여호와를 향해 간절히 기도했습니다. 이에 유다 백성은 여호와께 도우심을 구하려고 모든 성읍에 모여서 하나님께 기도했습니다. 심지어 아내와 자녀와 어린 자들까지 힘을 합해서 기도했습니다.

그리고 여호사밧 왕은 백성들을 향해 이렇게 외칩니다. "너희는 너희 하나님 여호와를 신뢰하라 그리하면 견고히 서리라 그의 선지자들을 신뢰하라 그리하면 형통하리라"(대하20:20). 여호사밧은 하나님을 굳게 믿고, 선지자의 예언을 굳게 믿었으며, 전쟁이 여호와의 손에 달려 있음을 알았습니다.

사람이나 세상이 평화를 줄 수 있는 것이 아닙니다. 사람이 주는 평화, 사람의 방법으로 얻어지는 평화는 모양은 평화일지 모르지만 거기에는 또 다른 불행이 싹트고 있을 뿐입니다.

진정한 평화는 하나님께로부터 오는 것입니다. 하나님의 거룩한 뜻과 정의가 실현되는 곳에 진정한 평화가 있습니다.

예수님께서 이 땅에 오심은 바로 이 평화를 위해서입니다. 진정한 평화는 예수 그리스도를 통해서 이루어집니다. 참 평화는 예수 그리스도의 십자가를 통해서만 이루어질 수 있습니다. 주님을 통해서, 주님과 같은 방법으로 나아갈 때 평화가 이루어지는 것입니다. 그렇습니다. 인간의 모든 희로애락이 여호와의 손에 달려 있습니다. 전쟁의 역사도 여호와의 깊은 섭리에 의해 운영되고 있음을 우리는 믿어야 합니다.

그러기에 이런 위기 속에서 참 평화를 가져다주시는 분은 오직 하나님이심을 믿어야 합니다. 이제 주님께 모든 것을 의지하고, 그 분의 도우심을 바라며, 오로지 주님의 이름을 부르며 사는 성도들이 되시기를 바랍니다.

우리나라 사화에 이런 이야기가 있습니다. 살해조가 명성황후를 덮쳤습니다. 여러 명의 무사들이 쓰러진 작은 여인을 난자했습니다. 칼에 피가 튀었습니다. 모든 일은 계획대로 빠르게 진행되었습니다. 살해조는 아직 죽지 않았을지도 모르는 황후를 이불에 둘둘 말아 멀지 않은 정원 마당으로 옮겨 던졌습니다. 그 위에 석유를 붓고 준비한 나무를 주위에 쌓았습니다. 그리고 타오르는 불에 계속 석유를 부어댔습니다. 모든 것이 다 타고 몇 조각의 뼈만 남았습니다.

기울어 가는 나라, 그 슬픈 나라의 국모는 이렇게 비참하게 죽었습니다. 명성황후가 살해되는 그 급박한 상황에서 고종은 이렇게 소리쳤습니다.

"밖에 기독교인 누구 없느냐?"

누구도 의지할 수 없는 절박한 상황에서 한 나라의 왕이 의지하고자 했던 대상이 교회였습니다. 그리스도인이었습니다. 바로 하나님이었습니다.

그 당시 얼마 되지 않던 한국 교회가 이 민족 속에 이렇게 깊이 뿌리내리게 된 이유가 무엇입니까? 민족의 아픔을 교회의 아픔으로 끌어안았기 때문입니다. 그리고 그 문제를 풀기 위해 힘을 합하여 기도했기 때문입니다.

지금 이 민족이 처해 있는 현실을 보십시오. 60년 이상이 되어도 치유되지 않는 남북 분단의 상처가 있습니다. 그날의 상처는 아직도 우리들에게 큰 영향을 미치고 있습니다. 국민들은 시대의 험난한 파고를 헤쳐 오느라 지칠 대로 지쳐 있지만, 정작 지금의 우리 경제는 그 어느 때보다 힘든 고개를 넘어가고 있는 상황입니다. 또한 빈부의 격차로 탈진 상태에 있는 서민들의 고통이 있습니다.

세계를 향해 꿈을 갖고 나가야 할 민족의 행보가 부패로 얼룩진 지도자들로 인해 허탈한 상태에 빠져 있습니다. 이 사회가 온통 돈 때문에 아버지가 자녀들을 죽이고, 부인을 죽이고, 자살을 하는 일이 빈번하게 일어납니다. 이 민족의 아픔과 상처가 너무나 큽니다.

이렇게 중요한 시기에 한국 교회는 어떠하며 그리스도인은 어떠합니까? 주일에는 그리스도인의 옷을 입고 평일엔 세상 사람들의 옷을 입는 성도들이 많이 있지는 않습니까? 이제 우리는 두 벌 옷을 벗어야 합니다.

민족의 아픔과 상처, 고통을 교회가 끌어안고 통곡하며 기도해야 한다.

급박한 상황에서 울려 퍼진 "밖에 기독교인 누구 없느냐?"는 고종 황제의 다급한 외침이 오늘 우리 사회의 여기저기에서도 울려 퍼지고 있습니다. 우리 교회는 바로 그 외침소리를 들어야 합니다.

본문에 느헤미야는 이스라엘 민족이 처한 큰 환난과 능욕과 고통의 소식을 듣고 난 후 울고 슬퍼하면서 수일 동안 금식하며 기도했습니다.

영혼의 아픔을 담아 통곡하는 기도는 하나님의 보좌를 움직입니다. 느헤미야는 하나님의 백성들이 경멸당하고 하나님의 이름이 욕되게 되는 것을 괴로워하면서 말할 수 없는 탄식의 기도를 드렸습니다. 자신은 탄식하지 않아도 될 넉넉한 위치에 있었습니다. 그러나 그는 민족의 아픔이 자신의 아픔인 양 끌어안고 탄식하며 부르짖었습니다.

우리 한국교회에 지금 이 기도가 회복되어야 합니다.

한 사람의 진실된 기도가 얼마나 큰 역사를 가져오는지를 스코틀랜드의 존 낙스의 삶을 통해서 볼 수 있습니다. 전쟁과 부패로 얼룩진 민족의 아픔을 끌어안고 존 낙스는 이렇게 기도하였습니다. "하나님, 스코틀랜드를 주옵소서. 그렇지 않으면 제 목숨을 거두어 주옵소서!" 이렇게 민족의 상처와 아픔을 끌어안고 몸부림치는 기도에 하나님은 스코틀랜드의 회복으로 응답하셨습니다.

열왕기하서에 보면 모든 사역을 마치고 불 수레와 불 말들과 회리바람을 타고 하늘로 올라가는 엘리야 선지자를 바라보던 엘리사가 큰 소리로 외칩니다. "내 아버지여 내 아버지여 이스라엘의 병거와 그 마병이여."(왕하2:12) 하나님의 사람이었고 기도의 사람이었던 엘리야 선지자, 지금까지 이스라엘을 지켰던 것은 바로 그의 기도와 믿음이었다는 고백입니다.

우리 나라를 지금까지 지켜 주신 분은, 앞으로 지켜 주실 분은 오직 하나님뿐이심을 믿으시기 바랍니다. 우리나라를 지켜 주는 것은 미군도 아니요, 첨단무기도, 핵무기도 아닙니다. 유엔도 아닙니다. 지금까지 나라와 민족을 위해 드려진 무명의 신앙인들의 기도가 이 나라를 지켜 왔다는 사실을 믿으시기 바랍니다.

또한 열왕기하 13장 14절을 보면 엘리사가 병들어 죽어갈 때 그의 임종을 지켜 보던 이스라엘 왕 요아스가 그를 향해 "이스라엘 병거와 마병이었다"고 외치는 소리를 들을 수 있습니다. 요아스는 지금까지 이스라엘을 지켜 왔던 것이 무기와 군사가 아니라 엘리사 선지자의 믿음과 기도였다는 것을 말하고 있습니다.

기도가 소망을 이루어 줍니다.

기도하는 민족은 망하지 않습니다.

기도하는 가정은 망하지 않습니다.

기도의 사람은 천군만마의 군사력을 지닌 영적인 군대입니다. 나라를 위한 나의 기도가 이 나라를 지키는 힘이요, 능력이 된다는 것을 명심하시기 바랍니다.

당신이 가정과 자녀들을 위하여 드리는 기도는 곧 당신의 가정을 지키는 힘이요, 능력이 된다는 것을 믿어야 합니다. 우리 한 사람의 기도가 얼마나 큰 힘이 되고 능력이 되는지 모릅니다.

10년 전쯤 TV나 라디오에서 접하곤 했던 국정홍보처의 광고가 있습니다. "당신은 바로 우리 대한민국의 소망입니다." 그렇습니다. 교회와 기도의 사람이야말로 대한민국의 소망임을 명심하시기 바랍니다.

미국 어느 대학에 제니라는 교수가 강의실에서 칠판에 이렇게 적었습니다. "앞으로 3일만 산다면 무엇을 할 것인가?" 학생들은 여러 가지 말을 했습니다. 다 듣고 나서 제니 교수는 칠판에 "Do it now"라고 썼습니다. 바로 그 일을 지금 하라는 것입니다. 지금 우리가 당장 할 일이 무엇입니까?

엘리야의 기도, 엘리사의 기도는 이스라엘의 병거와 마병이었습니다. 당신의 기도 역시 대한민국의 병거와 마병이 될 것이며, 당신의 가정에 힘과 방패가 될 것을 믿으시기 바랍니다.

우리가 사는 인생은 아주 험난하기 짝이 없습니다. 험난한 세파에서 나를 보호해 주실 수 있는 분, 나의 힘이 되실 수 있는 분은 오직 주님뿐입니다. 그 주님께 날마다 기도드리는 일을 게을리 해서는 안 됩니다.

우리 나라의 운명은 주님의 손에 달려 있습니다. 우리 가정의 운명도 주님의 손에 달려 있습니다. "밖에 기독교인 누구 없느냐?"는 외침 소리를 들을 수 있어야 합니다. 아멘.

못 놔유 못 놔유

열왕기하 2:1-14

주기도문은 예수 그리스도께서 제자들에게 친히 가르쳐 주신 기도입니다. 그러나 많은 기독교 신자들은 예배 때마다 주문처럼 외우고 마는 것이 현실입니다. 한때 인터넷 기독교 관련 커뮤니티와 개인 블로그를 중심으로 '주님의 기도를 바칠 때'라는 글이 두루두루 퍼지며 이런 세태에 반성을 불러 일으킨 적이 있습니다. 우루과이의 작은 성당의 벽에 쓰여 있는 기도문을 옮긴 것이라는 이 글은 주기도문에 나오는 각 구절을 인용하면서 내 삶이 입에서 나오는 기도문에 부합되는지 성찰하게 하는 한 마디를 더하는 방식으로 되어 있다고 합니다. 네티즌들은 "이 글을 읽고 주기도문의 참 뜻에 부합되는 마음가짐이나 행동을 해 왔는지 스스로를 반성하게 되었다"고 공감을 표시하였습니다. 아이디가 '바람'인 네티즌은 "구절구절이 송곳처럼 나의 마음을 찌른다"며 "한 가지씩 한 가지씩 자신 있게 기도를 바칠 수 있도록 노력하겠다"고 말했습니다.

2004년 11월 17일자 동아일보에 보도된 내용 그 전문입니다.

"하늘에 계신" 하지 말아라, 세상 일에만 빠져서.

"우리" 하지 말아라, 너 혼자만 생각하며 살아가면서.

"아버지의 이름이 거룩히 빛나시며" 하지 말아라, 자기 이름을 빛내기 위해서 안간힘을 쓰면서.

"아버지의 나라가 오시며" 하지 말아라, 물질만능의 나라를 원하면서.

"아버지의 뜻이 하늘에서와 같이 땅에서도 이루어지소서" 하지 말아라, 내 뜻대로 되기를 기도하면서.

"오늘 저희에게 잘못한 이를 저희가 용서하오니 저희 죄를 용서하시고" 하지 말아라, 누구엔가 아직도 앙심을 품고 있으면서.

"저희를 유혹에 빠지지 않게 하시고" 하지 말아라, 죄지을 기회를 찾아다니면서.

"아멘" 하지 말아라, 주님의 기도를 나의 기도로 바치지 않으면서.

(주님의 기도를 바칠 때)

오늘 우리 사회의 모습, 우리 삶의 모습은 어떻습니까? 예배를 드릴 때마다 당신은 어떤 자세를 가지고 있으며, 어떤 생각을 하고 있습니까?

예수님은 "너희는 세상의 빛이다. 세상의 소금이다. 가루 서 말 속에 들어 있는 누룩이다"라고 말씀하셨습니다. 우리 성도들이 세상을 변화시켜야 할 책임 있는 존재라는 것을 말씀하신 것입니다. 악한 세상을 그냥 모른 체 하고 지나갈 수 없습니다. 혀만 찰 수 없습니다. 어떻게 하면 악한 세력을 물리치고 이 땅에 하나님의 나라가 이루어져 가게 할 것인가를 우리 그리스도인들은 심각하게 고민하고 노력해야 합니다.

소돔과 고모라가 왜 망했습니까? 악해서 망했습니까? 물론 악해서 망했다고 할 수 있습니다. 그러나 창세기를 자세히 읽어 보면 소돔과 고모라가 망한 것은 악해서가 아니라 의인이 없었기 때문입니다. "의인 10명만 있으면 내가 10인을 인하여 멸하지 아니하리라"(창 18:32).

의인 10명이 없어서, 아니 하나님이 원하시는 의인의 숫자가 없어서 소돔과 고모라가 망한 것입니다. 악한 세상을 구할 수 있는 것은 많은 사람들이 아닙니다. 하나님의 사람들이 바로 살며 포기하지 않고 세상을 변화시키기 위한 노력을 할 때 세상은 망하지 않습니다.

영국이 산업혁명의 영향으로 많은 문제들이 생겨나서 사회 전체가 큰 혼란에 빠졌을 때 영국을 혼란에서 구한 사람은 많은 사람들이 아니었습니다. 찰스 웨슬리와 요한 웨슬리 형제를 중심으로 한 옥스퍼드 대학의 성경 공부 모임에서 시작된 작은 움직임이 영국 전체를 살릴 수 있었습니다.

'나 한 사람이 무슨 힘이 있을까? 무슨 영향력을 발휘할 수 있을까? 우리 교회가 무슨 힘이 있을까? 내가 올바로 산다고 세상이 바뀌어질 수 있을까?' 이렇게 생각할지 모르나 그것은 하나님의 생각이 아닙니다.

우리는 약하고 부족한 것이 사실입니다. 하지만 하나님의 말씀은 그런 우리가 주님 안에서 모든 것을 할 수 있다고 하십니다. "내게 능력 주시는 자 안에서 내가 모든 것을 할 수 있느니라"(빌4:13). 이 말씀을 믿고 할 수 있다는, 될 수 있다는 적극적인 생각, 적극적인 믿음을 가져야 합니다. 바로 우리 교회 때문에, 당신 때문에 이 나라가 망하지 않습니다. 그러기 위해 영적으로 풍성하며 말씀과 기도가 풍성한 삶을 사시기를 소원합니다.

"너는 여호와 네 하나님의 성민이라 네 하나님 여호와께서 지상 만민 중에서 너를 자기 기업의 백성으로 택하셨나니 여호와께서 너희를 기뻐하시고 너희를 택하심은 너희가 다른 민족보다 수효가 많기 때문이 아니니라 너희는 오히려 모든 민족 중에 가장 적으니라"(신7:6-7).

하나님께서 이스라엘을 성민으로, 거룩한 백성으로, 또 만민 중에서 하나님의 기업으로 택하신 것은 이스라엘이 다른 민족보다 수가 많거나 잘나서가 아니라, 오직 모든 민족 중에 가장 적기 때문이라는 말씀입니다. 다른 민족보다 볼품이 없기에, 희망이라고는 없는 민족이기에 선택하셨다는 말씀입니다.

머리가 좋아서도 아닙니다. 능력이 많아서도 아닙니다. 강해서도 아닙니다. 다른 민족보다 약하기에, 적기에, 가난하기에 택하신 것입니다. 그러한 민족을 택하셔서 하나님을 잘 섬기게 하고 큰 복을 주시려고 이스라엘을 택하신 것입니다.

다시 말씀드리면 이스라엘을 택하심은 이스라엘에 자격이 있어서가 아니라 전적으로 하나님의 사랑과 은혜로 이루어진 일이었습니다. 또 이스라엘 조상들과의 약속을 지키시기 위함이었습니다.

그렇게 선택을 받았던 이스라엘은 노예 시절, 가난하고 힘들었던 시절의 겸손함을 쉽게 잊고 말았습니다. 쉽게 교만해져 불순종을 밥 먹듯이 하기 시작하더니 스스로 강해지기 시작했습니다. 심지어는 하나님 앞에서도 강해지고 목이 곧은 백성이 되더니 하나님께서 사용하실 수 없는 그릇이 되고 말았습니다. 그들은 결국 하나님의 아들 예수 그리스도를 십자가에 못 박아 죽이기에 이르렀고, 그 십자가를 통해 이스라엘은 선민 특권을 빼앗기고 말았습니다. 대신에 바로 우리가 선민이 되었습니다. 주님의 십자가를 통해서 우리가 선민이 되었습니다. 어찌 감사하지 않을 수 있겠습니까? 선민은 선민에게 목적이 있는 것이 아닙니다. 선민을 통해 밖에 있는 사람들이 하나님께로 돌아오고 또 우리와 같은 축복을 받게 하시려고 우리를 선택하고 뽑으신 것을 명심하셔야 합니다.

우리는 샘플입니다. 축복의 모델입니다. 그리스도를 보여 주어야 합니다. 우리로 인해 불신자들이 하나님을 알아야 합니다. 하나님의 행복 속으로 들어오도록 해야 합니다. 이것은 그냥 되는 것이 아닙니다. 영적으로 더욱 겸손하고 갈급하고 하나님의 은혜를 사모할 때 역사가 일어남을 알아야 합니다. 그러므로 우리 교회가 중요합니다. 우리 한 사람 한 사람이 중요합니다.

본문을 보면 하나님의 위대한 종인 엘리야가 하늘나라로 승천할 때가 가까워서 하나님이 지시하시는 곳으로 가는 것을 볼 수 있습니다. 엘리야가 누구입니까? 선지자의 대표적인 인물로서 모세와 함께 변화산에서 예수님과 함께 나타났던 인물이요, 바알과 아세라 선지자 850명과 대결하여 여호와의 신으로 승리하고 이들을 처단한 용기 있는 사람입니다. 말 한 마디에 이스라엘 땅에 3년 6개월 동안 비가 오지 않게 했고, 그가 다시 기도하여 하늘이 비를 내리는 정말 위대한 하나님의 종이었습니다. 그런 엘리야가 하늘나라로 가기 위해 준비하고 있을 때에 엘리사가 보여 준 모습이 오늘 우리의 모습이 되기를 소원합니다.

끝까지 엘리야를 쫓아가는 모습

엘리사는 "엘리야 선지자가 떠나가면 어떻게 하나? 나라도 그 뒤를 이어서 못 다한 하나님의 일을 해야지. 이방 신들과 싸워야 하지 않는가? 그러려면 하나님의 능력을 받아야 한다"는 생각으로 하나님의 능력을 받기 위해 엘리야를 쫓아갔습니다.

당시 엘리야가 설립한 선지자 학교에는 엘리사 외에도 50명의 선지자 생도들이 있었습니다. 그런데 그들은 엘리사와 같이 엘리야를 적극적으로 쫓지 않았습니다. 멀리서 바라보고만 있었습니다. 하나님은 그런 생도들을 통하여 큰일을 하지 않으셨습니다. 그런 생도들에게 엘리사에게 주신 갑절의 영감을 주지 않으셨습니다.

역사는 누가 이끌어 갑니까? 소명을 가진 사람들입니다. 소명을 가지고 일하는 한 사람, 소명을 가진 소수가 소명이 없는 사람들 백 사람이든 천 사람이든 끌어갑니다. 하나님의 일은 누가 합니까? 소명을 가진 사람들입니다.

멀리서 바라만 보고 있는 선지자의 생도들이 되지 말고 엘리사와 같이 "나라도 뒤를 이어서 주님의 일을 해야 한다", "바알과 아세라와 싸워야 한다", "나라도 세상을 변화시켜야 한다", "능력 받으면 나도 할 수 있다"는 적극적이고 긍정적인 생각을 가지고 끝까지 기도하며 나아가야 되겠습니다. 그런 자를 하나님은 원하십니다. 그런 자에게 능력을 주십니다. 그런 자를 통하여 하나님은 큰 뜻을 이루십니다. 그런 자를 하나님은 샘플로 삼으시고 축복의 모델로 삼으십니다. 우리가 주님을 끝까지 쫓아 하나님으로부터 샘플이 되고 축복의 모델이 되어 영과 육이 복 받아 풍성하게 되시기를 축원합니다.

갑절의 영감을 구하는 모습

엘리사가 엘리야를 쫓아간 궁극적인 이유는 갑절의 영감을 얻기 위해서입니다. 계속해서 자기를 쫓아오는 엘리사에게 엘리야가 묻습니다. "엘리사야 왜 그렇게 나를 쫓아오느냐 나에게 원하는 것이 무엇이냐?" 그러자 엘리사는 "당신의 성령의 하시는 역사가 갑절이나 내게 있기를 원하나이다" 하고 갑절의 영감, 성령의 역사를 구합니다.

시대는 점점 더 악해져 가고 우상 숭배는 더 심해져 갈 텐데 이런 때 정말 필요한 것이 성령님의 능력이었습니다. 성령님의 충만한 능력이 있어야만 사명을 감당하고, 하나님의 귀한 뜻을 이루어 드릴 수 있으며, 세상을 변화시킬 수 있다는 믿음을 가지고 엘리사는 갑절의 영감을 구하게 되었습니다.

그렇습니다. 하나님의 은혜가, 하나님의 능력이 내 속에 함께 있으면 우리는 갑절의 영감을 받은 엘리사가 엘리야의 뒤를 이어 훌륭하게 사명을 감당한 것처럼 큰 일을 감당하고 능력 있는 종이 될 줄로 믿습니다.

오늘날 많은 사람들이 봉사를 하다가, 주의 일을 하다가 실패하는 것은 '하나님이 공급하는 힘으로 하지 않고 자신의 힘'으로 하기 때문입니다. 자신의 힘을 너무 과신한 나머지 하나님의 능력을 요청하지 않고 하나님께 기도하지 않기 때문입니다. 실패합니다. 성공하지 못합니다. 예수 믿는 사람에게는 생명이 있습니다. 예수 믿는 사람에게는 천국이 있습니다. 이것을 믿는 사람은 삶이 달라집니다. 이것을 믿는 사람은 은혜로 일합니다. 은혜로 일하는 사람과 자기 힘으로 일하는 사람은 다릅니다. 결과도 다릅니다.

스펄전은 "위로부터 주어지는 능력을 받지 못한다면 비를 뿌리지 못하는 구름처럼 아무 쓸모가 없다"고 말하였습니다. 구름은 구름입니다. 그러나 비를 뿌리지 못하는 구름입니다. 세상을 소생시키지 못하는 구름입니다. 세상에 활력을 주지 못하는 무늬만 구름입니다. 하나님의 능력을 사모하고 갑절의 영감을 구하여 영이 풍성하게 되시기를 축원합니다.

소원을 이룬 엘리사의 모습

성경에는 소원과 관련된 말씀이 많은데 특히 시편에는 하나님께서 소원을 들어주시는 사람들에 대한 말씀이 있습니다. "주는 겸손한 자의 소원을 들으셨다"(시10:17), "또 여호와를 기뻐하라 그가 네 마음의 소원을 네게 이루어 주시리로다"(시37:4), "그가 자기를 경외하는 자들의 소원을 이루신다"(시145:19). 즉 하나님께서는 겸손한 자, 하나님을 기뻐하고 경외하는 자의 소원을 이루어 주신다는 말씀입니다.

갑절의 영감을 구하면서 엘리야를 따랐던 엘리사가 언제 성령의 충만을 받았습니까? 누구한테 받았습니까? "나를 네게서 데려가시는 것을 네가 보면 그 일이 네게 이루어지려니와"(왕하2:10). 갑절의 영감은 하나님을 보고 하나님을 만날 때 하나님이 주신다는 것을 믿어야 합니다. 갑절의 영감은 은혜를 사모하며 믿음으로 하나님께 간구하는 사람에게 임함을 믿으시기 바랍니다.

항상 갑절의 영감을 구해야 합니다. 성령의 능력을 구해야 합니다. "구하는 자에게 성령을 주시지 않겠느냐", 주님은 성령의 능력을 약속하셨습니다. 능력 주시는 주님을 굳게 붙잡고 그 주님을 끝까지 따라갈 때, 성령님의 충만을 받을 수 있고 하나님의 큰 능력을 체험할 수 있습니다.

제가 전에 시골에서 초등학교 시절을 보낼 때였습니다. 공부하고 오후가 되면 소를 끌고 뚝방으로 나가 풀을 먹이곤 했습니다. 어느 여름날 송아지를 끌고 나가시는 아버지를 따라 개울가로 나갔습니다. 아버지께서는 송아지를 저에게 맡기시면서 "누나 시집 갈 밑천이여, 잘 먹여야 돼"라고 하시고는 냇가로 가셔서 목욕을 하셨습니다. 얼마 후 갑자기 어두워지더니 천둥소리가 요란하게 들리기 시작했습니다. 얌전히 풀을 뜯던 송아지가 천둥소리에 놀라 언덕 아래로 뛰어갔습니다. 나는 밧줄을 팔에 감았습니다. 송아지가 언덕 아래 자갈길에 도착하자 나는 쓰러져 버리고 말았습니다. 질질 끌려 자갈밭을 뒹굴며 끌려갔습니다. 송아지를 놓으면 도망갈 것 같아 끝까지 끈을 잡은 채로 끌려갔으니 팔꿈치에서 피가 나고 옷이 찢겨져 배에서 피가 나고 무릎에서도 피가 났습니다.

아버지가 놀라 쫓아오시면서 큰 소리로 "밧줄을 놓아라" 하고 소리를 지르는데 저는 "못 놔유, 못 놔유, 죽어도 못 놔유, 우리 누이 시집 못 가유" 하며 잡고 늘어졌습니다. 아버지가 어느새 쫓아오셔서 송아지를 멈추고 아버지도 우시고 저도 엉엉 울어 버렸습니다.

저는 요즘 "못 놔유, 못 놔유! 하나님, 하나님을 절대로 못 놔유!"라고 하며 기도합니다. 하나님을 놓치고 나면 나는 망합니다. 우리 교회가 망합니다. 우리 나라가 망합니다. 내가 아무리 피곤하고 힘들어도 하나님을 절대 놓을 수가 없습니다. 이 외침이 당신의 외침이 되기를 소원합니다. "하나님, 내게 갑절의 영감을 주시지 않으면 놓을 수 없습니다. 내게 복을 주시지 않으면 하나님을 놓을 수 없습니다. 놓지 않겠습니다." 얍복강의 야곱과 같이, 엘리사와 같이 부르짖고 끝까지 주님을 쫓아가 축복과 성령님의 갑절의 영감, 하늘의 능력을 받고, 하늘의 신비한 체험을 얻어 영이 풍성하여 교회와 사회와 민족을 살리는 이 세상의 의인이 되시기를 주님의 이름으로 축원합니다.

지금 우리 나라, 우리 사회에는 혁명이 일어나야 합니다. 바로 정신 혁명입니다. 총칼을 든 혁명이 아니라 정신 혁명이 일어나야 합니다. 정치, 경제, 교육, 문화, 특히 교계에, 한국 교회에 예수의 정신을 이어받은 정신 혁명이 일어나야 합니다.

그 정신 혁명은 물질로, 권력으로, 힘으로 되는 것이 아닙니다. 오직 여호와의 영이 머물고, 성령의 감동이 있을 때 일어날 수 있습니다. 본문 2-6절에서 엘리야가 엘리사에게 너는 여기 머물라고 세 번이나 말할 때, 엘리사는 "여호와께서 살아 계심과 당신의 영혼이 살아 있음을 두고 맹세하노니 내가 당신을 떠나지 아니하겠나이다"라고 세 번이나 대답을 합니다. 엘리야는 놓아라 하지만 엘리사는 "못 놔유, 못 놔유!" 하며 끝까지 따라가더니 엘리야에게 역사하셨던 성령의 능력을 갑절이나 받고, 문자 그대로 하나님의 영이 머무는 자, 성령의 감동이 있는 자가 되어 위기에 빠진 나라를 구해 냈습니다.

선지자의 제자들처럼 아는 것으로 끝나지 말고 엘리사처럼 "못 놔유, 못 놔유!"라고 부르짖어 하나님의 영이 머물고 성령에 감동된 우리가 되기를 소원합니다. 이 땅에 정신 혁명을 일으켜 이 나라, 이 민족을 구하고 7천5백만 민족을 복음화하는 선한 일꾼들이 됩시다. 그리고 당신이 안고 있는 고민도 하나님께로부터 시원하게 해결 받으시기를 축원합니다. 아멘.

그러하여도 주는 내 하나님

시편 31:9-14

우리가 자주 믿음을 말하지만 믿음이 무엇이냐고 물으면 대답을 잘못할 때가 있습니다. 한마디로 말하면 믿음이란 우리 죄 곧 나의 죄를 위해 십자가에서 보혈을 흘리시며 대속해 주신 예수 그리스도의 은총을 전적으로 신뢰하고 그를 의지하는 것입니다.

본문에서도 다윗은 "여호와여 그러하여도 나는 주께 의지하고 말하기를 주는 내 하나님이시라 하였나이다"(14절)라고 고백합니다. "그러하여도 주는 내 하나님"이십니다. 다윗의 이 고백은 오늘도 우리의 가슴을 저리게 합니다.

히브리서 기자는 하나님 약속의 완성을 믿는 것을 믿음이라고 했습니다. 루터는 믿음이란 "하나님의 역사와 약속에 대한 전적인 신뢰와 복종"이라고 했습니다.

미국의 노먼 빈센트 필(Norman Vincent Peale) 목사는 60년 동안 뛰어난 지혜로 많은 사람들에게 희망을 주었습니다. 어느 날 한 중년의 사내가 필 목사를 찾아왔습니다. "목사님, 평생 밤낮 없이 열심히 일했는데 그동안 이루어 놓은 제 사업이 부도가 났습니다. 이제 저는 제 인생의 모든 것을 잃었습니다." 필 목사는 그에게 종이 한 장을 내밀며 물었습니다. "모든 것을 다 잃었다고요? 그럼 이 종이에 당신에게 남아 있는 것을 적어 봅시다." "부인은 있습니까?" "예, 불평 없이 묵묵히 뒷바라지 해 준 훌륭한 아내가 있습니다." 필 목사는 종이에 '훌륭한 아내'라고 적었습니다. "자녀들은 있습니까?" "예, 착하고 귀여운 세 아이가 있습니다." 필 목사는 다시 '착하고 귀여운 세 아이'라고 적었습니다. "친구는요?" "예, 남들이 부러워할 만한 헌신적인 좋은 친구들이 있습니다." 필 목사는 종이에 '헌신적인 친구들'이라고 적었습니다. "당신의 건강은 어떻습니까?" "예, 건강 하나만은 정말 자신 있습니다. 아주 좋습니다." 필 목사가 적은 종이를 지켜보던 남자가 갑자기 큰 소리로 말했습니다. "목사님, 정말 감사합니다. 모든 것을 잃어버린 줄 알았는데 제게는 아직도 귀한 것들이 많이 남아 있네요. 다시 일어설 수 있을 것 같습니다."

세상에는 부정적인 생각으로 사는 사람과 긍정적으로 생각하고 사는 사람들이 있습니다. 또 믿음을 가지고 적극적인 생각을 하며 살아가는 사람이 있는가 하면, 믿음 없이 소극적인 생각을 하며 살아가는 사람이 있습니다. 성경에서도 부정적인 생각으로 살다가 어려움을 당하는 사람들의 모습을 볼 수 있는가 하면, 그와 달리 믿음을 가지고 긍정적이며 적극적인 생각으로 살면서 복 받는 사람들도 많이 보게 됩니다.

이 세상을 살아가고 있는 모든 사람에게는 여러 가지 문제들이 안겨져 있습니다. 그런데 우리 스스로는 이 문제들을 해결할 수가 없습니다. 여기 인간의 고난이 있고 고뇌가 있습니다. 그래서 우리가 답답하고 어려울 때 우리는 하나님이 나의 편만 되어 주시기를 원했을 것입니다. 그러나 이제 우리는 보다 더 성숙한 믿음의 자세를 가지고 하나님이 내 편이 되어 주시기를 구하던 자세를 바꾸어 내가 하나님 편이 되는 삶을 살아가야 하겠습니다. 이것은 곧 하나님이 기뻐하시는 삶을 사는 것을 의미합니다. 믿는다고 하면서도 실제로는 내가 좋아하는 대로 살아오지 않았나 반성해 보면서 이제부터 우리는 하나님이 원하시고 기뻐하시는 삶이 무엇인가를 깨닫고 그대로 살아가야 할 것입니다.

종교적 체험 가운데 신기한 일이 있는 것은 사실입니다. 쉽게 말해서 기적이 있다는 것입니다. 이러한 체험은 신앙의 내용을 한층 더 풍부하게 만들어 주기도 합니다. 누구나 이러한 기적을 체험하는 것은 아니지만 기적을 체험하는 사람은 분명히 그만큼 더 믿음이 성숙해지고, 그만큼 더 확고한 신앙의 세계로 들어가며, 그만큼 풍부한 신앙의 고백을 가지게 됨을 부인할 수 없는 일입니다.

너희가 주어라.

마태복음 14장 13-21절에 보면 5천 명을 먹이신 기적이 기록되어 있습니다. 저녁이 되었는데도 예수님을 따르는 무리들이 집에 갈 생각을 하지 않고 계속 있자 주님이 저들을 불쌍히 여기셔서 제자들에게 "너희가 먹을 것을 주라"고 말씀하십니다. 이 말씀 속에는 '왜 너희가 해결할 생각을 하지 않느냐'는 뜻이 담겨 있습니다. 너희가 하라는 것입니다. 왜 너희가 하려고 하지 않고 사람들을 보내려고만 하느냐고 하시는 것입니다. 동시에 '왜 나만 바라보느냐'고 하시는 것입니다. '너희는 아무 것도 안 하고 나만 바라보는 것이 믿음이냐'는 말씀입니다.

"너희가 주어라." 이 말씀을 대하면서 우리는 하려고 하지 않고 회피하려고만 하지는 않았는지 돌아보아야 합니다. 분명한 것은 하나님의 기적은 회피하는 자에게는 나타나지 않는다는 것입니다.

"너희가 주어라"는 말씀은 주님만 바라보고 아무 것도 안 하는 것이 믿음의 자세는 아니라는 것입니다. 하나님께서 칭찬하시는 믿음은 그런 믿음이 아닙니다. 주님께서 우리에게 하시는 말씀은 "너희가 주어라"입니다. 이적은 여기서부터 시작됩니다. 하나님 앞에서 내가 감당해 나가야 할 일이 무엇이든지 내가 할 수 있는 일에서부터 시작해야 합니다. 안 되는 일을 되게 하시는 것은 분명히 하나님의 영역입니다. 이것을 믿고 일하는 것이 바로 믿음입니다.

기도가 그렇습니다. 우리가 위대하신 능력의 근원이 되시는 하나님과 연결되지 못했을 때 우리의 기도는 의미 없는 것이 되어 버리고 맙니다. 기도의 연결고리는 바로 믿음입니다. 교회 안에 음향시설이 좋아도 퓨즈나 전기가 끊어지면 아무 것도 아닙니다. 이와 같이 우리는 믿음을 가지고 구해야 합니다. 믿음이 연결고리입니다.

우리는 두 소경이 예수님께 고침을 받기 위해 나아온 것을 기억합니다. 그 때 예수님께서 그들에게 "내가 능히 이 일을 할 줄 믿느냐"고 물으셨습니다. 그 때 소경들이 "주여 믿습니다"라고 대답하니 비로소 예수님은 저희 눈을 만지시며 "너희 믿음대로 되라"고 하셨습니다. 예수님이 말씀하시자마자 소경들은 눈을 뜨게 되었습니다.

우리는 주 안에서 확신을 개발하여야 합니다. 세상에서 가장 불쌍한 사람은 어려운 환경에 있는 사람이 아니라 용기를 상실한 사람입니다. 이런 사람은 모든 일에 위축을 당하고 모든 기회를 잃어버리는 결과를 초래하고 맙니다. 그러나 믿음 안에서 확신을 가지고 있을 때 놀라운 힘과 능력을 개발시킬 수 있습니다.

히브리서 기자는 "믿음이 없이는 하나님을 기쁘시게 못 한다"고 하였습니다. 당신에게 "나의 하나님"은 어떤 하나님이십니까? "나의 하나님"이라고 외치면서 당신은 어떤 하나님을 생각하십니까? 사도 바울이 "나의 하나님"이라고 말했을 때는 그의 전 생애를 온통 주관하시기에 충분하시고 위대하신 하나님을 말한 것입니다. 이 하나님은 절대로 우리를 실족케 하지 않으십니다. "젊은 사자는 궁핍하여 주릴지라도 여호와를 찾는 자는 모든 좋은 것에 부족함이 없으리로다"(시34:10). 다윗은 극심한 어려움 가운데서도 하나님을 의지하고 믿고 감사를 드렸습니다.

다윗은 하나님의 크심을 찬양하여 말하기를 "하나님은 나의 목자시니 내게 부족함이 없으리로다"라고 했습니다. 하나님이 허락하지 아니하시면 아무 일도 일어날 수 없습니다. 그러므로 하나님을 찾아야 삽니다. 개인이나 가정이나 교회나 국가도 하나님을 찾아야 살 수 있습니다. 여기에 구원이 있고 생명이 있습니다.

사도 바울은 "나의 하나님이 그리스도 예수 안에서 영광 가운데 그 풍성한 대로 너희 모든 쓸 것을 채우시리라"(빌4:19)고 말했습니다. "내가 어려서부터 늙기까지 의인이 버림을 당하거나 그의 자손이 걸식함을 보지 못하였도다"(시37:25).

나의 하나님이 내게 필요한 모든 것을 채우고도 남음이 있다는 것은 그 분이 우리의 생의 모든 절망과 공포를 사라지게 하시며, 따라서 어떠한 시험도 결코 우리를 넘어지게 할 수 없다는 것을 의미합니다. "나의 하나님"은 우리가 이 험한 세파를 무난히 헤쳐 나가는 데 필요한 힘과 능력을 주십니다. 하나님은 우리를 절대로 실족하게 내버려 두지 않으십니다.

우리의 하나님이 얼마나 크시다고 생각하십니까? 당신의 모든 것을 능히 채우실 만큼 크시다고 믿습니까? 아니면 내일의 헛된 염려 때문에 오늘의 삶에서 기쁨을 잃어버리고 있지는 않습니까? 믿음은 기도의 기초입니다. 하나님께서는 기도하는 사람의 믿음을 보시고 기도에 응답하십니다. 믿음으로 기도해서 "네 믿음대로 되라"는 음성을 들으시기 바랍니다.

미국의 부흥사였던 무디는 "그리스도를 믿어 보라. 그대는 현세와 내세에 후회함이 없을 것이다"라고 하였습니다. 하나님을 믿으면 절대로 후회함이 없습니다. 믿음의 사람은 하나님만 보고 가야 합니다. 하나님만이 생명이요 구원이기 때문입니다. 그러므로 사망의 길에서, 죽음의 길에서 빨리 뛰쳐나와 예수를 찾고 믿어야 한다고 외쳐야 합니다. 당신이 안고 있는 갈등과 고민을 예수로 풀어야 한다고 외쳐야 합니다.

어떤 믿음이 훌륭한 믿음입니까? 주님께서 기뻐하시는 믿음, 주님께서 칭찬하실 수 있는 믿음이 아니겠습니까? 누가복음 7장 1-10절에서 우리는 "칭찬받은 믿음", "이만한 믿음"을 볼 수 있습니다. 백부장은 하인을 자기의 목적을 위한 수단으로 대한 것이 아니었습니다. 그는 사랑의 대상으로서 한 인간을 바라보았으며, 그 사람의 존귀함을 알고 있었습니다. 한 영혼의 존귀함이 그의 눈에 보였던 것입니다. 가버나움의 백부장은 영이 맑고 깨끗한 사람이었습니다. 자기의 종을 구원하시기를 예수님께 청한 것입니다. 다시 말하면 백부장은 영혼 구원의 영이 열린 사람이었던 것입니다. 참 믿음이 있는 사람은 백부장과 같이 영혼 구원에 대한 영이 열려야 합니다.

그리고 백부장은 예수 그리스도께 대한 최고의 경의를 표할 수 있는 방법이 무엇인가를 찾았습니다. "내 집에 들어오심을 나는 감당하지 못하겠나이다 그러므로 내가 주께 나아가기도 감당하지 못할 줄을 알았나이다 말씀만 하사 내 하인을 낫게 하소서"(눅7:6-7). 이에 예수님께서 말씀하십니다. "예수께서 들으시고 그를 놀랍게 여겨 돌이키사 따르는 무리에게 이르시되 내가 너희에게 이르노니 이스라엘 중에서도 이만한 믿음은 만나보지 못하였노라 하시더라"(눅7:9).

이렇게 예수님을 깜짝 놀라게 한 믿음, 이만한 믿음, 칭찬받은 믿음의 근거가 무엇이었습니까? 유대인들은 외적인 표적만을 보겠다고 난리들이었지만, 백부장은 눈에 보이는 표징을 구하지 않고 순수한 말씀으로만 가능하다고 믿었던 것입니다. 그리고 그의 신앙은 입술의 신앙, 고백의 신앙에 머물지 않고 구체적으로 표현할 줄 알았던 신앙이었습니다. 하나님의 백성을 사랑할 줄 알고 예배의 중요성을 인식하고 예배 처소를 마련해 주었던 신앙이었습니다. 그는 믿음이 있으면서도 겸손하였습니다. 이렇게 주님을 깜짝 놀라게 할 믿음을 가질 수 있기를 소원합니다.

믿음은 생명이다.

예수님을 믿고 사는 것은 우리 생에 있어서 어느 정도의 문제일까요? 당신은 예수 그리스도를 믿고 사는 문제를 어느 정도로 생각하고 있습니까? 어떤 사람은 예수는 나의 전부요, 이 세상 어느 것과도 바꿀 수 없는 존재요, 이 세상 모든 것을 포기할지라도 예수 그리스도는 버릴 수 없다고 하는데 왜 그럴까요?

사람이 만일 온 천하를 얻고도 제 목숨을 잃으면 무엇이 유익하리요, 사람이 무엇을 주고 제 목숨을 바꾸겠는가? 이 얼마나 심각하고 엄숙한 질문입니까? 우리는 누구나 다 이 엄청난 문제 앞에 놓여 있습니다. 이 문제는 영원한 생명에 관련된 문제입니다. 이 세상에서 큰 재산과 명예와 권력을 얻을지라도 영원한 생명 즉 영생을 잃어버린다면 이 모든 것이 무슨 유익이 있겠습니까?

그래서 성경은 인생의 짧은 것과 영원을 위한 준비에 관해 많이 말씀하고 있습니다. "죽음과 세금은 면치 못한다"는 말이 있습니다. 인생을 살아가는 누구에게나 죽음의 밤이 옵니다. 끝날 날이 옵니다. 이 장막집이 무너질 때가 옵니다. 이 나그네 생활이 끝날 날이 있습니다. 인간은 죽으면 끝나는 것인가? 인간이 분명히 알고 넘어가야 할 문제입니다. 사람은 이 세상에 낳고 죽는 것을 마음대로 할 수 없습니다. 이 세상에서 자기가 태어나고 싶어 난 사람 없고 죽고 싶다고 마음대로 죽는 것도 아닙니다.

예수님은 말씀하십니다. "선한 일을 행한 자는 생명의 부활로, 악한 일을 행한 자는 심판의 부활로 나오리라"(요5:29) . 또한 예수의 제자 요한은 믿음의 대해 이렇게 기록하고 있습니다. "하나님께서 보내신 이를 믿는 것이 하나님의 일이라"(요6:29), "그를 믿는 자는 심판을 받지 아니하는 것이요 믿지 아니하는 자는 하나님의 독생자의 이름을 믿지 아니하므로 벌써 심판을 받은 것이니라"(요3:18).

영원한 생명은 무엇과도 비교할 수 없는 인생 최대의 사건입니다. 이러한 생명을 오직 예수 그리스도를 믿음으로 얻는다면 믿음은 곧 생명입니다. 믿음으로 구원을 얻고 영생을 얻습니다. 힘써도 안 되고 참아도 안 되고 울어도 안 되는 일이 오직 믿음으로만 가능한 것입니다.

하나님을 믿는 믿음이 생명이라면 우리는 믿음을 생명처럼 소중히 알아야 합니다. 이 생명을 버리면서라도 믿음을 지켜야 합니다. 그리고 생명 되시는 예수님을 전해야 합니다.

큰 믿음이 무엇입니까? 한번은 가나안 여자가 예수를 따라오며 "주 다윗의 자손이여 나를 불쌍히 여기소서 내 딸이 흉악히 귀신 들렸나이다" 하고 부르짖었습니다. 그러나 주님은 아무 대답도 하지 않으셨습니다. 여자는 예수님 앞에서 부르짖었습니다. 그런데 뜻밖에도 그 때에 우리 주님은 자녀의 떡을 취하여 개들에게 던짐이 마땅하지 아니하다고 말씀하셨습니다. 그러나 여자는 "주여 옳소이다마는 개들도 제 주인의 상에서 떨어지는 부스러기를 먹나이다"고 대답하였습니다. 이 말을 듣고 우리 주님은 "여자여, 네 믿음이 크도다 네 소원대로 되리라"고 칭찬하셨습니다.

가버나움의 백부장도 믿음이 크다는 칭찬을 주님으로부터 받았습니다. 큰 믿음을 가졌다는 말씀은 작은 믿음도 있다는 것입니다. 우리는 큰 믿음을 가져야 합니다. 큰 믿음을 가져야 큰 일을 할 수 있습니다. 큰 믿음을 가진 이들만 위대한 일을 경영도 하고 또한 위대한 일을 성취하기도 합니다. 주님께서는 "네 믿음대로 될지어다"라고 하셨습니다. 이 민족을 그리스도에게로 인도한다는 것은 큰 일입니다. 큰 믿음을 가져야 할 수 있습니다.

큰 믿음을 가져야 한다.

이 세상은 갈릴리 바다와 같이 때때로 풍파가 높습니다. 때때로 환난, 질고, 고통, 상심, 슬픔의 파도가 우리에게 부딪칩니다. 큰 믿음을 가져야 이런 인간의 고해를 담대히, 완전히 승리적으로 건널 수 있습니다. 이러한 신앙에는 위대한 믿음이 요구됩니다.

시편 31장에서 다윗의 큰 믿음, 위대한 신앙을 볼 수 있습니다. 다윗이 그 아름다운 신앙을 고백하기까지 그가 처한 환경이 어떠했는가를 먼저 살펴보는 것이 중요합니다. "여호와여 내가 고통 중에 있사오니 내가 근심 때문에 눈과 영혼과 몸이 쇠하였나이다"(시31:9). 눈에서는 눈물이 마르지 아니하였고, 몸과 영혼은 쇠약하게 되어 숨이 넘어가고 있는 상태, 몸과 영혼이 만신창이가 되어 있음을 알 수 있습니다.

뿐만 아니라 "내 일생을 슬픔으로 보내며 나의 연수를 탄식으로 보냈다"(시31:10)고 고백하고 있습니다. 이러한 고백으로 보아 다윗의 슬픔과 탄식이 한두 달, 일이 년 있었던 것이 아니라 오랜 세월에 걸쳐 있었음을 알 수 있습니다. 울다 지쳐 눈은 몽롱하고, 목이 타며 애간장이 끊어지는 고통, 괴로워서 숨이 넘어갈 것 같으며 탄식과 한숨으로 세월을 보내야만 하는 그의 절망은 끝이 없었습니다.

세상에서 누구 하나 다윗을 돕는 자가 없습니다. 동정하는 자도 없고 위로하는 자도 없습니다. 오히려 쓰레기처럼 그를 버렸다고 했습니다. 상상할 수 없는 고통이 따르지 않겠습니까? "하나님, 왜 나에게, 나의 가정에 이런 고통을 주십니까?" 하고 탄식할 법도 합니다. 나오던 교회도 안 나오고 멀어질 것이요, 기도하던 것도 안 할 것이고, 봉사하던 것도 쉰다고 할 것이요, 점점 교회와 멀어질 것입니다. 예배와 기도도 짜증이 날 것입니다.

하지만 14절에서 우리는 위대한 믿음의 고백을 듣게 됩니다. "여호와여 그러하여도 나는 주께 의지하고 말하기를 주는 내 하나님이시라 하였나이다.” “그러하여도 주는 내 하나님”, 이 말은 “여호와여 그러하여도 나는 주님을 의지합니다. 여호와여 그러하여도 주는 내 하나님이십니다”라는 고백입니다. “내가 쓰레기처럼 버림을 받았을지라도 나는 주님만을 의지합니다. 울다 지쳐 몽롱하고 괴로워서 숨이 넘어갈 것 같은 고통 속에 있을지라도 주님은 내 하나님이십니다. 세상이 나를 버린다 해도 주는 내 하나님이십니다. 하나님을 내 가슴에서 빼앗을 수는 없습니다” 하는 고백입니다.

믿음으로 사십시오. 지글러(Zig Ziglar)라는 사람이 “성공한 사람들은 몇 가지 공통점을 가지고 있다”고 하였습니다. 그것은 정직, 원만한 인격, 성실함, 넘치는 신념, 충성됨이라고 하였습니다. 그런데 결국 이런 성공의 공통점을 성장시킬 수 있는 길은 믿음밖에 없습니다. 기독교인은 믿음으로 삽니다. 신앙인의 최대 무기는 하나님을 믿는 믿음입니다. 이 믿음이 없으면 신앙인은 힘을 상실하게 됩니다.

그런데 믿음의 장애물이 있습니다. 불순한 양심입니다. 깨끗한 양심이 믿음의 핵심입니다. 믿음의 장애물은 교만입니다. 교만은 하나님을 불신하게 하는 원인입니다. 장애물은 사단입니다. 그리고 친구입니다. 낙담과 환경, 믿지 않는 악심이 장애물입니다. 이 모든 것을 말씀과 믿음으로 쳐서 밀어 버려야 합니다.

지금도 우리 주위에는 다윗과 같이 인생에 상심한 이들이 많이 있습니다. 슬픔과 탄식이 있습니다. 외로운 자가 있습니다. 저들을 빨리 주께로 인도해야 합니다. 죄악과 사망의 길에서 빨리 건져내어 예수 그리스도를 믿게 하여 생명을 얻게 해야 합니다. 구원자는 예수님밖에 없습니다. 믿음은 생명입니다. “그러하여도 주는 내 하나님.” 아멘.